聲　色　晚　清

楊翠喜

蔡登山、柯基生

——合著

楊翠喜（1889-？）

楊翠喜幼年。

楊翠喜（左）、月明硃合影，站姿。

楊翠喜（左）、月明硃合影，坐姿。

楊翠喜（左）。

目次

楔子　從〈楊白花歌辭〉談起

距今一千四、五百年前，流傳一個故事，同時也流傳一首歌謠，應該是先有這個故事，而後才有這首歌謠的。歌謠名叫〈楊白花歌辭〉，它述說著一段哀惋淒絕的故事。它的故事最早見於《梁書》與《南史》。據姚思廉的《梁書》卷三十九記云：「楊華，武都仇池人也。父大眼，為魏名將。華少有勇力，容貌雄偉，魏胡太后逼通之，華懼及禍，乃率其部曲來降。胡太后追思之不能已，為作〈楊白花歌辭〉，使宮人晝夜連臂蹋足歌之，辭甚淒婉焉。」短短的幾行字，卻寫出了一段宮廷的鬥爭內幕，男女情慾的糾葛，愛恨情仇，翻騰不已的歷歷往事！

故事中的男主角楊華，本名楊白花，字長茂，後來投奔梁朝後才改名楊華。而女主角胡太后本名胡充華，安定臨涇人，是北魏司徒胡國珍的女兒，是一個鮮卑族的大美人、奇女子。據史書記載，她貌美如花，聰明絕頂，領悟力極強，反應迅速，喜愛讀書，會寫文章，還會騎馬射箭，百發百中，準確度能射中針眼。北魏宣武帝聽到了種種對她讚美的傳言後，便把她召到後宮，並冊封為「承華」世婦，就成為宣武帝的愛妃。

北魏拓跋氏建國之初，也許是鑑於漢末內戚擅權禍亂朝政的弊端，就立下一個相當殘酷的制度，也就是仿照漢武帝「留犢去母」的故事，嚴格規定：「子為儲君，母當賜死。」因此當時六宮嬪妃都但願生女不生男，即使生男也不願所生的兒子被立為太子，因為一旦兒子被立為太子，即賜生母自盡；然而胡承華卻不以為然，她慨然說道：「國家舊制，未免苛刻，但妾卻不惜一死，寧可為皇家育一嗣續，卻不願為貪生計，貽誤宗祧。」她懷孕期間，後宮中妃嬪多勸她服藥墮胎，她們都認為：「生兒居長，必為太子，而生母則必死無疑！」但胡承華始終不為所動，不久果然生下一個男兒，宣武帝大喜過望，取名叫元詡。到了三歲時果然立為太子！但宣武帝因寵愛胡承華至深，竟為之更改了祖制，不但沒有賜死她，反而晉封她為貴嬪。當然這背後也反襯出胡承華在險惡的宮廷鬥爭中確有過人之智。然而不幸的是，在北魏延昌四年（五一五年）宣武帝駕崩，這時高皇后欲獨攬大權，自然容不得胡承華，她一下子被推到生死存亡的危急境地。最後幸賴有先帝遺詔，冊封她為太后，才度過種種險境。

由於皇帝太小，胡太后只得親理朝政，充分發揮了自己的才華，繁瑣政事，隨手批答，把原本千瘡百孔的朝政處理得有條不紊。然而，不管太后的寶座有多顯耀，也改變不了她失偶寡居的殘酷事實，尤其是對於一個正值青春年華的女人而言是寂寞難耐的。終於有一個人的身影漸漸印入她的腦海，始終揮之不去，他就是禁軍中的年輕將領楊白花。楊白花出身名門，其父是北魏著名猛將楊大眼，楊白花不但繼承其父身材魁梧、英武過人的風格外，更難得是儀容豐潤而秀美，這使得太后垂青是自不奇怪的。自打心上人常現於身邊，胡太后更覺度日如年，一天，她終於鼓足勇氣，將這個原本沒有資格覲見的「小官」，招入後宮示愛，楊白花雖不情願，但也奈何不得胡太后洶洶雌威，最後終於俯首稱臣於其石榴裙下，做了深宮內院的嬌客。然而對胡太后而言，如果僅僅要滿足一個女人的性要求，她盡可以廣置面首，遊冶淫樂；可是她偏偏要尋求知心知音的真正愛情，她的悲劇就在此。而楊華終究也與一般的佞臣不同，他本也是有志之人，私下常以之為恥，加上畏懼大禍隨時都會加身，終於在一次領兵巡邊時，把心思一橫，晝夜率部曲投奔南朝梁國去了。消息傳來，胡太后只覺痛徹心扉，常思念不已，但又不便明目張膽地聲張，於是在百轉愁腸之下，譜成〈楊白花歌辭〉吟唱，以暮春時節的楊花飄盪難覓蹤跡，來抒發內心的懷想和期盼，構思相當巧妙，後來輾轉傳到宮外，洛陽文人及青樓當中，傳唱一時。

以上所述是後人根據史書推衍出來的情節，而《梁書》雖有大半是姚察所寫，但姚察生於梁武帝中大通五年（五三三），歷經梁、陳、隋三朝，最後死於隋煬帝大業二年（六〇六），當時書並未寫完，後其子姚思廉續寫，書完成於唐朝貞觀十年（六三六）。唐人盛行傳奇故事，楊華與胡太后雖在歷史上確有其人，但兩人是否有私情故事，也可能是姚思廉根據傳聞所加的情節。中國社科院學者孫少華根據記述鮮卑拓跋部早期的歷史的《魏書》（它的撰寫開始於北齊天保二年（五五一），完成於天保五年。）來推斷，楊華應該生於北魏孝明帝熙平三年（五一八）下半年，而胡太后在北魏宣武帝永平三年（五一〇），生下兒子元詡。梁武帝大通二年（五二八）三月，胡太后母子被殺。此時楊華只有十一歲。[1]

《魏書》記載胡太后事蹟頗詳，但卻未提及楊華與〈楊白花歌辭〉一事，孫少華首先指出，當時楊華年僅十一歲，而胡太后則已年屆不惑，從年齡來說就不太可能。又據《梁書》記載，胡太后所幸大臣，皆為與其年齡相當而且地位顯赫之人。雖然楊華當時襲父職為中山內史，但年紀尚輕，周圍有母親、師傅、侍從等，胡太后很難有單獨與楊華頻繁接觸的機會。再者，胡太后雖然荒淫，未必真的為一個少年如此痴狂到為其逃離而作悲歌，且讓宮女歌舞懷念。孫少華認為這都是與歷史事實不符的。

至於〈楊白花歌辭〉在《梁書》與《南史》中，都只提到歌名而不見其歌辭的。宋代郭茂倩編輯的《樂府詩集》收集漢至唐五代時期的樂府民歌、文人作品和先秦歌謠，按其曲調分為十二類，是一部最為完備的樂府詩總集，也成為早期研究樂府的重要文獻。在《樂府詩集》中有首〈楊白花〉：

---

[1] 孫少華〈楊白花歌辭本事及其文學與文化意蘊〉，《中國古代詩歌研究》，二〇一一年。

陽春二三月，楊柳齊作花。
春風一夜入閨闥，楊花飄盪落南家。
含情出戶腳無力，拾得楊花淚沾臆。
秋去春還雙燕子，願銜楊花入窠裡。

雖然文學史專家蕭滌非先生在《漢魏六朝樂府文學史》一書中，認為「此歌作於胡太后，為毫無可疑」，而許多家文學史亦採蕭滌非之說。但這首〈楊白花〉畢竟不是〈楊白花歌辭〉，因此郭茂倩題作「無名氏」的作品，但在解題時，又引了《梁書》與《南史》的故事，如此看來似乎其曲調與〈楊白花歌辭〉有些淵源，但其辭則與〈楊白花歌辭〉的故事，並不相同。由此可見其原辭恐早已佚失，而此辭當為後人所擬。學者孫少華就指出詩中「含情出戶腳無力」一句，「尤其與胡太后的身份及其所處的歷史環境不符。雖然胡太后曾私幸多名大臣，但她也有廉恥與懼禍之心，對私情多隱秘不宣，不至於如此直白將私情告之於眾。……在這種情況下，即使胡太后真的私幸過年幼的楊華，她也只能暗下思念，怎會公然以情郎名字為題作歌，且反覆出現『楊白花』名字？」

另外孫少華也指出，郭茂倩將這首「無名氏」的〈楊白花〉列在唐朝柳宗元的〈楊白花〉之前，郭氏是把它視為唐朝以前的作品。隋唐以來，將「楊花」與命運多蹇聯繫起來了，於是唐人詠歎「楊花」，多含悲情。柳宗元有擬樂府〈楊白花〉：

楊白花，風吹渡江水。
坐令宮樹無顏色，搖盪春光千萬里。
茫茫曉日下長秋，哀歌未斷城鴉起。

而宋朝蘇東坡有〈水龍吟・次韻章質夫楊花詞〉：

似花還似非花，也無人惜從教墜。
拋家傍路，思量卻是，無情有思。
縈損柔腸，困酣嬌眼，欲開還閉。
夢隨風萬里，尋郎去處，又還被鶯呼起。
不恨此花飛盡，恨西園、落紅難綴。
曉來雨過，遺蹤何在？一池萍碎。
春色三分，二分塵土，一分流水。
細看來，不是楊花，點點是離人淚。

其中「不是楊花，點點是離人淚。」之句，更是千古傳唱之作。

到了明代的袁凱也寫有樂府詩〈楊白花〉。袁凱，字景文，號海叟，江南華亭人，他博學有才，寫得一手好詩。有一次在浙南名士楊維楨（鐵崖）座上，有人展示一首〈白燕〉詩，楊維楨對詩中「珠簾十二」、「玉剪一雙」等句十分讚賞，袁凱卻說，「詩雖佳，未盡體物之妙」，然後呈上自己的〈白燕〉詩。當楊維楨讀到「月明漢水初無影，雪滿梁園仍未歸」等句，「大驚賞，遍示座客。」從此袁凱有了「袁白燕」這個美稱。

大明洪武三年（一三七〇），袁凱被薦授為御史，成為皇帝的近臣。《明史・文苑》裡有袁凱的傳略，但僅短短二百餘字，而河北梆子有《袁凱裝瘋》的戲，為人所熟悉。該戲說到朱元璋坐穩江山後，剛愎自負，疑忌心大增，其臣屬常因一句話或幾個字惹禍而被殺的在所多有。其中某位官員因在賀表中有「天生聖人，為民作則」而掉了腦袋。只因為朱元璋曾剃過光頭當過和尚，還做過流寇毛賊，他生平最忌諱僧、賊等字眼。「天生聖人，為民作則」中「生」和「僧」同音，「則」和「賊」同音，因此犯了他的大忌。他的殺戮浮濫而且殘酷，動不動就腰斬、剝皮，弄到「賢否不分、善惡不辨」的地步，無數勳勞卓著的大將和文士，都被無情野蠻地殺害了。傳略中也提到袁凱自己也因為一句話而差點丟了老命的經過。當時朱元璋要用全力來消除他所認為內部的敵對力量，而皇太子朱標卻考慮這些將相過去的汗馬功勞，不主殺戮，建議從寬量刑。當朱元璋將此不同意見徵詢監察御史袁凱時，這顯然是很難以回答的問題。袁凱頓首言：「陛下刑之者法之正，東朝釋之者心之慈。」平心而論，袁凱的回答十分得體。不料此語竟激起朱元璋大怒，認為袁凱老奸巨猾，想要兩面討好。袁凱的後半生在正史中十分簡單的交代，只以「凱懼，佯狂告免歸，久之以壽終。」十二個字作結。其實他卻是冤深如海、命懸如絲的。

根據明代吳郡文人徐禎卿的《剪勝野聞》、祝允明的《野記》和楊儀的《明良記》，都或簡或詳地記述了袁凱艱難屈辱的後半生。而華亭學者陸深與袁凱的關係，可說是本鄉本土加上本朝本代，所以他的《金臺紀聞》對袁凱記載得最翔實而具體。文中說「太祖怒，下之獄」，但袁凱卻因之絕食，三天後朱元璋不得不放了他，仍讓他當御史。每天臨朝，朱元璋就指著他說：「是持兩端者！」在這種情況下，袁凱不得不在上朝過金水橋時裝瘋，「仆地不起」。朱元璋說：「風疾當不仁。」讓人用木匠鑽扎他身體，「凱忍死不為動」。這樣，朱元璋才放他回老家。一回到華亭，袁凱「鐵索鎖項，自毀形骸」。朱元璋仍不放心，說「東海走卻大鰻鱺」，派人到華亭宣旨，「起為本郡儒學教授」。袁凱則「瞠目視使者，唱〈月兒高〉曲」。於是使者還報說袁凱真瘋了。朱元璋仍然不信，又派特務跟蹤觀察。於是，袁凱「使家人以炒麵攪砂糖，從竹筒出之，狀類豬犬下，潛布於籬根水涯」，然後「匍匐往取食之」（看似以為吃屎）。這樣，朱元璋才相信他真的瘋了，也才換得「以壽終」的結局。

袁凱著有《海叟集》四卷，附「集外詩」一卷。袁凱的詩作，言及現實其少，只於個別篇內有隱晦、曲折的表露。其成功之作多為抒發個人情懷，描述旅人思鄉之篇。袁凱詩古體學魏晉，近體師杜甫，但並不囿於古人，有自己意境。古風〈從軍行〉、〈楊白花〉等古樸激越，餘韻悠然。律詩〈採石春望〉、〈京師歸至丹陽逢侯生大醉〉及七絕〈淮東逢張十二信〉等，都有杜詩渾厚深沉、真摯含蓄之風，「流出肺腑，卓爾自立」。明朝文學家前七子之一的何景明（仲默）推袁凱為明初詩人之冠。

明朝李攀龍、陳子龍所編的《明詩選》，有十二卷。《明詩選》的選詩上自洪武年間，下迄正嘉年間，按照「古詩追蹤漢魏，近體同聲開寶、歌行絕句繼軌少陵、太白」的原則，輯詩數百首。其中有不少詩作都附有簡明扼要的旁批，後面還輯錄有評語。這些旁批和評語內容各異，有的闡述其題旨，有的說明其藝術風格，有的表述其社會作用，也有的分析其淵源出處。《明詩選》卷一選入了袁凱的樂府詩〈楊白花〉：

楊白花，飛入深宮裡。
宛轉房櫳間，誰能復禁爾，胡為高飛渡江水？
江水在天涯，楊花去不歸，

安得楊花作楊樹，種向深宮飛不去！

在〈楊白花〉詩旁批的後面輯錄有四位論者的評語。其中陳臥子（即陳子龍）說：「感慨深長」。李舒章（雯）說：「相傳為故君之思，意特深婉。」宋轅文（徵輿）說：「亦是晉宋間淫詞一派，但其寄意深厚，自是至人語。」而陸雨侯（雲龍）說：「魏胡太后所私，竄入南國，後思之，宮人為作此，故詞云然，意想極貼切」。由此可見袁凱的〈楊白花〉和胡太后及楊華的故事，有很大的關連。

明代詩人朱彝尊（竹垞）在《靜志居詩話》卷六「袁凱」條有云：「世傳海叟賦〈楊白花〉，有讒之者曰：『欲種楊樹於深宮，將蒔花蕚於何地。』海叟聞之，遂佯狂，騎烏犍，杖木笛，行九峰三泖間。徵典郡校不起，對使者歌〈月兒高〉一曲，（是）又河西傭、補鍋匠之亞矣。海叟居松江府治東門外，崇禎末，單廝城恂，即其址構白燕菴。李舍人待問書聯於柱云：『春風燕子依然入，大海鰻魚不可尋。』相傳孝陵有言：『東海走卻大鰻魚，何處尋得？』為海叟而發也。」他也認為袁凱的詩寫得好，但他對何景明（仲默）推為國初之冠，不表贊同。

而民國時期著名散文家及文史家紀果庵（一九〇九—一九六五）在〈風塵澒洞室日抄（下）〉一文談到袁海叟詩云：「凱字海叟，有《海叟詩集》，傳本甚稀，唯選本《在野集》通行，亦明初一大家也。而其後以文字得罪高祖，幾與高季迪同命，幸其抽簪早退，佯狂自放，獲以苟全。余最喜搜輯文字獄史料，斯亦其一也。叟詩取法杜陵，何仲默《大復集》推為明初第一；程孟陽至謂自宋元以來，學杜未有如叟之自然。楊鐵崖亦稱其〈白燕〉詩之名。朱氏《明詩綜》曰：海叟純以清空之調行之，洵不易得，然合諸體觀之，則不及季迪、伯溫尚遠，何仲默推為國初之冠，非篤論也。陳氏《明詩紀事》云：海叟詩骨格老蒼，摹擬古人無不逼肖，亦當時一作家，何大復標為明初詩人之冠，過為溢美，宜諸公之不取也。此外，《香祖筆記》、《明詩別裁》皆對之略作微詞，今不具引。……」其中朱彝尊在《明詩綜》中那段評語也見之於他的《靜志居詩話》。

從北魏時期開始流傳的〈楊白花歌辭〉後來辭雖亡佚，但曲調猶存，大家一直哼哼唱唱。到了文人手中則改擬新詞，到了史家手中甚至根據傳聞踵事增華，這就是歷史學者顧頡剛一直強調的「層壘地造成的中國古史」，這種現象在民歌、民謠及風俗故事、民間傳說中最為明顯。但其中有個脈絡可尋，就是它有個共同的「母題」。從〈楊白花歌辭〉到〈楊白花〉給人的印象，總是擺脫不了，如吳訥所說的「淫鄙之辭」的形象。只不過〈楊白花歌辭〉中的「楊白花」是容貌雄偉、英武過人的俊美男人，到了〈楊白花〉中的「楊花」卻是具蒲柳之質的女性，甚至給人有些淫蕩冶豔的想像，就如同人們常說的「水性楊花」的感覺。〈楊白花〉詩歷朝歷代有之，但不知何以明代的袁凱的詩，特別地為人傳唱？是因他個人的特殊遭遇，被皇帝逼得裝瘋賣傻，而惹人同情呢？還是另有其他深層的原因，不得而知。

袁凱的〈楊白花〉，從明朝一直流傳到清末年間，當時還為人所熟知和傳唱。清光緒三十三年（一九〇七）發生轟動一時的「性賄賂」的要案，當時喧騰人口，物議洶洶。當時有人就寫了〈楊白花〉的小說，一開頭就引用袁凱的〈楊白花〉詩，作者說袁凱的詩連三歲孩童都念得出來，可見是老幼婦孺、耳熟能詳的一首詩。從一千四、五百年前的〈楊白花歌辭〉到明代袁凱的〈楊白花〉，又到晚清三十三年（一九〇七）五月出版的〈楊白花〉小說，其中蘊含什麼意義呢？值得觀察的是胡太后與楊白花私通之事，其意涵是存在於〈楊白花〉小說中，只不過男女翻轉，主客易位，故事的「母題」並沒有改變。

於是在本書開篇我就從〈楊白花歌辭〉談起，並不是沒有其意義的，就彷彿一部《紅樓夢》從甄士隱、賈雨村開始，也以甄士隱、賈雨村終結，它暗喻「真事隱去」，「假語村言」。《紅樓夢》是文學作品，虛實交錯，所謂「假作真時真亦假；無為有處有還無。」而本書是歷史傳記，「有幾分證據，說幾分話」，一切以文獻史實來梳理。歷史的真相，常常見之於細微處，但儘管蒐集匪易，儘管一鱗半爪，也要追本溯源並詳加考辨，此史學大師陳寅恪在寫《柳如是別傳》時所說的要「探河溯源，剝蕉至心」。其所以如此，是對史料的重視與求真也。

或許有人認為一位優伶的故事有什麼好寫的。我在此引《清代聲色志》開頭的幾句話：「本篇敘述有清一代之名妓名優顛倒王公、蠱惑士庶，二百餘年風月歷史燦然具備，其遺聞軼事之有關國家興亡者。」又說：「選色徵歌，士大夫成為習尚，起於明季而沿及清代。優孟衣冠，花柳世界，道德淪喪，風俗淫靡酣嬉，歷二百餘年。……如衝冠之為紅顏，世胄之墮樂籍，可以為一代興亡之鑑。」例如明朝末葉，秦淮河畔，佳麗特多，且精藝事，識詩書、明義理、尚節操，實開歷代未有之奇局，有所謂「秦淮八艷」之稱。其所以盛名遠播，還在於她們與當時的「名士」在一起，名妓加上才子，自是絕佳的話題。如柳如是與錢謙益（牧齋）、顧媚與龔鼎孳（芝麓）、李香君與侯方域（朝宗）、董小宛與冒襄（辟疆）等，均稱羨於一時。陳寅恪晚年在目盲足臏之下，燃脂暝寫，窮十年之力，完成八十萬字的煌煌大著《柳如是別傳》。雖然他謙稱「著書惟剩頌紅粧」，但好友吳宓卻看出其寫作之動機：「蓋藉此察出當時政治（夷夏）、道德（氣節）之真實狀況，蓋有深素存焉，絕非清閒、風流之行事」。

當然我不敢比附陳寅恪大師，也無此才華可以書寫煌煌大著，只是見到一些稗雜者流之所記，其游談之雄，好為捕風捉影之說，故事隨意出入，資其裝點。因之證之以清代檔案及當時報刊、信札等原始資料，做一耙梳。歷史在於「信而有徵」，對於不實之事，吾人當為之考辨、為之翻案。「多少往事堪重數」，「重數」之目的，在求信以俟徵。孔子說：「信則吾能徵之矣」，苟若我輩今日不為之，則年遠代湮，又何以徵於後且信於後乎？此為此書之所由作也。

第一章　老歌新唱：〈楊白花〉與楊翠喜

清光緒三十三年（一九〇七）發生轟動一時的「性賄賂」的要案，當時喧騰人口，物議洶洶。當時有人就寫了〈楊白花〉的小說，然後此小說和楊翠喜小像、上諭、奏摺、供詞、小傳、雜文、詩詞、評林、雜記等被合為一本名為《楊翠喜》的書出版，署名西冷山人編輯，在光緒三十三年五月由上海新小說社出版，初版日期，甚至比當時有些新聞報導還早，新聞性十足，因此甫一出版後被搶購一空，次月即行再版，到了同年九月九日上海《神州日報》又打出了「三版《楊翠喜》」的廣告，可見當時風行的程度。只是此書只有三十六頁之小冊子，保存不易，後來竟之散佚，連冷攤多難尋覓。據大陸學者王德成、姜榮剛說：「民國後知之者甚少，直至今天亦復如是，通行之小說目錄如江蘇社會科學院明清小說研究中心、文學研究所編的《中國通俗小說總目提要》、石昌渝先生主編的《中國古代小說總目》等均未著錄，致使其史料迄今為止尚乏人利用，實為憾事。」[1] 其實在二〇一一年由京劇學

1 〈晚清段芝貴賄賂案與《楊翠喜》小說——以新聞為小說的範例〉，王德成、姜榮剛，許昌學院學報第三十三卷第三期，二〇一四年第三期。

者傅謹主編由南京鳳凰出版社出版的《京劇歷史文獻彙編（清代卷）》，這套多達十卷、六百五十餘萬字的大型文獻，收錄了涉及京劇的所有相關書籍，包括多種體裁的文獻，為京劇研究者和喜愛京劇的讀者提供了豐富翔實的資料。該套書中第二卷專書（下），就收有西冷山人所輯的《楊翠喜》一書簡體字的重排本。而早在一九八七年台灣的廣文書局在其編印的《中國近代小說史料・續編三十三》中也收有《楊翠喜》一書的原版影印本，只是題為佚名撰，更不知出書年代及其重要性。廣文書局在編印前言說：「……本局偶得《楊翠喜》一書，雖是小說，篇幅亦少，然文辭多為諷刺之言；亦不知其出版年代，唯涉及政事者，皆多所忌諱，以此推論，或者即是當時著作。本局為之影印行世，以供對小說有興趣及近代史家瀏覽參酌之用，若能與史實相校，必可寫出一篇大文章；若然，豈非街談巷議之貢獻乎！古人云：雖小道，亦有可觀；尚望海內賢達，有以教之。」其意雖美，但因沒有考證作者及年代，其重要性也不為人所知。再者它藏身於《中國近代小說史料彙編》及《續編》全套七十八冊的叢書中，並無單行本，查考殊為不易。這也使得此書不見有人引用之故。今筆者將簡繁體兩相比對證明確實就是同為光緒清光緒三十三年五月由上海新小說社出版的西冷山人所輯的《楊翠喜》無誤。

在此書中有〈楊白花〉的小說，該小說為白話體，短短的約二千來字，茲先將其抄錄如下，再來說明：

楊白花

楊白花，飛入深宮裡，
宛轉房櫳間，誰能復禁爾，胡為高飛渡江水？
江水在天涯，楊花去不歸，
安得楊花作楊樹，種向深宮飛不去！

這一首詩，三歲孩童都念得出來的。在下何苦去抄出來，卻有一種怪癖的想頭。列位請看那詩，什麼叫做「楊白花」？什麼叫做「飛入深宮裡」？什麼叫做「胡為高飛渡江水」？什麼叫做「安得楊花作楊樹，種向深宮飛不去」？到底說花呢？說人呢？說人呢？說花呢？在下看去，倒有一段新聞在內，一向糊糊塗塗讀了過去，卻未明明白白解了出來，不嫌荒唐附會，聽我慢慢分解。

話說：離恨天裡，孽海渡頭，卻有一朵無根的楊花，一莖打斷的芝草，浮沉飄盪，不知幾何年歲，卻被一陣罡風，吹一個不知去向。那時花街柳巷，忽然來了一個美人，生得十分嬌娜，萬種溫柔。彎彎的柳眉，惺忪的柳眼，唱起來好像楊柳陰濃、流鶯百囀，把人的耳朵也攝了去；舞起來好像臨風楊柳、三眠三起，把人的靈魂也勾了去。真真楊玉環再世，柳如是復生，引誘得王孫公子，三魂失四、六魄亡七。莊老頭兒說得好：「迷楊迷楊（楊本為陽），無傷吾行。吾行卻曲，無傷吾足。」

那一個不迷了魂、失了足啊。就中有一位王孫，迷惑得更是厲害，口口聲聲道：「色藝雙佳！色藝雙佳！」那時便有一個奴才，附耳低言道：「爺既看中了他，奴才卻有法子，包管弄得他來。」王孫道：「好孩子，你若弄得到手，咱有一幅黑龍賞你。」卻說這幅黑龍圖，原來王家的寶貝，雖不比赤精子的太極圖，也有小小山川在上。不知什麼時候被人偷去，王家也不覺著。倒是鄰舍人家眼紅，鬧了起來，王家方始覺得簇簇新新。費了千言萬語，用了千萬銀子贖了轉來，如何好輕送與人？也是色迷了心竅所致。這個奴才垂涎了許久，正在無計可以騙得，當下聽了王孫這句話，狗頭不在脖子的，立即叩頭道：「謝爺賞！」當時便陪王孫到美人家來，無非碰和吃酒的老套，不必細述。那位美人，一眼看見了這奴才，私相戲道：「你不是孽海浪中一片斷芝啊，有什麼貴……也在世間混麼？」奴才道：「卿也水性的楊花，在此迷人罷了。」女即拍他肩格一下道：「奴的姓張、姓李，關你甚事，也要這般拆趣啊？！」當下兩人私相計議道：「咱們混在世間，不過騙人罷咧！現下王孫看中了你，咱想學范蠡獻西施的法子，把你獻進宮裡去。你既做了側妃，咱也得些好處，豈不兩全其美麼？」這朵楊花正在墜溷時候，卻有一陣好風把它吹上茵去，豈有不情願呢？只有一件不妥，王孫家教雖然沒有，外面架子上卻不好看。只得人不知鬼不覺、暗暗地娶了過去。這首詩上說：「楊白花，飛入深宮裡。」豈不詠這段情節麼？

卻說王孫娶了美人以後，政事也不管了，聲名也不惜了，成日介同起同眠、同坐同食，聽戲一同聽戲，遊園時一同遊園。正是：「在天願為比翼鳥，在地願為連理枝。」說不盡的恩愛，那裡曉得姻緣簿上注定兩人只有數月緣分。正在柔情旖旎，難解難分時候，不知那裡跳出一個御史來，這位御史稀奇得很，既不識權勢的「勢」字，又不識得愛情的「情」字，造七搭八，奏了一本，說了許多壞話。王孫聽了，也不在意，呵呵笑道：「咱們王孫家裡，伯叔們兄弟們，那一個不逛窯子，那一個不鬧相公，那一個不討八九個妾、十數個妾，那一個不是妓女啊、優伶啊什麼，咱家討個巴妾，就要這般小題大做起來呢？想這御史不要頂子了！不要腦袋了！」所以如此說罷，仍同美人調笑取樂。隔不多時，有人報道：「不好了！萬歲爺著了惱，要查辦了！」王孫方始慌張起來，私與美人商量道：「如何是好？」美人道：「妾自有法，不累你。」王孫道：「你有何法？」。

那裡曉得，這朵楊花道行很深，卻會她的八十一世老祖宗楊戩的七十二般變化，不知如何稀奇稀奇，方才明明是一位珠翠圍繞環佩叮噹、如金如玉的王妃，一霎變做了一個蓬頭赤腳、臃腫邋遢的婢女。王孫見了，得意萬分。一面把她寄托人家，一面央人打點。及到派人來查，那裡有新妃呢？因此上頭王孫沒事，御史反落了職。也虧這楊花變得快，把一天雷轟電掣的大把戲，化作水影無蹤。這片斷芝道行很淺，卻不會變，不免受須磨折，也虧這楊花變得快，沒甚大罪。單把這黑龍圖掉去了，也是無可奈何的事。

列位都是看小說的名家，請看這種小說，《聊齋》啊！《諧鐸》啊！《夜語秋燈》啊！這須花妖木怪迷惑了人，都在人家不曉得的時候，及到漏洩春光，人家都已曉得了，便說緣分已滿，奴要去了。這朵楊花也是做這老套，王孫也知容留不得，只好灑淚而別。一陣春風飄飄盪盪的渡津而去！這首詩上說：「宛轉房櫳間，誰能復禁爾，胡為高飛渡江水？」豈不詠這段情節麼？

卻說王孫自從美人去後，萬念俱灰，茶也不要吃了，飯也不要吃了，索性把這官也不要做了。上一摺本，辭掉了官，悶坐在家，鎮日相思。有時想御史一陣，罵他無情，拆散我的鴛鴦；有時想斷芝一陣，說他有義，幫我籠馬；有時想自己一陣，前在上海也做過來，真是命中註定，不能消受豔福的；有時想美人一陣，終須破鏡重圓的。正合《西廂》那句話：「繫春情短柳絲長，隔花人遠天涯近。」

卻不悟楊花本來是妖精，迷惑的人不少了。這首詩上說：「江水在天涯，楊花去

> 不歸，安得楊花作楊樹，種向深宮飛不去！」豈非描寫王孫相思的苦麼？
>
> 詩解完了，新聞也完了，小說也完了。有的說道：「明明美人，你如何說他花精。」假使不是花精，好好王妃為什麼會變婢女呢？有的說道：「詩上說的楊花，那裡是說人？」詩人借物詠人，本來有此體裁。唐朝一個詩人，名叫韓翃，眷戀了姓柳的美女，別離以後，做首詞道：「章臺柳，章臺柳！昔日青青今在否？縱使長條似舊垂，也應攀折他人手。」難道是不說人麼？難道是單說柳麼？
>
> 有的說道：「〈楊白花〉袁凱做的。也不是李淳風的《推背圖》，也不是劉青田的《燒餅歌》，那裡曉得後世有這段新聞，做這首詩來作讖語啊！」大凡作小說的，原是空中樓閣，在下不過藉此打趣打趣！敷衍敷衍！列位幸勿當做小說看啊！

該小說嚴格來說不像是小說，可把它當做以新聞來借題發揮的文章。正如小說的結尾說：「大凡作小說的，原是空中樓閣，在下不過藉此打趣打趣！敷衍敷衍！列位幸勿當做小說看啊！」。它時時刻刻要讀者注意的是該段新聞的重要性，至於對於整個小說除了對案情的簡單演繹外，其餘則乏可稱道之處。小說雖以隱喻來寫，但讀者很容易就可「對號入座」，這或許也是作者的初衷。小說以離恨天裡孽海渡頭的一朵無根的「楊花」比喻楊翠喜，以一莖打斷的芝草比喻段芝貴，而王孫是指慶親王奕劻之子載振。王孫贈奴才黑龍圖暗示此二人的的權色交易，以美人換取官位。而〈楊白花〉這小說一開頭就引袁凱的詩來配合這段新聞，詩是明朝所寫，如何能配合清朝的新聞，作者也明白這個道理，於是他說：「袁凱的詩，也不是李淳風的《推背圖》，也不是劉青田（伯溫）的《燒餅歌》，那裡曉得後世有這段新聞」，但作者不斷地用這首詩來解釋此段新聞，很明顯地仍是借用胡太后與楊白花的私情，借古喻今的手法處處可見。

小說中引用莊老頭兒說得好：「迷楊迷楊（楊本為陽），無傷吾行。吾行卻曲，無傷吾足。」的話，莊老頭兒其實就是莊子。《莊子・人間世》云：「孔子適楚，楚狂接輿遊其門曰：鳳兮！鳳兮！何如德之衰也！來世不可待，往世不可追也。天下有道，聖人成焉；天下無道，聖人生焉。方今之時，僅免刑焉。福輕乎羽，莫之知載；禍重乎地，莫之知避。已乎！已乎！人以德；殆乎！殆乎！畫地而趨！迷陽，迷陽，無傷吾行！吾行卻曲，無傷吾足。」學者陳鼓應在《莊子今註今譯》將這段譯成白話文：「孔子到楚國，楚國狂人接輿走過孔子的門前唱著：『鳳啊！鳳啊！你的德行為什麼衰敗！來世是不可期待的，往世是不可追回的。天下有道，聖人可以成就事業；天下無道，聖人只能保全性命。今天這個時代，只求避免遭受刑害。幸福比羽毛還要輕，卻不知道摘取，災禍比大地還要重，卻不知道迴避。罷了！罷了！在人的面前用德來炫耀自己，危險啊！危險啊！擇地而蹈。荊棘啊！荊棘啊！不要刺傷了自己的行徑，轉個彎兒走！轉個彎兒走！不要刺傷了自己的腳啊！』」其中《莊子》書中的「迷陽」指荊棘，王先謙註說：「荊棘也，生於山野，踐之傷足。」而在〈楊白花〉小說中將原本的「迷陽」改成「迷楊」，是指迷戀於楊翠喜的美色，作者不是引喻失義，而是有意調侃。

另外引用王實甫《西廂記》那句話：「繫春情短柳絲長，隔花人遠天涯近。」，其出處在〈崔鶯鶯夜聽琴（第二本）〉第一折：

（孫飛虎上，開）自家姓孫，名彪，字飛虎。方今天下擾攘。因主將丁文雅失政，俺分統五千人馬，鎮守河橋，劫擄良民財物。近知先相國崔鈺之女鶯鶯，眉黛青顰，蓮臉生春，有傾國傾城之容，西子太真之顏，現在河中府普救寺借居。我心中想來：當今用武之際，主將尚然不正，我獨廉何為！大小三軍，聽吾號令：人盡銜枚，馬皆勒口，連夜進兵河中府！擄鶯為妻，是我平生願足。（下）（法本慌上）誰想孫飛虎將半萬賊兵圍住寺門，鳴鑼擊鼓，吶喊搖旗，欲擄鶯鶯小姐為妻，我今不敢違誤，即索報知夫人走一遭。（下）（夫人慌上，云）如此卻怎了！俺同到小姐臥房裏商量去。（下）（旦引紅上，云）自見了張生，神魂蕩漾，情思不快，茶飯少進。早是離人傷感，況值暮春天道，好煩惱人也呵！好句有情憐夜月，落花無語怨東風。

【仙呂】【八聲甘州】懨懨瘦損，早是傷神，那值殘春。羅衣寬褪，能消幾度黃昏？風嫋篆煙不捲簾，雨打梨花深閉門；無語憑欄杆，目斷行雲。

【混江龍】落紅成陣，風飄萬點正愁人。池塘夢曉，闌檻辭春；蝶粉輕沾飛絮雪，燕泥香惹落花塵。繫春心情短柳絲長，隔花陰人遠天涯近。香消了六朝金粉，清減了三楚精神。

還是脫離不了男女私情，可見這〈楊白花〉小說，根本是一篇借題發揮之作，隱喻之意，溢於言表。

至於〈楊白花〉這小說究竟何人所為，身為編輯的西泠山人並沒有說明。儘管如此，該小說寫得正是楊翠喜事件殆無疑慮。而西泠山人所輯的《楊翠喜》書中除〈楊白花〉這小說外，還有楊翠喜的小傳，雖文長不到千字，但對楊翠喜早年身世之來龍去脈言之甚詳，因它是在光緒三十三年，事件發生的同時出版的，是目前所見最早期而且最詳盡的資料，後人在寫楊翠喜的生平，大都由此增刪衍生而成，基於史料上的價值，特抄錄如下：

楊翠喜者，直隸北通州人也。生於光緒十五年，今已十九歲，然自稱僅十六。家素貧。十二歲時，由其父母攜來天津。時京畿之間，拳匪鴟張，乃逃往蘆臺，匪亂既熾，無可謀生，其父母為糊口計，售翠喜於土棍陳某，值只京錢十千。會西國聯軍攻破天津城，設立都統衙門，陳某遂挈翠喜至津，居城中白家胡同。與楊二（一名楊茂亭者）為鄰，乃轉售翠喜與楊，稱為義女，是為翠喜墮落孽海之始。

是時聯軍分布津京，大駕西巡邑里。經兵亂者，罔不邱墟。顧津沽間之聲伎，則又一時稱盛。時有陳國壁者，購幼女二，一名翠鳳，一名翠紅，在上天仙演各種淫戲；又有女優尹鴻蘭，亦在津登臺奏技，均得善價，月贏戲資三四百元。楊二羨甚，乃謀於陳國壁，令翠喜隨翠鳳等學戲，專演青衫子、花旦諸角色。所演諸戲，亦均淫哇之音，若《拾玉鐲》、《賣胭脂》、《青雲下書》之類。二十八年翠喜年十四，在侯家后協盛茶園初登舞臺，每齣之價僅自一元至二元；後又在北馬路大觀茶園演劇，並無名；又改至小戲園演唱，演劇之園二，一為北大關福仙，一為北門內景春，早晚兩齣，每日戲價四元，是時翠喜已年十五矣。

天津女優小榮喜，往哈爾濱演劇，名噪一時，獲利不貲。論其色藝，與翠喜相伯仲，於是楊二又聞而垂涎。至三十年春，翠喜年十六，乃由楊攜往哈爾濱。時俄之軍隊，多駐哈城，故戲價因之而昂；而尤能獲利者，則以娼寮為首屈。楊二貪不知足，遂命翠喜於登臺獻藝之暇，兼以賣笑為生。於是翠喜遂以優而兼娼矣。

> 有俄之統兵官，見翠喜而悅之，願為之梳櫳。不知若何翠喜受創甚巨，臥匝月不能起。楊二乃復攜翠喜回津，仍就各小戲園演劇。又搆香巢於河北，其所業一如在哈城時，晚間茶園僅取資一元，夜合之資亦僅取三四元。
>
> 未幾受大觀園之聘，而聲價為之一振；又未幾而見賞於王益孫、段芝貴。以一道員、一富商之力，左提右挈而聲價又為之一振，時光緒三十二年，翠喜十八矣。
>
> 雖然，翠喜性素蕩，專愛美少。三十二年冬月，曾以私昵一少年龜奴，與段芝貴相忤，嗣經人排解，遂相好如初。
>
> 後翠喜又改就天仙戲園之聘，聲名益高，月獲戲資可八百元。會振貝子以調查東三省事宜，道出天津，遍招名妓侑觴，獨賞翠喜不置。段芝貴時於貝子，方有特別之運動。聞之，乃假翠喜為奇貨，托名王益孫，購買為妾，而送翠喜至京，進於貝子。及參案事發，翠喜乃亟於三月二十五日由京乘火車奔還天津，投入王益孫家，充為使女云。

有關楊翠喜的生平史料記載不多，若據《楊翠喜》書中小傳所言，到了光緒三十年春，「翠喜年十六，乃由楊二攜往哈爾濱。時俄之軍隊，多駐哈城，故戲價因之而昂；而尤能獲利者，則以娼寮為首屈。楊二貪不知足，遂命翠喜於登臺獻藝之暇，兼以賣笑為生。於是翠喜遂以優而兼娼矣。」則此時楊翠喜的身份是歌伶而兼娼妓，也可說賣藝也賣身。「有俄之統兵官，見翠喜而悅之，願為之梳櫳。不知若何翠喜受創甚巨，臥匝月不能起。」有關「梳櫳」，或稱「點大蠟燭」，也就是俗語謂之「開苞」。妓女被開苞，百分之百出於鴇兒逼迫。有資格拿出很多金錢首飾來梳櫳一個妓女的，不是大腹賈，從前便是軍閥、達官。開苞的條件價格，也看妓女的身份而定，美不美，紅不紅。根據陳定山《春申舊聞》談到民國三〇年代一般的價格，老鴇開出條價來，大約是一隻鑽戒，一副金釧，四季衣衫，多少下腳，若干花頭。妓女被點過大蠟燭，便是某客禁臠，謂之開苞客人，明裡不得再接別客。但老鴇愛錢，有時還是令妓女接客，有好奇心而懶於耕鑿者往往樂就。但為開苞客人知道之後，必一怒絕裾，鬧出種種事來。

但何以「受創甚巨」呢？據推測是楊翠喜不堪同行姊妹的冷嘲熱諷，因為當時娼寮的姑娘們有禁忌，就是不與大鼻子（俄國佬）做朋友，一旦與之交往，不管陪過酒或陪過床，就宛如墜入地獄一般，永遠被瞧不起。又更難耐的是大鼻子滿身腥騷的糾纏，或許也讓楊翠喜在身體上受了些創傷，以致「臥匝月不能起」，在身心俱疲之下，她只得離開哈爾濱。於是「楊二乃復攜翠喜回津，仍就各小戲園演劇。又搆香巢於河北，其所業一如在哈城時，晚間茶園僅取資一元，夜合之資亦僅取三四元。」

對於楊翠喜「歌伶而兼娼妓」的說法，寫有《楊翠喜案》[2]一書的小說家也是編導尚志發就指出：「關於楊翠喜的出身，歷來被野史家們記為『亦妓亦伶』，即出身娼門。我以為這是個誤解。因為在有關楊翠喜的筆記傳聞中，並無一處書有她落腳青樓之行跡。只記她十四歲左右進了天津茶園。說她在天津協盛茶園、大觀園、福仙園、景春等園子唱戲。茶園絕非妓院，或准妓院一類的色情場所。演員各屬不同戲班，而戲班從來都不是色情組織。楊翠喜『亦妓亦伶』之說所以風行，我以為主要原因是社會偏見，封建禮教不容見於女人登臺演自己，不容見於戲劇舞臺的這場角色革命。歷來戲曲中的女性角色也都是由男性來扮演的。天津首開女人登臺演戲之先河。戲劇家翁偶虹先生在閒談中提到，我國最早的女伶是楊翠喜（洪鈞主編《藝苑》）。可見楊翠喜登臺，無疑在當時社會是振臂一呼的先鋒角色！於是我們便可以想到那個男尊女卑的時代，目其為『有傷風化』、『敗壞倫常』繼而目其為『娼妓』便是題中應有之意了。另在戲劇史家中有『女伶出娼門』一說，接受這種意見的人，很容易便可推斷出楊翠喜亦無可例外。加之人們對滿清王公貴族的腐敗墮落的憎惡，還有文人的好奇，人們便寧願楊翠喜『亦伶亦妓』了。楊翠喜之被誣枉，甚至可說是對戲劇史的誣

---

[2] 《楊翠喜案》，尚志發著，海南出版社，二〇〇一年六月出版。

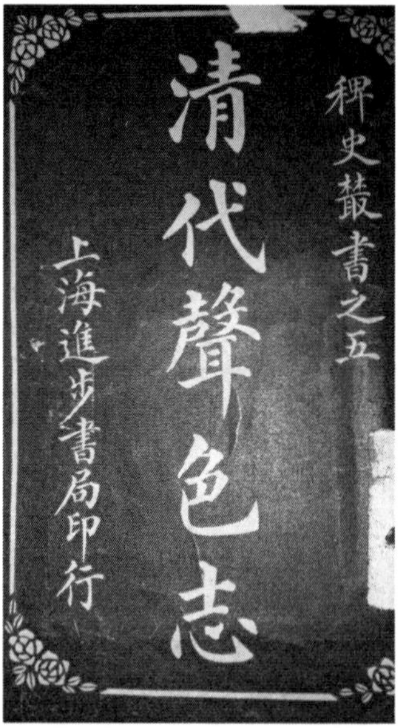

《清代聲色志》書影。

杠。今日之下，我們應站在審視歷史文化的位置來評述楊翠喜其人。否則，便失去大意義。」

我們翻檢民國四年（一九一五）上海進步書局編輯出版的《清代聲色志》，該書距楊翠喜案發生的時間相當接近，僅差七、八年而已，因此相當可信。該書分兩卷，按「優」、「妓」就載錄了一百餘人。上卷為「優」，記載了清代三十二位戲曲演員的逸聞舊事，有三慶班主的程長庚，還介紹了十三旦、梅巧玲、路三寶、朱文英、楊小朵等人，還有張二奎、劉趕三、譚鑫培、楊小樓、楊月樓、俞菊笙、汪桂芬、金秀山等人的生平事蹟亦有所涉及。下卷為「妓」，記載了明末至清的陳圓圓、柳如是、董小宛、李香君、謝珊珊、蘇寶寶、賽金花、李蘋香、林黛玉、陸蘭芬、金小寶等八十餘名妓女的生平事蹟。此書將「優」與「妓」分得相當清楚，而楊翠喜是屬於上卷「優」的部分。該書對楊翠喜的介紹為：「楊翠喜者，直隸北通州人也。家素貧，十二歲時，其父母攜往天津。時拳匪勢張，乃逃避至蘆臺。匪亂既熾，無可謀生。其父親售翠喜於土棍陳某。聯軍攻破天津，陳某遂挈翠喜至津，居城中白家胡同，與楊茂亭為鄰。轉售翠喜於楊，是為翠喜墮落孽海之始。是時津沽間之聲妓，頗稱一時之盛。時有陳國璧者，購幼女二。一名翠鳳，一名翠紅。在『上天仙』演戲，均得善價。楊茂亭羨甚，乃謀於陳，令翠喜隨翠鳳等學戲，專演花旦。所演諸戲均淫哇之音，若《拾玉鐲》、《珍珠衫》、《賣胭脂》、《青雲下書》之類。年十四，在侯家后協盛茶園，初登舞臺，所入甚微。未幾受大觀園之聘，聲價為之一振。津門豪客，多為翠喜揄揚，為一時女伶冠。時翠喜年方十八。後翠喜又就天仙之聘，聲名益高，月獲包銀，可八百元，於是芳名籍甚。迨趙啟霖參奏出，而楊翠喜之名，遂鬨動全國矣。」

其中並無一語及楊翠喜曾為娼妓之說，就是稍晚兩年，民國六年（一九一七）出版的《諫書稀庵筆記》，亦無此說法。該書是山東濰縣陳恒慶（一八四四—一九二〇）所寫，他是光緒十二年進士，在京都工部任都水司主事、營繕司員外郎、屯田司郎中，升兵科給事中，掌河南道監察御史等，後外放任錦州知府，宣統二年辭官歸里，《諫書稀庵筆記》所記很多都是他親歷親聞者。書中有一則記楊翠喜云：「楊翠喜者，天津樂妓。美姿容，歌喉清徹，名噪一時。有商人王姓與有交，欲納之而索價過昂。會某貝子至津，見而悅之。某候補道員重金購之，獻於某貝子，並備妝奩，值數千金。貝子大悅，為某候補道說項，竟放巡撫，京師哄傳為笑柄。御史趙啟霖遞摺奏參，上命大員查辦。大員委司員往津。某貝子知事難掩，潛送翠喜回津，交其母家。司員集訊時，預教以供，供曰：『從未至京，實係嫁與王某。』王某亦供曰：『以數百金買為妾，半年矣。』案遂定。大員覆奏，謂御史妄奏。乃革御史職，御史得直名而去，祖餞者，贈詩歌者若干人。某巡撫仍降為候補道。越月，又起趙御史為湖北學使，而趙御史入山不出矣。王商人不費一文而得美妾，人為作〈艷福歌〉。某貝子春風不及廿四番而失美妾，人為作〈長恨歌〉。兩歌太長，不及載。」

另根據一九九〇年中國戲曲志編輯委員會出版的《中國戲曲志・天津卷》[3]記載：「楊翠喜約生於一八八六年，卒年不詳。河北梆子女演員，工旦。天津人，原姓名不詳。十二歲被賣於蘆臺；光緒二十六年（一九〇〇）又被轉賣天津楊某，隨楊姓，起名翠喜。當時天津女伶盛行，翠喜雖習較晚，但聰穎機敏，不足一年即學會《拾玉鐲》、《喜榮歸》、《珍珠衫》、《錯中錯》等劇，首演於侯家后協盛園。其後又學會《採花趕府》、《賣胭脂》、《青雲下書》、《打櫻桃》等，經常演出於繪芳、下天仙、大觀等戲園。楊以做工見長，且

3 中國戲曲志編輯委員會《中國戲曲志・天津卷》，文化藝術出版社，一九九〇年十二月。

年輕貌美，紳商富賈揄者甚眾。」也無道及為娼之事，生平僅寥寥數行而已。

另外專研小說的蔣瑞藻（一八九一－一九二九）在《小說考證續編》（出版於一九二四年六月）卷四有提到「楊白花」一則。蔣瑞藻因其岳父何乃普是紹興富甲一方的大財主，但凡蔣瑞藻所需之書，不論正書還是「閒書（當時把小說稱為閒書）」，即派人到各地書坊去搜購，常常是一擲千金。到蔣瑞藻動筆要寫《小說考證》時，家中藏書已是汗牛充棟，其中奇書、孤本不計其數。後來研治小說史者，常難覓《小說考證》所提及之書，因此就不得不逕引《小說考證》所引之文，來拾遺補闕。蔣瑞藻引《菊影錄》一書云：「以一女優，而於一代興亡史上居然佔有位置，而牽動一時之政局者，當數楊翠喜矣。楊翠喜者直隸通州人，幼以貧婁，鬻於陳姓，輾轉之津門，遂墜樂籍，其假母曰楊李氏。翠喜善淫靡哀艷之曲，出其技，在侯家后協盛茶園演劇。嘗一至哈爾濱，俄軍官某梳櫳之，時翠喜年十六矣。繼返津，構香巢於河北，受大觀園、天仙園之聘，聲價重一時，為富商王益孫、道員段芝貴所賞。會貝子載振奉節東省歸，道出津沽，置酒高會，一見翠喜，傾倒不置，段方有求於貝子，乃託王益孫名，以萬金購翠喜為使女，即車送之京，進之貝子，翠喜則年十九矣。無何，段芝貴以道員授黑龍江巡撫，御史趙啟霖獨揭而劾之，段遂奪職。貝子懼，遣歸翠喜。上乃派醇親王載灃、大學士孫家鼐查辦，覆無實證，趙啟霖亦褫職也。此清光緒丁未事。夫以翠喜一身，時而臺榭，時而官府，時而姬，時而伶，時而妾，時而婢，極卻曲迷離之況，山陽曹麟角之〈楊花詩〉，亡友鄒亞雲之〈楊白花傳奇〉，均為翠喜作也，謂非宦海之佚聞，故京之艷史歟？」這《菊影錄》不知何人所寫，所談到的楊翠喜早期生平及後來引發的「丁未政潮」大致無誤，但「嘗一至哈爾濱，俄軍官某梳櫳之，時翠喜年十六矣。」其所依據的資料，似乎是來自西泠山人所輯的《楊翠喜》一書。至於「丁未政潮」的內幕更是過於簡略，筆者將於下面各章詳加論述，俾能讓讀者明其事情之顛末。

惟《菊影錄》說山陽曹麟角有〈楊花詩〉記楊翠喜之事，據高拜石《古春風樓瑣記》一書之記載，「山陽曹麟角」當為「山陽豐昌麟」之筆誤，《菊影錄》未錄其詩，高書記載其三首〈楊花〉詩如下：

其一

送盡鈿車拾翠人，一天餘韻殿芳春。
相逢無賴隨萍水，墜落微憐雜溷茵。
歌館澹煙彈粉黛，帝城寒雪罨香塵。
謝娘休負閑才思，臺閣淒迷飛燕春。

其二

攪碎離愁不可賒，綠楊一桁記蘇家。
玉顏未委焉支土，青史煩書掌故花。
杜曲日遲驕寶馬，章臺風急返香車。
王孫直覺春魂斷，海怨雲愁有暗嗟。

其三

宣武城南尺五天，飛花三月憶年年。
風吹池水誰相問，霧隔珠帘人尚顛。
遷客春歸愁楚雨，宰官衣解剩湘綿。
翠樓一角楊枝外，曾許崑崙幾度眠。

該詩隱刺楊翠喜之事，詞旨婉麗，寓意深邈，頗為時人傳誦。

至於《菊影錄》所提到的鄒亞雲的〈楊白花傳奇〉，那又是晚清宮廷的另外一個故事，絕非寫楊翠喜的，《菊影錄》的作者有點「馮京當馬涼」了，而蔣瑞藻的《小說考證續編》亦不察而照引，為恐後人以訛傳訛，在此特為辨誤。

鄒亞雲（一八八八—一九一三）本名鄒銓，別署民鐸、天一子。江蘇青浦（今屬上海市）人。南社成員。少孤，為人沉靜好學。曾入吳江同里自治學社，與柳亞子同學，師事金天翮（松岑）。後考入杭州浙江高等學校，師事陳去病。辛亥嘗助陳布雷編《天鐸報》，並在華童公學兼課。與柳亞子、陳去病、高旭、葉楚傖、龐樹柏、胡懷琛等過從甚密，多有詩詞唱和。其詩哀感頑豔，不讓溫、李。其文亦婉轉多姿，頗得《國策》遺韻。柳亞子稱其「詩文清麗如其人」。所著〈楊白花傳奇〉最為人所稱道，「論者比之張蒼水〈滿洲宮詞〉云」。其作品大多散佚，南社諸子為其搜集遺稿，輯為《流霞書屋遺集》四卷。（文一卷、詩一卷、詩餘一卷、〈楊白花傳奇〉一卷。）其中〈楊白花傳奇〉，初載於《天鐸報》，後輯入民國二年癸丑（一九一三）九月上海國光書局代印《流霞書屋遺集》卷四。又有繪圖石印本，有插圖四幅。原署「青浦鄒銓亞雲著」。該書寫於一九一一年。這個劇本所演繹的故事，就是楊小樓與瓜爾佳氏的私情逸事。共六齣。分別為：〈傳書〉、〈看劇〉、〈聞警〉、〈報警〉、〈虛驚〉、〈設計〉。〈楊白花傳奇〉以瓜、楊二人的私情為明線，載灃等人誤國亡國為暗線，勾勒出一幅亡國外史浮世繪。劇中沒有對瓜、楊二人給予明確的傳統意義上的道德譴責，對載灃等人的亡國之痛也算是白描實寫，並無過分誇張醜化之意。作為野史而非信史的一段軼事，作者就事論事的入情入理之演繹，都讓人耳目一新的。一時詠歎者，如高天梅云：「風流亡國憑誰寫，才子文章楊白花。」胡寄塵云：「一窗風雨燈無力，寒夜人翻楊白花。」沈劍儂云：「梨園他日傳新唱，處處箏琶楊白花。」等等。一九三八年二月十四日楊小樓病逝，享年六十有一。這位生前被稱為「活趙雲」的著名京劇武生，死後極為哀隆。此刻，距瓜爾佳氏吞食過量鴉片而死已經十七年，距〈楊白花傳奇〉作者鄒銓咳血身亡於滄浪亭更已達二十五年之久。傳奇中的預言沒能實現，預言中的傳奇終究也沒能成為現實；歷史自有其戲劇性，但歷史也不會按照劇本演繹。

〈楊白花傳奇〉雖不是搬演楊翠喜的故事，但民國初年確曾有人依據楊翠喜的故事，編成名為《楊翠喜》的時裝新戲，只為楊翠喜在晚清光緒末年成為家戶欲曉的新聞人物！從〈楊白花歌辭〉到〈楊白花傳奇〉，戲碼及演員不斷地演繹更新，世事也如走馬燈，不斷地變化，但其「母題」（主旋律）卻不斷地傳唱者，只是有的是一千四、五百年的老版本，有的是一百多年前的新版本，如是而已！

第二章　一代名伶：開女性登臺演戲之先河

楊翠喜是河北通州人，生於光緒十五年（一八八九），家素貧，光緒二十六年（一九〇〇）庚子義和拳亂，楊翠喜方十二歲，「由其父母攜來天津，時京畿之間拳匪鴟張，乃逃往蘆臺，匪亂既熾，無可謀生，其父母為餬口計，售翠喜於土棍陳某，祇值京錢十千」。以「京錢十千」把楊翠喜賣給土棍陳某，「京錢十千」在光緒丁酉年以後約等於銀一兩，以這麼低的價錢賣出，而到光緒三十三年（一九〇七）段芝貴以天津富商王益孫名義，以一萬二千元買得楊翠喜，再準備數千元首飾衣物，及兩萬元嫁妝以為入慶親王府犒賞各僕婢之用，將楊翠喜送給農工商部尚書貝子載振，再用十萬元獻給載振父親慶親王奕劻為壽禮，從當年的一兩賣身到後來數萬元的身價，楊翠喜義父楊茂亭和義母楊李氏從中獲利頗豐。這是後話。

當年「會西國聯軍政攻破天津城，設立於都統門，陳某遂挈翠喜至津，居城中白家胡同，與楊二（一名茂亭者）為鄰，乃轉售翠喜與楊稱為義女。」從義和團起事到聯軍進入天津，歷經一年多的動盪，津沽地區，據《瓦德西拳亂筆記》一九〇〇年九月二十九日所見

「從大沽至天津之間，以及天津重要部份，已成一種不可描寫之荒蕪破碎，所有沿途村舍皆成頹垣廢址。」一九〇〇年七月五日聯軍成立「都統衛門」對天津實行軍事殖民統治後，陳某帶楊翠喜至天津住在「城內守營都司署」旁的白家胡同，其地位於天津城西北角。陳某又將楊翠喜再轉賣給鄰居楊茂亭，而楊茂亭因看到上天仙戲園陳國璧購入翠鳳、翠紅兩女演淫戲得善價，所以叫楊翠喜跟著翠鳳學戲，這是楊翠喜學戲的緣起。但當時天津登臺優伶個個小腳伶仃，翠鳳和後來在哈爾濱名噪一時的女優小榮喜都是有名的小腳美人，當時美人的養成較費時費事的就是要裹一雙纖瘦的小腳，裹小腳非得數年功夫才能成就。

北宋時期就有許多雜技藝人用布纏腳，纏裹後的腳尖瘦上蹺，穿著尖瘦上蹺的舞鞋，表演時生動婀娜多姿，受人欽羨。許多樂戶，本就是貴族的家妓，將這種纏足風俗傳入官宦權貴家中的女眷。到了明代女性藝人不能公開登臺，纏足婦女公開演出的場面消失了約五百年，小腳妓女只在私人筵席間、妓院內、酬酢間為人彈唱，更無在舞台上迴旋弄姿的機會。尖瘦上蹺可以迴風扭轉的舞鞋，歷經五百年演變，以短弓是尚，追求「三寸金蓮」，三寸是腳長小於十公分的意思，這麼短小的腳別說跳舞了，連走路都得戰戰巍巍，扶牆靠壁，最甚者如李漁的《閒情偶寄》筆下的「抱小姐」說：「足小之，至寸步難行，每行必須人抱。」纏足風俗近千年流行後，幾乎成為大家閨秀基本的儀容妝飾，成為性別的認同。

當時妓女的養成是一本萬利的生意，於是就有人專門培養「美人」的各種人才，形成了一種專門「畜養女娃」的職業。最有名的在明清兩代的揚州，俗稱「揚州美人」，但這揚州美人的養成，背後藏著多少辛酸血淚。揚州位於蘇北、江淮大地，處黃河、淮河和長江下游，三水匯流，俗稱洪水走廊。明清時代連年洪水成災，蘇北平原淹成一片汪洋，田舍盡沒，人畜俱亡，倖存者身無衣、住無處、吃無糧，只得牽兒攜女，離鄉背井，逃亡他鄉，陷入絕境後，唯一生機，只有賣掉親生骨肉為奴、為僕、為婢、為娼。還有路邊賣女孩的，為了讓人知道賣女，在女孩子頭上插草作標示。蔣世煥〈插草吟〉詩中寫到「月淒淒，風嫋嫋，大婦小姑頭插草。街南巷北行人多，呼天但乞生離早。剜肉可醫，骨斷難治，爹娘夫妻揮手別，眼中無血身存皮。」寫盡了一副慘絕人圜，生離死別的淒楚，源源不斷的災民，四面八方湧向揚州城，城裡的官吏束手無策，把災民視為洪水猛獸，甚至緊關城門，相應不理，被買走的孩子也許算幸運的，能保住一線生機。剛從災貧手中買來的女孩面黃肌瘦、蓬頭垢面、不通音律，更不懂豪門世家的儀節，必須經過漫長的調理、訓練、教養和美容，才能成為「揚州美人」。清代丁耀元在《續金瓶梅》一書中說一等資質的女孩，將被教授「彈琴吹簫、吟詩寫字、畫畫、圍棋、打雙陸、抹骨牌、百般淫巧」同時施予身形美容「束足布指、塗妝綰髮、節其食欲、以見其肥瘠、教之歌舞弦索之類，以昂其身價。」（徐珂《清稗類鈔》）讓這些女孩子長得清瘦苗條，腳小伶仃，琴棋書畫，能歌善舞，揚州人稱「揚州瘦馬」。明末張岱的《陶庵夢憶》一書記有「揚州人日飲食於瘦馬之身者數十百人」。明代揚州鹽商壟斷全國鹽運業，腰纏萬貫，富甲天下，養瘦馬是為了滿足這些財大氣粗的鹽商、官宦、地主做為侍妾，挑選瘦馬有一套嚴格的鑑定程序，其中最為客商看重的就是瘦馬的小腳，能否符合「瘦、小、尖、彎、香、軟、正」七個標準。

《陶庵夢憶》書中〈揚州瘦馬〉一篇寫到，想娶妾的人只要稍為露出本意，那牙婆仲介立刻全集到家裡，一大早媒人就帶到瘦馬家裡。「至瘦馬家，坐定，進茶，牙婆扶瘦馬出，曰：『姑娘拜客』下拜。曰：『姑娘往上走。』走。曰：『姑娘轉身』轉身向明立，面出。曰：『姑娘借手瞧瞧』盡褫其袂，手出臂出，膚亦出。曰：『姑娘瞧瞧相公』轉眼偷覷，眼出。曰：『姑娘幾歲了？』曰幾歲，聲出。曰：『姑娘再走走。』以手拉其裙，趾出。然看趾有法，凡出門裙幅先響者必大，高繫其裙人未出而趾先出者必小。曰：『姑娘請回。』一人進，一人又出。看一家必五六人，咸如之。」

這樣一個一個一家一家的看過去，但到有中意的，就用金釵來插她們的鬢髮上，選好的，客人回去還沒回到住所，耐敲鑼打鼓的送親儀隊和花轎就送拜堂，不到中午辦事的人已領了賞錢，急著去辦下一攤。選瘦馬的過程，不過看臉，看眼神，看看皮膚，但對於小腳卻看待十分仔細，牙婆扶著走出來，讓姑娘轉身再多走幾步，看她小腳走路的步姿步態，出來時充滿了自信，裙子拉的很高，還沒進門就先亮出小腳的，肯定就是很小的腳，這是張岱給選瘦馬的人留下來的經驗指南。「揚州瘦馬」被出賣為妾的為數不少，出賣後淪為娼妓的為數更多。清末民初作家包天笑在《釧影樓回憶錄》中寫到他和友人冶遊南京秦淮妓院「秦淮的妓女，十之八九為揚州一帶的人，他們稱之為揚幫，與蘇州、上海的妓女稱之為蘇幫的，實為東南妓女中的兩大勢力。」當時中國各大城市如北京、上海、南京妓院中，相當多的妓女都來自「揚州美人」。那些有幸被官宦富商，親貴公子納為小妾的「瘦馬」並不一定從此就過著幸福美滿的生活，但那些養「瘦馬」的人口販子，卻是賺得荷包滿滿。

楊翠喜十四歲時在侯家后「協盛茶園」初登舞台，清朝有律，嚴禁女子登臺唱戲，甲午戰後關東已有女子登臺獻藝，隨著上海女班戲園在光緒二十六年（一九〇〇）開張稱「髦兒戲」，此風傳入天津，商埠，碼頭的青樓女子，開始學梆子腔，以投顧客所好。茶園為招攬買賣，就邀請青樓女子到茶樓清唱，這種茶樓就被時人稱為「花茶館」。楊翠喜剛開始只是受聘清唱稱為「唱手」，接著受聘至北馬路大觀茶園演劇，除了唱戲已加入做功。又改至北大關福仙、北門內景春茶園，每日早晚兩齣演唱、演劇。早期天津茶園只收茶資，不收戲票，重品茶不重聽戲是一般民眾聊天、社交、談生意場所。後來為了招攬顧客，就請來優伶登臺唱作。梆子戲在天津經魏聯升改了唱腔形成「河北梆子」、「衛梆子」後更合乎天津人口語，當時「河北梆子」在京、津、冀以及東北、瀋陽、營口、哈爾濱等關外城市，相繼出現以青樓女子為主的清唱優伶，在「花茶館」做「唱手」甚至擴大到山東、上海、江蘇、浙江等地都有河北梆子的女演員演出。楊翠喜義父楊茂亭就因為聽到天津女優小榮喜在哈爾濱演劇，名噪一時，獲利不貲。當時為日俄戰爭前，大量俄軍，駐在哈爾濱，戲價昂昇，但中俄言語不通，用最原始的本錢賣笑為娼更能獲利，楊茂亭貪心不知足在楊翠喜登臺唱戲之暇，就順勢推入兼以賣淫為生。賣笑受到鉅創，休養一個多月起不來，這才又回到天津，在大觀園登臺，受到王益孫和段芝貴力捧，再到天仙茶園。楊翠喜的成名可說在天津的茶園，天津茶園「戲好、角兒好、水好、茶葉好」成就了天津茶園獨特的茶園文化，茶園是將舞台伸出三面敞開的戲台，舞台下設八仙桌和凳子，朝舞台一面空著，觀眾圍著八仙桌相對而坐側臉看戲，商賈也常利用茶園作為社交談生意做買賣的場所。

現代人普遍了解男女性同樣具有舞台表演的能力，且舞台上演出人世百態，自然少不了男性與女性演員。明代以前「南戲北雜」時期出現過女子戲班的記載，那指的是貴族達官豪門私家豢養的女樂，賣身入府，淪為豪門私下欣賞的藝妓。清代康熙初年，敕令禁止私設女戲，不要說女藝人不能公開演出，連豪門私蓄女藝妓都在禁止之列。民間公開流動演出的戲班只有男班，也就是在清代只有男性演員可以公開演出，女性藝人不能登臺，女性角色則由男扮女裝反串演出，一直到清代同治末、光緒初年，演丑角的李毛兒從天津到上海，由不滿十歲的少女組成女子小班應付堂會，舞台上才開始有了女性藝人。

李毛兒的少女戲班，受人歡迎，宅第家宴尤喜招演，用小女孩，來挑戰清代禁止女子演戲的禁令。光緒年間，逐漸擴展到由十六、七歲女子組班，發展成為稱作「髦兒」的女子班社，髦兒戲班只有女性演員，男角則由少女反串演出，雖打破了女性藝人不能登臺的限制，但仍不敢有男女同時在舞台上演對手戲，為應時需，女戲班不斷改善改進逐漸成為職業戲班，在戲園公演，成為日後京劇坤班誕生的基礎。

我們看楊翠喜和月明珠的劇照，以及多張兩人合照，稚嫩的身影，很難相信當時這是打破了數百年傳統，利用少女突破女藝人禁令的登臺演出。

清朝劉獻庭《廣陽雜記》中記載，「秦優新聲，有名亂彈者其聲甚散而哀」，清康熙三十一年（一六九三）清人袁啟旭秘刻的《燕九雅集》中陳健夫的詩有「鑼鼓喧闐滿缽堂，鶯彈花旦學邊妝」，廣陽指的是北京，亂彈指的是西部傳來的梆子腔，山陝梆子在一六九三年就已經傳到了北京。山陝梆子唱的是秦腔，到了光緒二十五年左右（一八九九年前後）以魏聯升（藝名元元紅）為代表的「新派梆子腔」把直隸的語音字調摻雜到唱唸中，在天津逐漸擴大，並在全國產生了影響，人們稱這種直隸化在天津衛形成的梆子腔為「河北梆子」、「衛梆子」，很快成為河北梆子的主流，並把這種摻雜直聲腔的梆子戲擴展到東北，江南等地區。

「河北梆子」、「衛梆子」能受到廣大群眾的歡迎，是由於演出劇目不斷豐富精進，和表演藝術技巧不斷提高所致。光緒初年（約一八七七年左右）天津興起茶園，被稱為四大名園的「金聲茶園」、「慶芳茶園」、「協盛茶園」、「襲勝軒」相繼開業，提供戲劇曲藝的演出，清光緒二十六年（一九〇〇年）前後，天津出現了梆子女伶，由於女伶唱戲做工火熾，讓「梆子戲」的表演更增生色。

同時天津早期的京劇票房——「雅韻國風社」成立，參加活動的票友多為鹽商，富商，富家子弟，其中有不少人成為天津名票。女伶的加入促使衛梆子聲腔音樂變革，戲路擴寬，有的妓院老鴇也延聘梆子戲男藝人去傳授，使不少妓女改業從伶，上天仙茶園陳國璧買來兩個幼女，翠鳳和翠紅在茶園裡演出梆子戲，收入豐富，楊茂亭看了羨慕，就讓義女楊翠喜，跟著翠鳳學戲，學的是《拾玉鐲》、《賣胭脂》、《青雲下書》這些當年認為有傷風化的淫劇。

《拾玉鐲》演的是少女孫玉姣情竇初開的故事，她母親靠賣雞維生，她就幫著照顧雞同時還作女紅，年青書生傅朋偶遊孫家莊，遇到刺繡中的孫玉姣一見鍾情，藉口買雞認識，孫玉姣以母親不在家請他到別家買，走進屋內，傅朋故意將玉鐲遺落在地上讓孫玉姣拾去，此事經過恰為鄰居劉媒婆所見，答應為孫玉姣代撮合婚事，劇中楊翠喜扮演情竇初開的孫玉姣，踩著小金蓮撒飼料餵雞，顛顛巍巍的肢體動作，餵完雞，接著坐在門口，横蹺金蓮拿出針黹，繡弓鞋鞋面，書生藉故攀談時，躲入屋內反覆偷窺，行動中將初戀少女嬌羞、企盼，青春活潑的氣息鮮活呈現，在一大段默劇的身體表現中，把楊翠喜讓人驚豔的小腳身段，挑動觀眾的悸動與愛憐。

《賣胭脂》寫的是書生郭華與王月英一見鍾情，王月英與母以開店賣胭脂維生，郭華便常藉買胭脂為名與月英相見，月英動情，寫下一詩由丫環梅香送去，約郭華正月十五日元宵燈會時，在相國寺觀音殿相會，元宵日郭華與友人飲酒，酩酊大醉，隱約記得相約之事，來到相國寺醉臥佛殿後，月英到寺，見郭華醉臥推之不醒，脫下繡鞋一隻，手帕包好，放入郭華懷裡而去，郭華酒醒，未見月英赴約，忽見繡鞋手帕，後悔莫及，吞鞋帕自殺身亡，告於開封府從郭華口中取出繡鞋，包拯令衙役扮作貨郎持鞋至街坊去賣尋找繡鞋主人，尋出為王月英留鞋，再尋得郭華口中手帕，取出手帕郭華便甦醒過來，並為月英說情，最後包拯主持，二人喜結良緣。楊翠喜扮賣胭脂店裡的少女王月英，在閨房中繡弓鞋，點出弓鞋纖小，在元宵夜相約不遇，郭華一口可吞下鞋帕自殺，更強調鞋小不滿一口，鞋帕是婦女最私密的信物，由衙役持往街坊尋賣，哪會不吊著正主。

李叔同在看了楊翠喜《賣胭脂》後寫出了〈菩薩蠻憶楊翠喜〉，寒冬元宵夜「燕支山上花如雪，燕支山下人如月」。除了想念她的瀏海，她的豐頰，她的淡眉，也想到她纖小的弓鞋，「額髮翠雲鋪，眉彎淡欲無，夕陽微雨後，葉底秋痕瘦。」

這些生動調情的梆子戲，配上甜潤婉轉的唱腔，身長玉立，走起台步如若柳扶風，一步步緊扣著台下眾人的心弦，在百年前被認為是傷風敗俗的戲劇，在民國成立以後的一九一五年九月五日天津警察廳廳長楊以德諭知令戲團禁演的三五個劇目中楊翠喜常演的《賣胭脂》、《青雲下書》、《梵王宮》，都列名在禁演的名單。

第二次鴉片戰爭後，一八六〇年天津開埠，各國在天津租借下，外洋文化深入影響，在慈禧太后主政下，期間清廷從清康熙初年敕令禁止私設女戲，舞台上從來只有男演員沒有女演員的禁令，逐漸弛禁。

在清初京戲中，只有男演員在戲台上，女性角色就由穿上蹻鞋模仿女人的男性來擔任，相對的在清末女伶開始登臺了以後，戲台上清一色只有女性演員，男性角色就由未裹腳的少女，或是由小腳女伶穿套上大鞋子去飾演，如照片中多次和楊翠喜演對手戲合照的女伶——月明珠，就是有名的男旦，未裹腳，穿著男人的衣服大鞋，觀眾自然一看就知道她演的是男性角色，腳的大小反而成為性別認同上最重要的象徵。

光緒二十六年（一九〇〇）以後女子開始在天津登臺，五百年來，小腳的風情只在私密的環境下欣賞，一登臺把小腳的風情變成眾人欣賞，眾人津津樂道的話題。楊翠喜十二歲以後才開始學河北梆子戲，十四歲初登臺，十八歲居然成為名滿天津衛的名伶，論戲曲藝術，她還是受翠鳳調教，也許李叔同或其他梆子戲藝人，票友的指點，幾年的時間終究不易在唱劇上，一鳴驚人，無論容貌如何的美艷出眾，也不易造成才子李叔同、巨商王益孫、道員段芝貴、貝子載振同時傾心。天天去大觀園戲園、天仙戲園，看著她報到的是歌迷？戲迷？還是蓮迷？什麼樣的情愛是可以塑造？是可以轉贈的？

第三章　絕世金蓮：照片中的楊翠喜

十二歲到十八歲楊翠喜的人生，就如同「揚州瘦馬」，在貧困災難中，被賣掉，幾經轉手，入了培育美人的訓練班，最後獲得財主，官宦的賞識，終得走入仕宦之家，小腳是貧困踏入豪門的墊腳石。

一般少女五、六歲的時候開始纏足，腳才容易裹小。楊翠喜十二歲身長、腿也長，裹小增加許多困難，幸好她腳柔軟纖瘦，是行家所說的好腳秧，但六寸以上的腳掌要裹成三寸，那得將腳底板深深的裹進去，拗折得很深。腳掌要裹得尖瘦，就是把大拇趾以外的四個腳趾拘屈跪折在腳掌底下踩，這樣腳就變尖了，但還不夠瘦，進一步就把第四、第五蹠骨也拗折下去踩在腳底下，這樣腳掌才顯得清瘦一些。楊翠喜的腳腕照片可以看出明顯的折足腕，腳跟不但向前塌，而且腳腕向內塌這是腳弓深折凹陷後，腳跟再往前推，讓腳更短產生的結果，叫做「折足腕」。腳掌裹尖裹瘦以後，各趾拗折裹下去的程度不一，會看到腳掌兩側凹凸不平歪斜，臃腫情形。河北人最拿手的就是用竹片削成腳身兩側大小，纏兩層裹布後，夾上竹片施裹壓迫，讓腳身能夠平直。腳掌拗折深陷，腳長大大縮短了，但腳背掌骨的部份拗不下去，就出現腳背隆起，就是一般所說的鵝頭的弊病，這得用重量去壓迫，才會平整，有人拿石墨去壓，也有人在腳背裏上銅錢壓迫。一雙小腳沒有兩三年的時間，絕無法裹出成效，纏裹的時候就是不停的壓迫，改變定型的關節和骨骼筋肉，愈年長才開始裹腳，腳型已定，關節不夠柔軟，當然更增痛苦。

楊翠喜丁未政潮鬧得沸沸揚揚，引起極大關注，不免令人好奇引起政壇巨浪的女主角，是什麼樣的人物？怎麼會掀起這麼大的浪潮？有人說楊翠喜是個「大肉彈」，憑著美艷姿色，騷風媚骨，讓男人拜倒石榴裙下一見傾心，兩眼發直，心神不寧，六神無主。

歷史上的美人，最多只能留下繪圖，讓後人捉摸美人的倩影，許多身形面貌更是由繪圖師想像出來的。但到了清代末期有了照相術，開始能真實地留下美人的倩影，楊翠喜算是歷史上少數能真實留下影像的名女人，從保留下來的十多張照片中，迫不及待想尋找「肉彈的身體力量」，媚力來源。

也許是時代的改變，審美觀點的改變，對肉彈定義的不同，從現代人的眼光怎都看不出她為什麼是肉彈，其實她還真不折不扣的是極具爆炸威力的「人肉炸彈」。一個十幾歲的姑娘，能讓貝子載振，巨商王益孫，才子李叔同，道員段芝貴同時傾心靠得是她美貌如花？是歌藝出眾？是演劇入神嗎？

姚靈犀在《采菲新編》中〈紅氍艷影話雲孃〉寫道「當年劉喜奎、楊翠喜，蜚聲菊國，

清代名妓謝珊珊。

遐邇馳名，固技藝之足取，亦膚貌之宜人，其能最受熱烈歡迎著，亦唯足下之蓮鈎是焉，豐姿綽約，婀娜腰肢，作明豔之狀，扮風騷之戲，翩翩細步，楚楚堪憐，紅氍上，描兒女之私情，步金蓮而貼地，顛倒眾生，正不知有幾多人神往也。」

光緒三十一年（一九〇五）李叔同在上海因思念楊翠喜，還填了兩闋〈菩薩蠻〉憶楊翠喜，第一首描寫楊翠喜容貌和神態，除了強調她的瀏海，淡眉外，還寫到「夕陽微雨後，葉底秋痕瘦。」，也就是說「在黃昏細雨後的泥濘地裡，秋天落葉底下隱現纖瘦的弓鞋步跡鞋印。」第二首描寫月夜酒醒後對楊翠喜的深切思念，希望「痴魂銷一捻，願化穿花蝶。」，「纖纖一握讓人痴情銷魂，願化身為蝶，穿繞縈迴在石榴裙下。」

正如同《亞細亞報》名記者劉少少，單戀劉喜奎，在報上替劉喜奎寫的詩句：「願化蝴蝶繞群邊，一嗅餘香死亦甘。」都是對楊翠喜、劉喜奎名聞遐邇的裙底金蓮，無限依戀的昇華。在丁未政潮之前，段芝貴也曾買妓翠鳳，獻給北洋大臣直隸總督袁世凱，因而受袁世凱依重，翠鳳也是有名的金蓮美妓。光緒二十九年九月間，載振與小腳名妓謝珊珊醉酒喧鬧的事，受慈禧太后斥責，見諸參議，據《清代聲色志》云：「珊珊善歌與振貝子暱。一日，招至東城餘園侑酒，備極猥褻，御史張元奇專摺參之，謂其為珊珊敷粉調脂，失大臣禮，摺上，慶王奕劻為掩飾耳目計，下令盡封閉南城妓館，逐珊珊南旋，一時鶯鶯燕燕，紛紛逃匿，亦小劫也。」

可見不只是漢人的直隸總督袁世凱雅愛金蓮小腳美女，連皇親貴冑的滿洲人貝子載振，也甘冒官員不得狎妓，滿漢不得通婚的禁令，一再暱交小腳妓女。清朝並無禁止旗民結親的法令，但「旗民不結親」卻依舊成為滿人，尤其上層旗人婚嫁習俗的不成文規矩，也就是漢人女子不可以當皇后、皇貴妃、貴妃等品第較高的後宮主子，嚴格來說並不是「滿漢不通婚」，不是指滿族人不能與漢族人結婚，而是指八旗內部可以通婚，但是旗人不可以與旗外民人結親。這一不成文的習俗直到光緒二十七年（一九〇一）慈禧太后發佈懿旨，才算正式破除，准許滿漢通婚，但按當時官府規定，朝廷命官不准私蓄優妓，但以非官方名義贖賣優妓，然後再暗地裡送給官員就不會追究，因此段芝貴才會用王益孫名義買下楊翠喜送給載振，當年常有人用這個手法買優妓為妾，天津民眾就稱這個手法叫做「倒口袋」。

段芝貴獻妓貝子案發後，張瘦虎以「愁父」署名，繪製一幅諷刺畫「昇官圖」其中跪在楊翠喜腳下的四品道員段芝貴，手指著楊翠喜纖小的金蓮，指望借看這小金蓮的魔力，能讓他取得布政使銜署黑龍江巡撫，由四品道員篡升至從二品頂戴署理黑龍江省，可以說小小金蓮價值連「省」，比起價值連「城」的「和氏璧」更為尊貴珍稀。

成就一雙纖瘦如削，平正如貼，輕俏稱身的小腳，面對攝影鏡頭，楊翠喜擺出自信專業的姿態，把她驕傲自豪的小腳大方地向前伸出來。

清代滿漢兩族女性衣著最大差別是漢族女性著「上衣下裳」，「下裳」就是裙子，服式分成上下部分，滿族女性則不穿裙子。到了光緒初年（一八七五年左右）漢族女裝開始改裙裝變褲裝，出現上衣下褲的服飾，到了光緒末年，婦女穿裙子的漸少，上衣下褲成為光緒年代流行裝束。光緒初年沿著裙子的設計，褲管肥大，上衣也非常寬大，袖寬至五十公分許，衣領、袖口、衣襟、下擺、褲腳皆有花邊緣飾，鑲上重重疊疊的花邊欄杆繡花，褲襖搭配穿著時，往往選配上一條長腰帶，垂於褲外，有配在右邊，左邊或中間的，腰帶上有華麗的刺繡，末端有流蘇、絲穗，在換掉裙裝後，腰際垂下來的垂帶，走動時隨風飄擺，顯現漢族婦女服飾的飄逸，靈動特色，楊翠喜穿著戲服時，我們可以看到她右側衫襖下緣露出的腰帶。

庚子年後（一九〇〇年後）受到西方服飾的影響，滿族，漢族婦女服飾都從寬大轉成窄瘦，高領窄袖，袖口縮到只有二十公分，褲腳也變窄。從楊翠喜的一系列照片，我們很清楚的看到光緒年間漢服西化，由寬至窄的過程，同時代婦女許多人仍著非常寬大襖褲或裙子，天津在北方得風氣之先，已改成瘦窄衣褲。衣褲上的花飾也變得簡易，只有簡單的窄邊緣條，沒有繡花欄杆。

由於受西方男女平權的影響，男女受教權的平等，於是開始成立女子學堂，女學生革除婦女花枝招展，繁複裝飾的形象，服飾上採用「不御紈綺，不近脂粉，洗盡鉛華」的清新形象，改穿上簡潔淡雅的學生服。這樣的選擇反而讓許多青樓女

庚子年後的衣褲花飾已變得簡易許多。

楊翠喜著戲服。

子，歌妓藝妓爭相仿效，我們看楊翠喜照相時穿的許多衣服中，清末女學堂的學生服，反而是她最常穿的服飾，配上手巾的扇子，手卷，一副新潮文明淡雅悠閒的神態。宋代時纏足風俗從妓院傳入官宦世家，千年來許多服飾都在妓家風行後傳遍各地，到了清末這一段，我們看到了新潮文明的學生服，反而影響到讓妓家爭相採用。

曾經有一段很長的歷史，婦女的衣飾文化中最重要的重心放在腿飾文化，漢族婦女纏足的一千年歷史裡，婦女歷盡艱辛把雙腳纏小了，要的就是炫耀擁有纖細的小腳讓人欽羨讚賞。目光的焦點集中到腳上，事實上纏了小腳還不能隨便誇耀展現，良家婦女得長裙遮地，只留下小巧尖細的鞋尖，隱隱約約從長裙底下有意無意的露出來。同光年間，褲裝漸成為北方女性主要的下著服飾，有的就把褲管用彩繡的帶子紮起來，類似男人的綁腿，這種紮褲腳的腿帶，滿族、漢族婦女都有，漢族纏足婦女把紮腿帶的穿著，更加精緻化，腿帶近尾端刺上精細的刺繡，長長的腿帶約有一公尺長，從腳踝一圈圈向上纏裹，約繞到小腳中間，把尾端塞進去前面裏的一圈內固定好了，再好好地整理讓近尾端華麗刺繡的那一段，正好圍成一圈繞在小腿中段。腿帶的功用在彰顯小腿的纖瘦，用華麗的色彩有效吸引目光到腿上來。從醫學上看起來，腿帶有助於壓迫收束小腿，除了讓小腿更加看來纖瘦可憐，還能讓因為纏足小腿肌肉鬆弛萎縮下，下肢循環血液回流不良的狀況獲得改善，避免靜脈淤窒而下肢水腫。

腿帶只要夠長，不須個人化製作，多能購買或找人代製，從翠玉和楊翠喜的照片上，我們看到粗寬的腿帶紮在小腿上的造形，最後一圈會有刺繡花樣，在翠鳳腿帶上乾脆用堆綾繡，把她的名子清楚的繡在上面。

纏足後的腿飾非常繁複，除了束在小腿上的腿帶，在腳踝上會套著一截圈形的藕覆。光緒年間，天津地區小腳婦女在睡鞋外先套上「褲腿兒」當作藕覆使用，稱作「靴登子」。「靴登子」外面再穿上「靴子」，照片上從外面看到的弓鞋就是「靴子」，天津的弓鞋鞋幫很高，外表看起來像是「套鞋上面束著藕覆」，這種特殊造形的「靴子」只在天津附近地區特有。纏足婦女小腳上先裹上裹腳布，再穿上睡鞋（稱作「軟底鞋」或「換腳鞋」），小腿紮上腿帶，腳腕束上素色蓮藕

▶左起：楊翠喜、翠玉、月明砞。

▼天津的靴子。

（稱作「褲腿兒」或「靴登子」），再穿上套鞋（稱做「靴彎子」）與外層藕覆（稱作「靴腰子」）併作在一起的「靴子」，纏足婦女在弓鞋裡面穿上睡鞋，同時穿兩雙鞋已經夠讓人覺得新奇了，其實這種內穿睡鞋的風俗在北方各地還算蠻普遍的，但是重複套著藕覆的風俗（「靴腰子」套上「靴登子」）就只在天津附近才有了。在光緒二、三十年天津纏足婦女多著這一式的「靴子」，這靴子外表看似上下兩截，其實鞋幫很高而且結實，穿上去有效的壓低腳背，讓腳背看來十分平直好看，但也因為腳背受壓力擠壓傷害，並不好穿。

中國千年纏足風俗，婦女刻意在足飾上爭奇鬥豔，花樣翻新，到了清末，中國各地都出現了具有地方特色的弓鞋製作，每個方言文化區，婦女衣飾文化獨立發展，都會有別具地方特色的足飾文化，流行風潮席捲過後，不過數年，新的流行式樣不停更迭，這在天津這樣的新興都會區，更是如此。光緒年間不過三、五年，弓鞋式樣就翻新一次，這與我們所想像的纏足是守舊、迂腐、頑固，千年不變的形象有很大的差異。如此快速多變的流行風潮，當然也為女鞋、女性腿飾文化留下了許多驚豔的工藝創作。楊翠喜讓我們看到的幾張照片，都是著這一種型式的「靴子」上半段是「靴腰子」，下半段是「靴彎子」，靴底是弓凹的木頭底，鞋尖微向下，鞋面上有尖三角形的月亮門，鞋身尖峭平直，鞋底較鞋身更為收窄，鞋後跟向前收傾，這是腳跟向前推折，「折足腕」的小腳弓鞋。

纏足婦女腳掌行走時用於吸震，避震的橫弓、縱弓都已拗折彎盡固定，大大的減少了足弓在站立步行時的緩衝功效，替代的是腰椎弓彎或臀部搖擺產生的吸震效果。

纏足將腳跟骨往下拗折，造成跟骨縱軸由後向下旋轉，旋轉超過脛骨垂直線後，甚至往前旋轉，讓腳形短小，腳跟骨向下向前旋轉的小腳，走路時像腳跟塌陷依樣，所以叫「塌塌腳」，走路著地時，腳腕反向而向後凸到小腳的後面，像腳腕折斷後凸一樣，所以也叫「折足腕」。這種腳型在清末山東、山西、河北、東北地區成為裹腳追求的目標。「折足腕」的小腳，在走路踩地時，會造成腳腕向後折出一下再推向前，走路像欲前卻後，游移不定的姿態，前後游移扭動拗折的足腕，讓纏足婦女走路時搖曳扭擺的步姿，更加誇大。前後游移扭動的足腕，也形成纏足婦女站立步行時有效的吸震緩衝的關節，部分取代了小腳被破壞的足弓的吸震功能。也就是讓腳掌腳弓的靈活彈性，在扭傷鬆脫的腳腕上出現。楊翠喜一系列的照片很清楚地可以看到她裹出來的，就是這種沒有後跟的「塌塌腳」，更特別的是她的腳腕不只是後折而且向內折，左右腿腳腕部分互相靠在一起，到小腳再左右分開，這樣的小腳走路時向前向外伸出去的一腳，踩地時，腳腕受力內折，身體會突然向內側頓傾一下，待對側小腳向另一側伸出踩地時，才能撐住向這一側的偏移，同時又產生反向的頓傾偏移，形成左右游移搖擺的步態。「塌塌腳」加上腳腕明顯的內折，走路行動時，不管是前後或左右步行移動，都耗掉不少無效功，讓走路更加費勁，但這種前後左右游移的步態，卻讓身姿更加搖曳，巔巔巍巍步步生憐。蓮迷有「魂隨沽水至天津」遐想，可見當年天津婦女纏足風俗之盛。可以說纏足的風俗從宋代開始，本來只有纏束足趾使尖，接著是纏束橫弓使瘦，在元代很明顯的可以看到纖直瘦長的小腳，到了明代，有了「三寸金蓮」的目標拳束腳掌縱弓讓腳縮短，到了清代中期，出現了「折足腕」的小腳，腳掌縱弓弓折的點向後移，纏束腳踝，創造游移的步態，甚至纏束小腿，讓小腿更加纖瘦，產生支持不住，纖弱可憐的形態。腳掌弓折點向後移，就不會有腳背鵝頭向上凸起的問題，也才能夠穿得下鞋幫很高，鞋背平直的靴子。

萬里絲路的源頭，是一個數千年來奢豪的享用絲織品，服飾上追尋飄逸流動的國家，講求衣冠的文明，數千年來所有的衣裳都是寬大的，也以創造動感來反襯出自在從容優雅的神態。女性的服飾、頭飾、耳飾、佩飾和鞋飾或隨身攜帶的飾品，都在這一個方向上增飾，除小腳造成身體飄逸感，照片上我們看到楊翠喜戴上垂擺的耳環，劇裝上的頭飾，更是懸著一排排珠串搖曳，手中經常拿著扇子或開或合，總要創造清風徐來的動感，隨時手上拿著的手絹，有時扶了雨傘，以及在襖下露出的腰帶，在在都努力在表現身體的飄逸流動。可是當西風東漸，西方帶來的文明不只是政治上，軍事上的衝擊，照片看到桌上西洋鐘的擺飾，布景西洋樓的陪襯，在在說明西方的許多文化和價值觀已深入的影響婦女的生活，楊翠喜身上穿的不是傳統寬大的漢服，而是受西方影響改變後，較為窄瘦合身的衣褲，甚至那一張與翠玉的合照上，看到的是用西洋的花布做的衣領、袖口、衣襟、下擺、褲腳。

滿人本來就沒有纏足風俗，入關之前，皇太極曾於崇德三年（一六三八）下詔，謂：「若有效他國衣帽，及令婦女束髮裹足者，是身在本朝，而心在他國也，自今以後，犯者俱加重罪。」禁止境內婦女纏足。入關後，順治二年下令，嚴禁女子纏足並試圖改變漢族婦女纏足之風。順治到康熙時期，清廷多次發布禁令，禁止婦女纏足，但漢民族強烈的文化傳統，一時無法改變。康熙七年（一六六八），都察院左都御史王熙建議弛纏足之禁，纏足自此弛禁。雖有高陽女子、蘭陵女子所撰之〈謝禁纏足表〉，吐露婦女纏足之苦，殷切盼望禁止纏足，指出中國本無纏足之習，固後世男子好色，故任意毀損女子的肢體，只為一時的享樂，而置女子之苦痛於不顧，「無罪無辜，群受湯火之糜爛，是衿是式，難忘晝夜之呼號，不知一拇痛，而遍體為之不歡，更惜十尖損，而終身於焉永廢」，可見婦女本身對於纏足陋習深植人心的無奈。纏足風俗轉移了，人們對女性關注點，對女性審美焦點不在容貌長相上，而在一雙扭曲的小腳上，並在詩詞歌賦裡大加讚賞。最早公開宣揚「戒纏足」的是美國傳教士林樂知（Allen, Young John）主編的《萬國公報》從一八七五年起該報不停發文，力勸女性不要纏足，講解纏足對人身體的危害。一八七四年英國傳教士約翰・麥克高望（Rev.John Macgowan）在廈門成立第一個反纏足的團體，定名為「天足會」（The Heavenly Foot Society）入會者不得纏足，一八七八年英國的立德夫人（Mrs. Archibald Little）在上海也設立了「天足

京津地區所有頭牌花旦合影，前排中坐者是楊翠喜。

會」並在無錫、蘇州、揚州、鎮江、南京等地設立分會，利用廣學會出版書刊廣行宣傳。

一八九八年天津成立天足會天津分會，清廷雖然也時有頒佈新法，禁止纏足，但在實際執行中，未再對漢族婦女的小腳認真干預，只是嚴令旗人婦女不得纏足，但流風所至，旗人也逐漸出現個別的纏足現象。康有為、梁啟超「百日維新」期間，一直宣傳不纏足，早在一八八八年康有為就在老家廣東南海，聯合一些開明鄉紳，創立「不纏足會」，也曾上奏光緒皇帝〈請禁婦女裹足摺〉，光緒皇帝同意此議，令各督撫推行，可惜新政尚未施行，就發生「戊戌政變」新法盡廢。庚子劇變後，慈禧太后繼續舉起反纏足大旗實行新政，一九〇二年慈禧太后下達了勸禁纏足的御旨，各地方官吏紛紛響應，段芝貴的乾爹袁世凱也印了《勸不纏足文》小冊，響應朝廷上諭。

光緒三十二年（一九〇六）冬天，京津地區天上人間所有頭牌花旦合影，以當時受道員段芝貴、富商王益孫，提攜力挺的楊翠喜自然身價最高，端坐前排中央。一波波的解放纏足浪潮襲來，藝劇界的時妝追尋領風氣之先，已風雲不變，前排頭牌花旦除了楊翠喜依舊小腳伶仃，多位花旦已放足改穿平底的硬幫厚底京式双臉兒鞋，還穿上中性甚至男性服飾的妝扮。時代的變化是如此的迅速，纏足風俗在幾年內從進入身體藝術的最極限，剎那間煙消雲散，曾經自高自大賤視萬邦蠻夷，以天朝自居的民族，隨著天朝迷夢的幻滅，這個深砌入漢民族文化的纏足習俗，不管是生活方式、兩性關係、價值認定、婚嫁習俗、服飾時尚、身體藝術，都深深烙入漢民族男女心目中，成為不可或缺的生活風俗，千年來幾乎是漢民族的民族標記，在世界的洪流中，轉眼成為守舊、迂腐、頑陋的標誌。在鼎革的瞬間，我們又看到當年宋代妓女領風氣之先纏足，最後造成全民跟進的風潮，一千年後，頭牌花旦也同樣引領時裝改革的大旗，帶領時尚走向新時代。

第四章　才子佳人：楊翠喜與李叔同

在元代就因漕運而日漸發達，明成祖為了紀念由此起兵「靖難之役」的「龍興之地」，而把直沽這個曾是「天子渡河之地」賜名為天津。明成祖永樂二年（一四〇四）在三岔河口西南的小直沽一帶，天津開始築城設衛，稱天津衛，後又增設天津左衛和天津右衛。清順治九年（一六五二），天津衛、天津左衛和天津右衛三衛合併為天津衛，設立民政、鹽運和稅收、軍事等建置。

到了清代中葉，天津已成為北方的經濟中心，商業繁榮，人口陡增，此時出現所謂的「茶園」等娛樂場所。茶園是將舞臺與觀眾席統一在一個建築體內的室內劇場。舞臺為伸出式三面敞開的戲臺，臺口兩旁有兩根柱子，上橫沿有鐵欄杆，專供武戲演員表演特技。池座中安排方桌，三面坐人，桌上陳列水果茶具。茶園雖為戲曲演出場所，但實際入園者卻以喝茶為主，聽戲為輔。觀眾入園只收茶資，不收戲票。由「案目」領座。樓上則稱包廂，凡有豪客接眷屬看戲，則占一包廂以為豪。因為包廂與戲臺相去密邇，眉目傳情，非常便利。有以珠花、鑽戒自包廂中投擲伶人者，視為常事，不足為奇。商賈、掮客也常常利用茶園來談生意做買賣。受照明條件限制，茶園每天只演日場，從無夜戲。一百三十多年前，天津幾家設備比較完善的茶園，以「角兒好、茶葉好、水開」而聞名，金聲茶園、慶芳茶園、協盛茶園和襲勝茶園，被人們稱之為「四大名園」。當時，皮黃和梆子腔的名家們：譚鑫培、孫菊仙、汪桂芬、響九霄、龔雲甫和楊小樓等，都在四大名園演出過。

根據周利成、周雅男編著的《天津老戲園》[1]書中指出，協盛茶園坐落在今侯家后北口路西。園內樓上、樓下的正面均為散座，樓上兩側是走廊，一九〇〇年更名為龍海茶園。金聲茶園坐落在今北門里大街元升胡同，園內舞臺及後臺都較窄小，樓下正面均為散座，樓上兩側為帶隔斷的包廂。慶芳茶園坐落在東馬路襪子胡同，曾用鳴盛、上天仙等園名。襲勝茶園坐落在今北大關金華橋南，西側，曾更名為西天仙。到光緒年間，天津茶園已發展至十幾家，除四大名園外，還有新馬路的天桂，馬家口下娘娘廟前的天仙，紫竹林附近的天福，海大道的福仙，南市的升平、下天仙、中華，北馬路大觀等茶園。天津戲曲活動的繁榮，使得一些茶園經營者又相繼在商業行會集中的侯家后、鈔關一帶，興建了繪芳、大觀、天升等一批茶園。

據西冷山人所輯的《楊翠喜》一書云：「（光緒）二十八年翠喜年十四，在侯家后協

---

1 《天津老戲園》，周利成、周雅男編著，天津人民出版社，二〇〇五年五月。

盛茶園初登舞臺，每齣之價僅自一元至二元；後又在北馬路大觀茶園演劇，並無名；又改至小戲園演唱，演劇之園二，一為北大關福仙，一為北門內景春，早晚兩齣，每日戲價四元，是時翠喜已年十五矣。」此時的楊翠喜還沒有成名，雖登舞臺，但所入甚微。《楊翠喜》一書又云：「未幾受大觀園之聘，而聲價為之一振」。據《天津老戲園》書中說：「大觀園建於清光緒年間，位於八區北馬路四號（今北馬路）。演出二黃、梆子，名伶楊翠喜以色藝俱佳而在該園一舉成名。」另據日本駐華公使館創辦的《順天時報》在清光緒三十三年二月二十五日（一九〇七年四月七日）第五版的〈天津大觀園聽戲記〉一文，對當年的天津大觀園內部裝潢有如下的描寫，可說是一手的資料：「二月二十二夜，在天津經過北馬路大觀茶園，聽見裡邊鑼鼓喧天，便停車進內觀看。……但見戲臺上邊橫額是『大有可觀』四字，對面樓上的橫額是『作如是觀』四字。臺外掛燈上都遮著五彩紙蟬大片，為的是令看戲的人得看，擋著點兒，不致光太炫眼。當停睛仔細一看，池中央上邊有兩盞小電燈球垂掛著，卻沒放光。臺的上楣，並有白布帳捲著，原來戲完後還要加演電戲（影）。」又當時天津戲曲舞臺上河北梆子曾經風靡一時，就連京劇都相形見絀。河北梆子運用誇張的表演，粗獷的造型，激昂慷慨的音樂、唱腔，剛勁的舞蹈，繁難的技巧，獨特的臉譜，淳樸易懂的語言，活生生地表現富於反抗精神的通俗故事，引起了廣大農民的共鳴。所謂：「其詞直質，雖婦孺亦能解；其音慷慨，血氣為之動盪。」因此到光緒末年（一九〇〇）前後，河北梆子的女藝

李叔同（1880-1942年），知名才子，出家後號弘一，世稱弘一法師。

人在天津享名者已為數眾多，如楊翠喜、王克琴、姜巧茹、杜雲卿……女藝人享盛名、獲大利，直接影響並帶動了走投無路的人家，也將女兒送進戲班投師。連濟南、蘇州、上海、杭州等地的一些女子也到天津學演河北梆子。這是楊翠喜成名當時的環境和流行，除了「時勢造英雌」外，當然還有她遇到了幾個貴人，他們是王益孫、段芝貴和李叔同三人。這也是《楊翠喜》一書所說的：「又未幾而見賞於王益孫、段芝貴。以一道員、一富商之力，左提右挈而聲價又為之一振，時光緒三十二年，翠喜十八矣。……後翠喜又改就天仙戲園之聘，聲名益高，月獲戲資可八百元。」但該書獨漏了李叔同（也就是後來的弘一大師），因此本章先談李叔同對於楊翠喜的走紅有著相當重要的影響。

李叔同，學名文濤，清光緒六年（一八八〇）生於天津，祖籍浙江平湖人。至祖父李銳時始徙居天津經營鹽業與銀錢業。父親李世珍，字筱樓，清同治四年（一八六五）進士，官任吏部主事，又是天津最大鹽商，還兼銀號，家財萬貫。樂善好施，設立義塾、創「備濟社」施捨衣食棺木給窮人，時人稱其為「李善人」。李叔同為側室王氏所生，時李世珍已六十八歲。五年後，父親病逝，家境日趨衰落。母親對其教育更是嚴格，五歲起背誦名詩格言，六、七歲由仲兄文熙每日授《百孝圖》、《返性篇》、《格言聯璧》等，並攻《文選》；八、九歲時從常雲莊讀《孝經》、《毛詩》和《唐詩》、《千家詩》；十歲讀《孟子》、《古文觀止》；十一歲讀《四書》；十二歲習訓詁，讀《爾雅》、《說文解字》，並開始臨帖，攻各朝書法；十五歲讀《左傳》，是年即能寫出「人生猶似西山日，富貴終如草上霜」之句；十六、七歲從趙幼梅學詞，又從唐靜岩學篆刻書法。這僅是一份非常簡略的「學歷」，但我們可知其幼年即在詩詞歌賦、金石書畫方面廣泛地學習，這也奠定他日後成為一位多才多藝的藝術家的厚實基礎。

在光緒二十四年（一八九八）李叔同奉母偕妻至上海，寄居法租界卜鄰里。即加入由袁希濂、許幻園的「城南文社」，許幻園愛其才華，翌年便請李叔同移居城南草堂。由於許的推薦，於是和袁希濂、蔡小香、張小樓共結金蘭之交，時人稱之「天涯五友」。許幻園的夫人宋貞曾有詩，其中詠李叔同的寫道：「李也文名大擬斗，等身著作膾人口。酒酣詩思湧如泉，直把杜陵呼小友。」

李叔同的朋友姜丹書在〈弘一法師小傳〉中就不諱言地說年少的李叔同「一腔牢騷憂憤，盡寄託於風情瀟灑間，亦曾走馬章臺，斯磨金粉，與坤伶楊翠喜，葛郎金娃娃，名妓謝秋雲以藝事相往還。」其實李叔同初到上海時，便認識名妓朱慧百，李叔同曾寫了三首詩贈她，可惜此三首詩佚失。我們從朱慧百和其原作之跋語：「漱筒先生，當湖名士，過談槃日，知其抱負非常，感事憤時，溢於言表，蒙貽佳作，並索畫箑，勉以原韻，率成三截，以答瓊琚，敬乞方家均政。」由後面的落款知此詩是朱慧百寫於光緒二十五年（一八九九）己亥十月小雪。

另林子青居士早年初識弘一大師於南普陀寺，對弘一大師的為學為人甚是仰慕，也從此與大師結下了亦師亦友之緣。一九四二年弘一大師在泉州圓寂，林子青有感於當時諸家對大師回憶記載多不一致，積三年之功，於一九四四年仲夏，編著出版了《弘一大師年譜》，因其資料主要來自李家親友的口述及友人的回憶，可說一手資料較多，可信度也較大。該年譜說光緒二十七年（一九〇一）李叔同入南洋公學（在上海徐家匯交通大學故址），「時與海上名妓李蘋香過從頗密，蘋香有詩書箋請正。」也就是說兩人以詩文互相酬答。

李蘋香原名黃碧漪，字靜儀，先世桐城，與廉南湖夫人吳芝瑛同梓里。她的父親也曾參加科舉考試，但歷經十年都沒考上，後來改行經商，搬到上海，父親曾將畢生的學問全部授給她，並對她說：「此吾家不櫛進士也」，因此她成為才女，寫得一手好詩詞，是其來有自的。這位才女，已許劉氏為媳的。但有位稱作潘小安的，跟李蘋香私通，李蘋香傾心於他，便和母親商量，策劃了一個欺騙劉氏的計謀。一天，李蘋香對公婆說，她要侍奉母親到天竺進香。公婆信以為真，答應了她的要求，可是，李蘋香卻暗地裡跟著潘郎走了。三人來到杭州，買了一口棺材，在裡面裝上木頭石塊瓦礫，寄放在某寺院。而她母親則趕忙寄了一封信給劉氏，說李蘋香暴病而死。劉氏見信還很悲傷，派人把靈柩運回了家鄉，把她安葬了，並植樹作為標記。而此時，李蘋香卻在杭州與潘郎卿卿我我，訂永生之好。因感激母親的幫助，遂同母親住在一起，準備奉養她以終天年。潘郎本是個遊手好閒的無賴子弟，三人在杭州無法糊口，便輾轉流浪到蘇州。此時京伶何家聲正在蘇州，聽說她能寫詩會作畫，便在同行中宣揚她，於是，這些優伶們紛紛出錢購買她的詩畫。後來，他們一行又來到上海，但仍沒有人供給他們飯食，李蘋香遂作了妓女。

李蘋香入樂籍後初名李金蓮，狎客有知其能詩者，都慕名而至。洋場才子、方斗名士無不爭前恐後而求一見。據說，當地一位名宿在偶見其詩作，讀後拍案叫絕地說：「此種警艷，當於古人遇之，至於今人，百年來無此手筆！」於是被文人們授以「詩妓」之譽，來往的全是文人雅士，如廉南湖、潘蘭史等，對她尤為傾倒。此時易名為李蘋香，其居室名叫「天韻閣」，廉南湖且為其刊印詩集有《天韻閣詩選》、《天韻閣尺牘選》。廉夫人吳芝瑛親署眉籤，無錫孫寒雲為之作序，畫家吳觀岱為之繪圖。據陳定山《春申舊聞》說當時他還年幼，也能誦李蘋香的詩句，如：「蜘蛛也解留春住，著意添絲挽落花。」、「最是薄涼人醉後，滿身花影要人扶」。

李蘋香成為海上名花，聲名日盛。此時「天韻閣」乃座無虛席，據龐獨笑《紅脂識小錄》說：當時滬上文壇名人如海上漱石生（孫家振）、南亭亭長（李伯元）、沈悅庵者都為「座上客」。李蘋香被擬之為李易安（清照）者，名重可知。李叔同首次來到天韻閣，就以「惜霜仙史」之名贈李蘋香七絕三首：

滄海狂瀾聒地流，新聲怕聽四弦秋。
如何十里章臺路，只有花枝不解愁。

最高樓上月初斜，慘綠愁紅掩映遮。
我欲當筵拼一哭，那堪重聽〈後庭花〉。

殘山剩水說南朝，黃浦東風夜捲潮。
〈河滿〉一聲驚掩面，可憐腸斷玉人簫。

李蘋香也寫了詩回贈，《弘一大師年譜》中就保留了六首，並有「辛丑秋日，為惜霜先生大人　兩正　蘋香錄舊作于天韻閣南窗下」的字句，辛丑為光緒二十七年（一九〇一），兩人剛相識不久。此詩借詠落花感懷命運，抄錄如下：

潮落江村客棹稀，紅桃吹滿釣魚磯。
不知青帝心何忍，任爾飄零到處飛！

風送残紅浸碧溪，呢喃燕語畫樑西。
流鶯也惜春歸早，深坐濃陰不住啼！

春歸花落渺難尋，萬樹陰濃對月吟。
堪歎浮生如一夢，典衣沽酒臥深林！

滿庭疑雨又輕煙，柳暗鶯嬌蝶欲眠。
一枕黑甜雞唱午，養花時節困人天！

繡絲竟與畫圖爭，轉訝天生畫不成。
何奈背人春又去，停針無語悄含情。

凌波微步綠楊堤，淺碧沙明路欲迷。
吟遍美人芳草句，歸來採取伴香閨。

除了朱慧百、李蘋香外。光緒三十年（一九〇四），七月七夕李叔同過名妓謝秋雲妝閣，有感賦詩以謝。詩云：「風風雨雨憶前塵，悔煞歡場色相因。十日黃花愁見影，一彎眉月嬾窺人。冰蠶絲盡心先死，故國天寒夢不春，眼界大千皆淚海，為誰惆悵為誰顰？」而庚子辛丑以後，國事日非，李叔同一腔熱血，無處發洩，乃寄託於風情瀟灑間，以詩酒聲色自娛。而《弘一大師年譜》又記載李叔同於光緒三十年（一九〇四），曾填〈金縷曲〉贈歌郎金娃娃。其詞云：「秋老江南矣！忒匆匆，春餘夢影，樽前眉低。陶寫中年絲竹耳，走馬胭脂隊裡。怎到眼、都成餘子？片玉崑山神朗朗，紫櫻桃、慢把紅情繫。愁萬斛，來收起。泥他粉墨登場地，領略那，英雄氣宇，秋娘情味。雛鳳聲清清幾許？銷盡填胸溼氣。笑我亦、布衣而已。奔走天涯無一事，問何如、聲色將情寄？休怒罵，且游戲！」

光緒三十年甲辰（一九〇四），李叔同曾為由章士釗化名「鑠鏤十一郎」所寫的《李蘋香》一書寫了序言。李叔同以筆名「惜霜」作序，多少是在感懷當初與李蘋香的交往。此序文並未收入《弘一大師全集》，特抄錄如下：

向讀龔璱人〈京師樂籍說〉，淵淵然憂，涓涓然思，曰：「樂籍禍人家國，其劇烈有如是歟？」既而披歐籍，籀新理，乃知龔子之說，頗涉影響。曷言之？樂籍之進步，與文明之發達，關係綦切。故考其文明之程度，觀於樂籍可知也。時乎文化慘澹，民智啙窳。雖有樂籍，其勢力弱，其進步遲。卑卑之倫，固鮮足齒。若文明發達之國，樂籍棊布，殆遍都邑。雜裙垂髾，目窕心與。遊其間者，精神豁爽，體力活潑，開思想之靈竅，闢腦絲之智府。說者疑吾言乎？易觀歐洲之法蘭西京師巴黎，樂籍之盛為全球冠。宜其民族沉溺於茲，無復高曠之思想矣。乃何以歐洲猶有「欲鑄活腦力，當作巴黎遊」之諺？茲說茲理，較然甚明，奚俟刺刺為耶？唯我支那，文化未進，樂籍之名，魁儒勿道。上海一阜，號稱繁華，以視法之小邑，猶莫逮其萬一，遑論巴黎！豈野蠻之現象固如是，抑亦提倡之者無其人歟？友人鑠鏤十一郎，新撰一小冊子，曰《李蘋香》，郵函索敘於余。余固未見其書，無自述其內容。第稔李蘋香，為上海樂籍之卓著者。君撰是冊，亦非碌碌因人者。不揣檮昧，摭拾西哲最新之學說，為讀是書者告。夫惟大雅，倘亦韙茲說歟！

甲辰春杪，當湖惜霜。

李叔同這篇序文是針對龔自珍（字璱人，號定盦）的〈京師樂籍說〉（收在《定盦續集》）而有所辯駁的。據著有《李叔同影事》的學者金梅的看法是：「龔文意在揭露歷代封建統治者，利用樂籍箝塞有志之士控制社會輿情的用心，提醒志士仁人警惕樂籍的危害，不能陷身於其中。李叔同的見解，與龔說恰相反對，他顛倒了樂籍與文明的關係。從總體上說，樂籍並非誘使文明發達的因素，而是文明發達到一定階段後出現的消極現象；這種現象，不但不是近代文明的象徵，恰恰是它的贅瘤之一。李叔同舉出法國的例子，也是似是而非，倒果為因的。」[2]

然而，天下沒有不散的宴席。數年之後，李叔同由於母親病故，深受刺激，決意告別詩酒風流的上海洋場，遠赴日本留學。李叔同與李蘋香以詩相識，當然仍是以詩告別，他又寫下〈和補園居士韻，又贈蘋香〉七絕四首。這四首詩充滿了離愁別意，估計就是作於離別前夕的：

2 金梅〈李叔同與章士釗的《李蘋香》〉，《書城》雜誌，一九九五年第三期。

慢將別恨怨離居，一幅新愁和淚書。
夢醒揚州狂杜牧，風塵辜負女相如。

馬纓一樹個儂家，窗外珠簾映碧紗。
解道傷心有司馬，不將幽怨訴琵琶。

伊誰情種說神仙，恨海茫茫本孽緣。
笑我風懷半消卻，年來參透斷腸禪。

閒愁檢點付新詩，歲月驚心鬢已絲。
取次花叢懶回顧，休將薄幸怨微之。

李叔同的研究者陳星在《天心月圓・弘一大師》[3]書中說楊翠喜是第一個走進李叔同心扉的女子，這和李叔同從小喜愛看戲，對中國戲曲有著獨特的愛好與理解有關。他說：「早

[3] 陳星《天心月圓・弘一大師》，山東畫報出版社，一九九八年六月第四次印刷。

在少年時代，李叔同就是一位戲劇愛好者。……他曾結識孫處（菊仙，即『老鄉親』）、楊小樓（『小楊猴』）、劉永奎等京劇名角，對梆子坤伶楊翠喜的演藝更是欣賞，以致隔三差五必去捧場。」因為彼時，河北梆子女演員初興未久，一些半路出身的女演員在發聲、吐字、行腔等方面缺少訓練，精通字韻和音律的李叔同曾主動為她們做指導，在藝術方面給她們以幫助，這是極有可能的，楊翠喜就是其中的一個。李叔同工詩、善畫、善歌唱、懂音律，對於傳統戲劇的改良，曾經付出過不少心力。有人說他每天晚上都到楊翠喜唱戲的「天仙園」為楊翠喜捧場，散戲後便提著燈籠陪著楊翠喜回家。不只是為楊翠喜解說戲曲歷史背景，更指導楊翠喜唱戲的身段和唱腔。

另有論者說：「特別是後來迷戀梆子名伶楊翠喜後，更是經常到這些地方為楊捧場。……正因為楊翠喜的表演出眾，對各種年輕貌美女性形象塑造的真切，包括扮相、化妝等方面都給李叔同觀察熟悉女性的形象特徵以及日後男扮女裝塑造女性形象提供了第一手材料。」[4]研究學者黃愛華在文章[5]中也指出：「李叔同出身於天津被稱為『桐達李家』的大家庭，他完全有機會從小接觸戲曲，並迷上戲曲。……李叔同的家就座落在三河岔口附近的糧殿後街，據說街上有山西會館，館內有戲臺名『春秋樓』，經常有戲曲演出活動。至於散

[4] 黃殿祺、王彤〈中國話劇奠基人——李叔同〉，《天津文史》第二十二期，一九九九年十月。
[5] 黃愛華〈李叔同早期戲劇活動考論〉，《上海戲劇學院學報》，二〇〇一年第三期。

在各處的戲園、茶園，更是舉不勝舉。這都為從小習文弄墨、熱中於中國傳統文化的李叔同提供了看戲的條件和可能。應該說，正是李叔同在天津時期培養出了對戲劇的濃厚興趣，才會有後來在上海的『粉墨登場』，才會在東京創設春柳社演劇部，『研究新劇戲曲，冀為藝界改良之先導』。」但黃愛華學者對於李叔同與楊翠喜的交往，提出質疑，她認為楊翠喜學演河北梆子，要在李叔同南遷上海兩年之後，故可以斷定，李叔同與楊翠喜根本無緣結識，又何來「迷戀於梆子名伶楊翠喜」、「隔三差五必去捧場」？

但光緒三十一年（一九〇五），李叔同在上海因思念楊翠喜，還填了兩闋〈菩薩蠻・憶楊翠喜〉：

其一：

燕支山上花如雪，燕支山下人如月；額髮翠雲鋪，眉彎淡欲無。夕陽微雨後，葉底秋痕瘦；生小怕言愁，言愁不耐羞。

其二：

晚風無力垂楊嬾，情長忘卻游絲短；酒醒月痕底，江南杜宇啼。癡魂銷一捻，願化穿花蝶；簾外隔花蔭，朝朝香夢沉。

此兩闋詞，最初見於《南社叢刻》第八集，一九一四年三月版，署名李凡。據學者徐正綸的《弘一大師詩詞全解》[6]認為，該詞以〈憶楊翠喜〉為題，一個「憶」字，可以推見李叔同的認識楊翠喜當在一九〇五年之前。陳星說李叔同早在少年時代，就欣賞楊翠喜的演藝，「隔三差五必去捧場」云云，是不確的。李叔同一八九八年八月就自天津遷至上海，當時楊翠喜尚未來到天津，楊翠喜是一九〇一年才遷來天津，一九〇三年在天津各戲園演戲。詞中「額髮翠雲鋪」，形容楊翠喜留有「額髮」，也就是俗稱的「瀏海兒」，並稱楊翠喜「生小怕言愁，言愁不耐羞」，也與她當時的年齡相吻合的。徐正綸指出，一九〇三、〇四年間，李叔同雖已定居上海，但偶而也回天津。這是有例在先的。如一九〇一年春，庚子事變之後第二年，他就曾乘船至天津探訪，作有詩詞多首，收入《辛丑北征淚墨》。因此，此後二、三年間並不排除他返回天津的可能性，只是沒有文字記載罷了。如果這個分析站得住腳，那麼當他返津之時，聞知當時天津劇壇有楊翠喜其人，唱做俱佳，對戲劇一向愛好的李叔同前往觀賞，並與楊翠喜結識，都是順理成章的事。看來與楊翠喜的結識，給李叔同留下較為深刻的印象，以致後來想起這位坤伶，還寫了兩闋詞，寄託他對楊翠喜的懷念。「癡魂

6 徐正綸《弘一大師詩詞全解》，台灣東大出版社，二〇〇二年。

銷一捻，願化穿花蝶」，李叔同表示願將自己的一腔痴魂，化成穿花的蝴蝶，晝夜伴隨在他所欣賞的這位女伶的身邊。

而當光緒三十一年（一九〇五）四月李叔同的母親王太夫人病逝上海，他即率妻眷護柩回到天津，舉辦西式喪禮。李叔同自謂「幸福時期已過」，於是改名李哀，安置下妻兒，就在同年秋天自天津東渡日本留學了。臨行前填〈金縷曲〉其詞曰：

披髮佯狂走。莽中原，暮鴉啼徹，幾枝衰柳。破碎河山誰收拾，零落西風依舊，便惹得、離人消瘦，行矣臨流重太息，說相思、刻骨雙紅豆。愁黯黯，濃於酒。　情不斷淞波溜。恨年來絮飄萍泊，遮難回首。二十文章驚海內，畢竟空談何有？聽匣底蒼龍狂吼。長夜淒風眠不得，度群生那惜心肝剖？是祖國，忍孤負！

翌年李叔同入東京上野美術學校，專習繪畫，旁及音樂，其間並與留日同學曾孝若、吳我尊、謝抗白、李清痕、歐陽予倩、馬絳士等，創立「春柳社」於東京，研究西洋戲劇，他扮演《黑奴籲天錄》的愛美柳夫人，頗著聲譽。旋再演《巴黎茶花女》，自己置備了好些頭套和女子服裝，那是不惜工本的。加之他演藝的超脫，於是相得益彰，博得一位日本戲劇學家松居松翁的讚嘆，稱為：「李君的優美婉麗，決非日本的俳優所能比擬」。成為中國話劇

李叔同（1880-1942年），晚年號「晚晴老人」。

運動創始人之一。

回國李叔同後執教於杭州，擔任音樂、繪畫老師，培育出不少藝術界的尖兵，如名畫家豐子愷、音樂家劉質平等一些文化名人。他作的〈送別歌〉：「長亭外，古道邊，芳草碧連天。晚風拂柳笛聲殘，夕陽山外山……」至今，仍在傳唱。在個人聲譽日隆，家庭幸福美滿的時候，將屆不惑之年的他，卻毅然決然奮身走入了佛門，一九一八年於杭州虎跑寺剃度出家，吃素念佛，出家後法名演音，號弘一，晚號晚晴老人。弘一大師對佛學的貢獻，主要體現在他對律宗的研究與弘揚上。弘一大師為振興律學，不畏艱難，深入研修，潛心戒律，著書說法，實踐躬行。他是近世佛教界倍受尊敬的律宗大師，也是國內外佛教界著名的高僧。和虛雲、太虛、印光並稱「民國四大高僧」。一九四二年十月十三日，弘一大師寫下「悲欣交集」四字。

三天後，沐浴更衣，安詳圓寂。其偈云：「君子之交，其淡如水，執象而求，咫尺千里。問余何適，廓而忘言，華枝春滿，天心月圓。」一缽了卻他的浮生。前半生的李叔同集詩、詞、書畫、篆刻、音樂、戲劇、金石等多種天賦於一身，開文藝之先河。後半生的弘一，意志堅定如一，為正法久駐世間發願：「南山律學，已八百年湮沒無傳，何幸遺編猶存東土；晉水僧園，有十餘眾承習不絕，能令正法再住世間。」他將失傳七百餘年佛教中戒律最嚴的南山律宗拾起，清苦修行，被後人譽為第十一代律宗祖師。中國佛教協會主席趙樸初對李叔同的評價是：「深悲早現茶花女，勝願終成苦行僧，無數奇珍供世眼，一輪明月照天心。」

而反觀楊翠喜在李叔同東渡日本不久，早已經被段芝貴量珠聘去，送到北京孝敬載振小王爺去了。《菊影錄》說楊翠喜「後為富商王益孫、道員段芝貴所賞。會貝子載振奉節東省歸，道出津沽，置酒高會，一見翠喜，顛倒不置。段方有求於貝子，乃託王益孫名，以萬金購翠喜為使女，即車送之京，進之貝子，翠喜則年十九矣。」後面引爆了什麼樣的政治鬥爭，是我們下面的章節所要逐一探討的。但不管如何，楊翠喜與李叔同雖有過短暫的交會，但兩人卻各自走上不同的人生道路。

第五章　心懷鬼胎：王益孫與段芝貴

《楊翠喜》一書說：「（楊翠喜）又未幾而見賞於王益孫、段芝貴。以一道員、一富商之力，左提右挈而聲價又為之一振，時光緒三十二年，翠喜十八矣。」這段話是說，楊翠喜在光緒三十二年（一九〇六）已經走紅於津沽，而當時的富商王益孫和道員段芝貴兩人「力捧」，使得楊翠喜的身價更是扶搖直上。

京劇甚或是梆子，它所以有魅力能叫座，有時不是憑藉精彩的劇情故事，而是在於「角兒」的表演。聽戲就是聽「角兒」。不管多熟悉的戲，只要某「角兒」唱，就有人花錢聽。這就是「捧角兒」。「捧角兒」的人多數是有錢有勢力的人，有軍閥、富商、混混兒等等。有懂戲的，也有起哄的，各有各的目的。他們一般是認準了一名演員，只要有她的演出就場場不落，演員在哪家園子唱，他們就跟到哪兒，定下若干個包廂，請上若干位朋友，在園子裡號召著觀眾不住地喊好。

還有當場臺上撒錢，有的怕人不知道，用紅紙寫上：某某送某某大洋多少；有的在大門口製作霓紅燈，寫上言過其實的頌詞，如「天下第一」、「金嗓子」、「皇后」等等；還有的給演員印製個紀念冊，上面有她的生活照、劇照以及詩歌、對聯和吹捧的文字，或在報刊上寫吹捧的文章登大幅劇照；更有請演員下館子吃飯、到家裡吃夜宵，最後納妾入室的。所以，被捧的「角兒」多為女性。

我們可以看稍晚於楊翠喜的名伶劉喜奎的被「捧」，就明白其究竟了。劉喜奎（一八九四－一九六四）與梅蘭芳同年，為一代紅遍南北的女藝人。當時在梨園界一度傳出「男有梅蘭芳，女有劉喜奎」的佳話。戲劇大師曹禺在一九八〇年曾著文這樣說：「如今戲劇界很少有人提到劉喜奎了。然而在一二十年代，她可是紅透半邊天的名坤伶，是唯一能跟譚鑫培、楊小樓唱對臺戲的女演員。」劉喜奎在習藝之初，學過老生、武生、刀馬旦以及花臉，以故她在十三歲前是以武生應行的。後來她從小金鐘學花衫，又拜七盞燈（即毛韻珂）專攻花衫。她為了動作身段的傳神美觀，不惜於深夜以燈取影而苦加揣摩。又為了練走碎步，常將銅錢夾在兩膝間疾行不使掉落，而成為舞臺一絕。如此勤奮，再加上她的年輕貌美，終成為色藝雙全、蜚聲南北的名角兒。她身材小巧玲瓏，眉目如畫，她未出場時，滿臺都是鶯鶯燕燕，個個美如天仙，令人目不暇接，一到她登場，一聲婉轉嬌啼，唱腔圓潤，與她配戲的坤伶們相形之下，就都變成了庸脂俗粉。為她著迷的上至達官貴人，中有士紳名流，下至販夫走卒，真是轟動九城，顛倒眾生。

當時《亞細亞報》的名記者劉少少，雖年逾花甲，不甘寂寞，亦單戀劉喜奎，在報上替劉喜奎大吹特吹，最肉麻的兩句詩是：「願化蝴蝶繞裙邊，一嗅餘香死亦甘。」某日，他在報上發表一篇駢文，冊封劉喜奎為「喜豔親王」，刻在銀盾上叫樂隊送到劉家，自己坐上馬車，吹吹打打，押在後面。當劉喜奎獲悉此事，立即躲避，由家人出面迎接，並對劉少少說：「承先生盛情，真是蓬門生輝，三生有幸，心領敬謝，萬不敢當。」遂即將原件退回，這下子使得劉少少氣得臉上紅一陣，白一陣，甚為尷尬。又張繆子（聊止）的《歌舞春秋》還說：「丙辰（一九一六）秋，少少獨居法源寺，余一日趨往訪談，四壁蕭然無長物，而床頭一案，置喜奎放大倩影一幀，談及喜奎色藝，津津有味，曰：喜奎演《醉酒》，吾意當年玉環無此美姿，蓋玉環之肥，決不及喜奎之穠纖得中，且玉環無歌喉，而喜奎則珠圓玉潤，寧非此勝於彼耶！」。

而易順鼎（字實甫，號哭庵），曾瘋狂追捧劉喜奎尤力。劉成禺的《洪憲紀事詩本事簿注》有詩云：「騾馬街南劉二家，白頭詩客戲生涯。入門脫帽狂呼母，天女嫣然一散花。」注曰：「劉喜奎色藝，當時實領王冠，名士如易哭庵、羅癭公、沈宗畸輩，日奔走喜奎之門，得一顧盼以為榮。哭庵曰：『喜奎如願我尊呼為母，亦所心許。』喜奎登臺，哭庵必納首懷中，大呼曰：『我的娘，我的媽，我老早來伺候你了！』每日，哭庵必與諸名士過喜奎家一二次，入門脫帽，必狂呼『我的親娘，我又來了。』喜奎略通文墨，後拜哭庵為師父，日習藝文。喜奎曰：『易先生見面，呼我為娘，我今見面，即呼彼為父，豈不兩相作抵？』。」

易實甫，才思橫溢，文名籍甚，與易實甫過從甚密的黃秋岳（濬）在《花隨人聖盦摭憶》一書中說：「然先生實至淳篤君子，自以少有高才，承家學，早通籍，一時名公鉅卿，折節論交。及革命，年已五十餘，侘傺不遇自傷自放。故辛亥後所為詩，皆刻意恢奇奔肆，盡取俗語入詩，託體俳近，大為同輩所議。實則樊、易齊名，平心論之，先生真本領真性情，皆在樊山老人之上，千秋識者，必以予為公言也。」這是黃秋岳對這位清末民初之才子、詩人、名士的總體評價，堪稱允當。

黃秋岳又談到他的詩作說：「其中為伶人作者甚多，然先生於諸伶亦取瑟之意，非有交暱，而詩中好作奇語、昵語，世遂譁稱龍陽才子，主持風月，以予所知，半非信史。至於寄情絲竹，則當時朝士，十九從同，不過不盡如先生之能文大膽耳。」我們來看看他的「大膽之作」，他曾寫過許多詩詞贊美劉喜奎，並曾對天發下七大願望：

一願化蠶口吐絲，月月喜奎胯下騎。
二願化棉織成布，裁作喜奎護襠褲。
三願化草製成紙，喜奎更衣常染指。

四願化水釜中煎，喜奎浴時為溫泉。
五願喜奎身化筆，信手摩挲攜入直。
六願喜奎身化我，我欲如何無不可。
七願喜奎父母有特權，收作女婿丈母憐。

如此露骨的表態，可謂極盡猥褻之能事。

另又有某青年僑生，家境極為富有，常往「三慶園」專包一廂，狂捧劉喜奎。那晚劉喜奎演出《辛安驛》，亦笄亦弁之態，使得該青年僑生神魂顛倒。散戲後，等到後臺門口，當劉喜奎將上馬車之際，該僑生竟搶上一步，捧住劉喜奎嬌嫩香甜的臉蛋，狂吻不放，口中念念有詞：「心肝寶貝，我想死你了！」嚇得劉喜奎花容失色，人們立即將他扭送警察局裡，問他姓名他死不回答，於是罰他五十大洋了事，出了警察局，他大呼：「痛快！痛快！值得！值得。」當時報上大事渲染，好事之徒作詩一首：

冰雪聰明目下傳，戲中魁首女中仙；
何來急色兒唐突，一聲心肝五十元。

至於上海有遊藝場，始於光緒三十三年，由黃楚九開其先河，以「樓外樓」為其首創。繼之而來的「新世界」和「大世界」遊藝場，則踵事增華，更見五花八門，大開眼界。「新世界」有京劇、話劇、電影、大鼓、相聲、評劇、說書、蘇灘、本灘、雜耍、南北技藝，兼容並蓄。民國六年，「大世界」乃以最新最大的遊藝場，雄視海上。所備遊藝，種類繁多，須待分檔演出，百戲始能具陳。「大世界」又設「乾坤大劇場」，聘請坤角演出京劇，其中幾位名角都出身於此，如擁有「冬皇」徽號的余派傳人孟小冬，原是這裡的鬚生；又由黎元洪一手捧紅的琴雪芳，也是這裡的旦角。此外，還有那個唱蘇灘的尖兒頂兒王美玉，珠喉玉貌，色藝雙全，口語香風，周流四座，不知瘋魔了多少男人，也不知瘋魔了多少女性。據曾經目睹過的金雄白形容說：「單看她坐在鋼絲輪的包車上，前後四盞電石燈，照映著那顆橫愛司頭，表裡瀅瑩，風情綽約，已自夠人注目流涎，重足而立，直待芳蹤杳然，魂靈才肯歸竅。」

據報人盧大方說：「乾坤大劇場開幕時，曾延聘北方名坤伶金少梅蒞滬演出，少梅色藝雙絕，除舊有的青衣花旦戲外，並有自編的私房小本戲，如《荷花三娘子》、《嬰寧一笑緣》等，開演後，哄動一時。文友梅花館主鄭子褒，對她尤為傾倒，為她組織一個梅社，除訂座觀劇外，更天天自己寫了揄揚的文字，刊在《大世界報》，並恐一人力量不足，再拉攏了老名士林屋山人為之協助，詩文連載，開啟了上海方面捧角的一種潮流。惜乎金少梅在上海只唱了一個短時期，即行北返不久且得病身死。據傳少梅在上海時，感於子褒之誠意，曾有嫁娶之議，不幸少梅早逝，好事成空，梅花館主所願難消，徒留綺恨！但乾坤大劇場自少梅去後，繼起有人，她們的觀眾，也紛紛結社，為自己心目中所喜愛的藝員捧場，在《大世界報》，天天有揄揚文字發現，造成了一種專捧坤伶的狂潮。」[1]

盧大方又說：「金少梅北返後，其間仍有好幾個坤角兒，色藝均不惡，著名的後來晉為『冬皇』的孟小冬，武旦粉菊花，鬚生陳善甫，老生兼老旦張少泉（即李麗華之母），文武老生李秀英，刀馬旦喜彩鳳，青衣汪碧雲，花旦瀟湘雲等，她們旗下的信徒，常在報上發表文字，漸漸成為派系，而有個別社團發現，統計下約為粉菊花的粉社，汪碧雲的碧社，瀟湘雲的瀟社，喜彩鳳的喜社，李秀英的英社等，其間以粉社、碧社、瀟社三家，聲勢較為浩大，餘社則社員很少，只是聊備一格而已。」

上面所說的「捧角兒」的舉動，類似現在的「粉絲」團，除了有些行為過火了一點，並沒有危及「角兒」的性命安危，甚至一生幸福。但若遇到有權有勢的高官或擁有金山銀山的富商，那「角兒」的命運可要改變了，她很可能被納為妾，或長期被「包養」了。我們再看劉喜奎的例子，當時「辮帥」張勳，以長江巡閱使，坐鎮徐州，威福自恣，雖已年近花甲，

1　盧大方〈大世界、新世界、小世界〉，《大人》，第六期，一九七〇年十月十五日出版。

仍為一老色胚，見劉喜奎的花容月貌，巴不得一口水把她吞下肚去。乃假壽辰為名，將劉喜奎從天津特地接到徐州，參加堂會演出。十天堂會過後，劉喜奎向張勳辭行時，卻被扣留不放。張勳的妾侍們直說出大帥看中她，有意藏之金屋。劉喜奎乍聆此訊，直如晴天霹靂，表示寧願一死，決不低頭。張勳眼看霸王硬上弓不成，且柔聲下氣向她說了一大堆肉麻當有趣的體己話。劉喜奎見張勳軟下來了，知道非用計謀，不易逃出虎口，於是，她向張勳說：「我在幼年時，早已許配了人家，一女不能兩嫁；如果順從了大帥，就得先將那樁婚事退掉，以免大帥背上強奪民妻的罪名。我對大帥的抬舉，決無不知好歹之理，大帥如果真個憐惜我，就當體諒我的苦衷，讓我回到天津，先把手續辦好。」張勳覺得她說得理正，心想反正你是逃不過我的手掌心的，才讓她離開徐州。但臨行之際，張勳特地派韓、王兩個心腹隨行，美其名為保護行旅安全，實則乃是沿途監視脫逃。但最終還是讓劉喜奎以「調虎離山」之計，而「金蟬脫殼」地安然回到天津。

才逃出張勳魔掌，北洋政府的參謀本部次長陸錦的陰影又將她包圍。陸錦和劉喜奎是青梅竹馬，一起長大，也算近水樓臺，處處以護花使者自居，對劉喜奎小心呵護，殷勤備至。今日送錢，明日送物，連幾百塊大洋一件的猞猁猻皮大衣也買來送去。陸錦在追求劉喜奎的同時，也有將劉喜奎獻與當時大總統曹錕的意思，劉喜奎遭險曹錕毒手一事，就有陸錦在中撮合的成分，其人品可見齷齪。於是劉喜奎託人傳話給陸錦說：「陸大人一心娶我作他的二房，叫他做夢也休想。甭說二房了，便是明媒正娶的大太太，我也不幹。咱們家從前固然是窮些，但卻是耕讀傳家。他呢，不過是個吹鼓手的兒子罷了。」

這是劉喜奎的聰明及剛烈性格，視權財如無物，不為權勢低頭，才能在緊要關頭「逃出虎口」，是當時女伶中所少見者。若名伶新豔秋（王玉華）就沒有那麼幸運了。當年新豔秋、雪豔琴、章遏雲和杜麗雲四人合稱為四大坤旦，新豔秋被推為「坤伶主席」。一九三〇年七月，汪精衛赴北平，與閻錫山、馮玉祥、李宗仁等召開所謂「擴大會議」，作為汪氏左右手的曾仲鳴亦隨行。北平為京劇大本營，名伶輩出，當時新豔秋，色藝雙絕，名噪一時。曾仲鳴驚為天人，傾倒不置，每日必往捧場，擲巨金而不惜。當時擴大會議有一臺戲，曾仲鳴點一齣《霸王別姬》，這對於提高新豔秋的身價，大有關係。其時新豔秋被公認是程派青衣；不意居然會演別姬；這在「噱頭」上已經足以號召，而更轟動九城的是，曾仲鳴還指定楊小樓唱楚霸王；不知哪個力大的「提調」，居然辦到了。楊小樓的霸王，只陪梅蘭芳演過，現在居然肯與新豔秋合作，等於承認她的地位與「四大名旦」是同一等級。當時新豔秋正豆蔻年華，春風得意，傲睨梅蘭芳、程硯秋，而曾仲鳴又置身機要，跌宕風流，郎情妾意；未幾，遂作入幕之賓矣！

後來汪精衛任行政院長，曾仲鳴為鐵道部次長，一朝得志，自然想起了新豔秋；而他只要開一句口，自然有人樂於將新豔秋接到上海來，演出於更新舞臺。那時雖說國難當頭，但曾仲鳴卻是每星期五夜車一定到上海；星期日夜車回南京。曾仲鳴的妻子方君璧，一方面秉承了舊時代賢慧妻子的「美德」；一方面濡染了法國的浪漫氣氛，覺得丈夫有個情婦是無足為奇的事，所以不但容忍曾仲鳴與新豔秋雙宿雙飛，而且有時候還會伴著丈夫到更新舞臺去捧新豔秋的場。曾仲鳴的包廂中，還常出現潘有聲、胡蝶夫婦，所以「看戲兼看看戲人」。接著新豔秋蒞首都，入南京大戲院演戲，新豔秋原寓南京中央飯店，每晚散戲後，即共曾仲鳴繾綣。後曾仲鳴以中央飯店人雜，恐他人染指，乃令新豔秋移寓陵園新村。新豔秋唱完戲曾仲鳴便把她接到陵園私寢，自是「芙蓉帳暖度春宵，從此曾郎不早朝」，新豔秋幾成曾仲鳴之禁臠。

次年新豔秋北返，再登紅氍毹，天生尤物，依然豔名如昔，瘋魔著多少王孫貴胄、顧曲周郎。當時外號「小道士」的繆斌以中央候補執行委員，出任冀察政務委員會委員，風流之性，不亞於曾仲鳴，於新豔秋亦具同好，初則由聽劇捧場，繼且挖曾仲鳴牆腳，亦為入幕之賓矣！繆斌與日本駐華北特務首腦土肥原勾結，重慶愛國份子欲除之而後快，乃多方偵察其行蹤。未幾，偵得繆斌每夕必至新豔秋妝臺及戲園觀劇。某夕，新豔秋在東安市場吉祥戲院演《玉堂春》，繆斌方從後臺侍新豔秋歸坐，忽見其妻施施然從外來，大驚，連忙拔腿溜了。此時有位關醫生與他新娶的姨太太，見繆斌的座位空著，貪近，便坐了下去。關醫生和繆斌一樣的光頭禿頭，戴近視眼鏡，肥胖臃腫，竟生得和繆斌一模一樣。其時新豔秋正好出場，一句「來在都察院……」，全場轟起喝采聲，冷不防有人自後開槍，正中關醫生。此時戲園大亂，而開槍人早已逃離。事後推測，刺客的目標，一定是為了暗殺繆斌，卻不料關醫生做了他的替死鬼。繆斌因怕太太而臨陣脫逃，卻救了他一命；而關姓醫生本不想觀劇的，因其妾非去不可，以致代替繆斌而喪命。繆斌於九死一生、驚魂甫定之下，乃遷怒於新豔秋，謂其必有串通，竟將新豔秋逮捕入獄，幽囚數月，最後由曾仲鳴輾轉託人關說，繆斌亦察知此案實與新豔秋無關，始獲省釋。而繆斌當時雖逃過一劫，但到抗戰勝利後，到底還是伏法槍斃，漢奸罪人難逃天譴，縱僥倖於一時，到頭來還是逃不過制裁的。

「想當年在院中纏頭似錦，到如今只落得罪衣罪裙」，新豔秋經此風波後，鋒頭漸漸斂抑，既感曾仲鳴遠道相救之情，復感風塵中非久居之計，乃有擇人而事之念。抗戰軍興時新豔秋尚盼曾仲鳴眷念前情，重修舊好；豈知是時曾仲鳴早已移情別向、另結新歡了。一九三八年，曾仲鳴隨汪精衛出走河內，國民黨特務派槍手衝入汪宅刺汪，博浪一錐，誤中副車曾仲鳴，汪得以身免。曾仲鳴不治，死時四十三歲。消息傳到故都，新豔秋為之心碎腸斷，至是嬪嫁曾氏之心，遂告絕望。在絕望之餘，無法再從長等待選擇，於是乃嫁於煙臺市長邵中樞，婚後伉儷之情頗篤。迨至抗戰勝利，邵中樞亦以漢奸案而囚繫囹圄，新豔秋亦被累吃官司，此時一個因鋃鐺入獄，一個如失群孤雁，兩人悲苦相對，唯有以淚洗面耳！據何競武說他探監時去看新豔秋，她哭得淚人兒一般，宛如〈長恨歌〉所說的：「玉容寂寞淚欄杆，梨花一枝春帶雨」，新豔秋此時的遭遇是比《玉堂春》要慘過萬倍。蓋是時新豔秋的積蓄已為其母搾取而去，已是身無長物。想昔日纏頭似錦，貌美如花，貴胄王孫，誰不欲拜倒石榴裙下；而今其母不諒，夫也獄囚，門前冷落車馬稀，真不勝其夢幻泡影之感也！自古紅顏多薄命，新艷秋的確可以算得一個。

再回到楊翠喜身上，當時也有富商王益孫和道員段芝貴兩人的「力捧」，但這兩人絕非上面所談到的文人騷客的「吹捧」而已，其實他們是心懷鬼胎，一心想將楊翠喜擁入懷中，佔為己有。我們先看看他們兩人的身世背景，當可明瞭一切。

王益孫（一八七六－一九三〇）名錫瑛。天津人，祖籍山西洪洞。是天津「新八大家」中「益德王」家的第三代，他的祖父王益齋為鹽商們收購葦席、麻袋，從中獲利，人稱「麻袋王」。後來王益齋在城西永豐屯一帶放印子錢（高利貸），並開設了益德號錢鋪。由於他善於經營，逐漸躋身「八大家」之列。當年有首童謠說：「財勢大，數卞家，東韓西穆也數他。振德黃，益德王，益照臨家長源楊。高臺階，華家門，冰窯胡同李善人。」可見其盛況於一斑。祖輩雖善經商，但卻缺少文化知識。到了王奎章這一代，就非常重視子弟們讀書教育，以改善門風。根據《南開大學校史》的報導，這和王奎章看到嚴修開設家館有著密切的關係。

嚴修字範孫，河北天津人，清季翰林，曾出任貴州學政，後辭職回鄉，棄政從教，在天津他大力興辦教育。光緒二十八年（一九〇二）到光緒三十（一九〇四）年間曾兩次東渡日本考察教育方法。光緒二十八年冬他在家宅設女塾，學生有女兒、侄女、兒媳、侄媳以及四姓近親好友之女，年齡從十歲到二十幾歲，設有國文、算術、英文、日文、音樂、手工、織布等課程，嚴修親自教作文課。同年他設立民立第一小學堂之後，又與林墨青共同敦促邑紳卞、張兩家設立民立第二小學堂。次年嚴修又設立官立小學三處。並為子侄及親友子弟設有嚴氏家塾，王奎章看到嚴修開設家館，聘請張伯苓教子女讀書，把私塾辦得有聲有色，王奎章立即抓住時機，也禮聘張伯苓來自己的家館教書，於是嚴、王兩家的關係也日益密切。

光緒三十年（一九〇四）年四月嚴修被已擔任直隸總督兼北洋大臣的袁世凱提拔為直隸學校司督辦，成為直隸地區管轄教育的高級官員。同年五月底，嚴修和張伯苓一起，在日本花了兩個月的時間，實地考察。八月返國，他們強烈意識到教育振興是日本富強的主因，要救中國，就必須從教育著手，要辦新式教育，就必須建立包括小學、中學、大學等在內的一整套教育體系。此時嚴館、王館的規模已經無法容納更多的學生，教學設備和教學方法也不完備，於是嚴修有了創立中學的想法，但是他還需要更多像張伯苓這樣的志同道合者。於是他想到王益孫。

王益孫不僅在商界，在其他各界也結交廣泛，祖上傳下的家業在他手上日漸興盛。比起父親王奎章來，他對新鮮事務的接受能力更強，希望子女和家人能得到更加系統正規的新式教育。接下父親創辦的家館後，王益孫除繼續聘請張伯苓教授家館外，又聘請一位英國人教英文、一位德國女士教德文，還聘請了語文、數學、物理、化學教師來教他本人，和他夫人及姨太太們學習。同時他還從國外購買了大量的先進科學儀器，訂閱了大量的外文書刊雜誌。王益孫對嚴修辦學的努力早已認同，所以當嚴修與王益孫會面，說明將嚴、王兩館合併，創辦中學的想法時，兩人一拍即合。嚴修十分誠懇地告訴王益孫，創辦中學面臨的最大困難是資金不足、設備不全。王益孫當即表示一定盡全力支持。光緒三十年十月十七日，嚴館與王館合併，定名為「私立中學堂」。王益孫不僅為學校捐助了理化儀器、書桌、書櫥等，還把國外訂閱的外文書刊、雜誌一起捐出。嚴修與王益孫商議後決定，兩家每月各出銀一百兩作為學校的常年經費。但是隨著學校規模的擴大，花錢的地方越來越多，到處都捉襟見肘。嚴修和王益孫商定每月兩家各增加出銀一百兩，後來為了給師生聯合組織的軍樂會購置樂器，兩家又各捐銀五百兩。光緒三十年（一九〇四）底，按照嚴範孫的意見，張伯苓將學校更名為「私立敬業中學堂」，取「肅敬受業」之意。一年後，又更名為「私立第一中學堂」。光緒三十二年（一九〇六），學校在天津城西南的「南開洼」建立新校址，王益孫這回更是鼎力相助，出銀一萬兩，在他的帶動下，天津鹽商紛紛慷慨解囊，共籌得經費二萬六千餘兩白銀，教室、辦公室、宿舍、禮堂等很快建成。宣統三年（一九一一），直隸提學使傅增湘飭令把天津客籍學堂和長蘆中學堂併入私立第一中學堂。改名為公立南開中學堂，所謂南開，包含著它位於天津城西南的一塊洼地的意思。張伯苓創辦南開大學時，王益孫遊說鹽商富戶捐地捐物捐款，還一次捐出白銀十萬兩。

「助學」這個義舉讓王益孫賺足了面子，贏得了很高的社會聲望。但生活中的他卻也被女人的事糾纏不清。而這個名叫楊翠喜的「名伶」，不僅牽出了段芝貴將之獻給慶親王之子載振的一段「性賄賂」的政治醜聞，也成為王益孫家人最不願提及的往事。楊翠喜曾是天仙茶園最紅的河北梆子女演員，因為身長玉立，走起臺步有弱柳迎風之姿，扮出戲來有沉魚落雁之貌；敢於做戲，表情細膩、真切，大受看客青睞。特別是那些紳商富賈、大吏豪客，常專為她到茶園來捧場。王益孫其實早就對楊翠喜暗生情愫，只是領主陳國璧不同意楊翠喜贖身，因而一直不能納為妾室。而段芝貴在天津聲色場所也是個闊客，王益孫雖是鹽商，此時還捐了個兵部候補郎中的官銜，他和段芝貴早就玩在一起，結成臭味相投、彼此利用的好朋友。段、王兩人同捧楊翠喜，但彼此卻並不爭風吃醋，是因為楊翠喜手腕高明，她對兩人都不即不離，若拒若迎，而又銖兩相稱，不讓誰覺得受了委屈。而段、王兩人又總存著遲早總會一親芳澤的念頭，因此彼此相安無事。

段芝貴（一八六九—一九二五），字香巖，安徽合肥人。一般人稱他為「小段」，有別於段祺瑞的「大段」。其實若按譜系來算，小段還是老段的族叔，不過歲數較小而已。其父

段芝貴（1869-1925年）。

段日升（又名有恒、友恒）是合肥縣衙門的一個差役。於是從小耳濡目染官場的腐敗，學會了圓滑鑽營的壞習慣，拍馬逢迎更是他的看家本領。光緒十二年（一八八六）年十八，入李鴻章在天津創辦的北洋武備學堂，旋留堂兼教習，畢業後與李鴻章之子李經方一起被派赴日本，入士官學校深造。光緒十八年冬回國，任職軍械局。光緒二十年（一八九四）甲午，清廷戰敗，痛定思痛，翌年遂派浙江溫處道袁世凱往天津小站督練新軍。而善於投機鑽營的段芝貴就見機通過當時袁世凱的重要幕僚及文案，也可說袁的心腹的阮忠樞（字斗瞻，安徽合肥人。袁世凱未發跡時，阮忠樞曾贈以路費，約為兄弟，袁世凱在小站練兵，任阮忠樞為文案，只有阮所擬的公牘，才合袁之意。後來袁世凱的政治勢力日高，阮忠樞也得任順天府尹。），在光緒二十三年（一八九七）投靠到袁世凱的新建陸軍，謀得一個督操營務處提調兼講武堂教習的職位。

段芝貴並不滿足袁世凱給他的職位，他一心想著繼續往上爬，於是針對袁世凱的貪財好色，他靈機一動，計上心來。經四處打探，買了一名美貌名妓，送入袁世凱的懷抱。果然，不到半月，段芝貴就連升兩級，從原來的職務，提任督隊稽查先鋒官，再任步兵第二營統帶。這一招「美人計」旗開得勝後，段芝貴趁熱打鐵，對袁世凱更為殷勤了。他每日早晚都要去給袁世凱請兩次安，並施跪拜之禮。袁世凱心裡受用，但嘴上卻故意問：「吾聞人子對於父母才是朝夕請安，吾非汝父，何必如此？」段芝貴順竿就爬，馬上獻媚：「生我者父母，培植我者公也。公若不棄，請即收吾為兒。」說罷，就是三拜三叩頭，認了袁世凱為「乾爹」。袁世凱也高興，將段芝貴視為嫡系心腹，後來以他剿匪有功，由袁世凱奏保以知府敘用，負責辦理天津巡警事宜，後再保升道員。段芝貴能得袁世凱之信任，當然不難由佐雜微員援捐官之例捐為候補道。既然官至道員，就可以由督撫委派差使，然後經由明保、密保等等方式補授實缺，不數年間，就可以陳臬開藩，由兩司而至督撫。這是後話。

光緒二十四年（一八九八）六月十七日《嚴修日記》記載：「至小營盤晤菊哥（案：徐世昌）暢談。晤袁慰亭（案：袁世凱）暢談。」這是嚴修認識袁世凱之始。同年六月二十一日《嚴修日記》記載他在徐世昌的陪同之下，參觀了小站練兵的操演情況：「同菊人赴營後之校場觀大操，同坐有姜總戎桂題。先步隊，次馬隊，整齊嫻熟，無以復加。」當時段祺瑞是炮兵營統帶兼炮兵學堂監督，而姜桂題時任左翼翼長兼第一營統帶。

徐世昌（1855-1939年）。

徐世昌（一八五五—一九三九），字卜五，號菊人，又號水竹邨人，河北天津人。光緒四年（一八七八年），徐世昌與袁世凱在河南開封結義為兄弟，出身清寒的徐世昌無錢赴省應試，袁世凱慷慨解囊，贈送了一百兩銀子給徐世昌作為盤纏，以壯其行色，得袁資助北上應試。沈祖憲、吳闓生合編的《容菴弟子記》卷一有記徐、袁於光緒四年在豫省訂交云：「天津徐相世昌以孝廉館淮寧縣署，往遊公（案：指袁世凱）別墅，閽者外出，公方在仰山堂讀書，徐公不問主人，逕入公起立，揖談，互相傾服，遂定交。徐公無力入都應試，公助以川資，始克成行。」但沈、吳所述是有些錯誤，光緒四年時稱徐世昌為孝廉，是錯的，因為要到光緒八年（一八八二年），徐世昌方中壬午科順天鄉試舉人。而光緒十二年（一八八六年），徐世昌以天津籍中進士，同年五月，選入翰林院任庶吉士。光緒十五年四月，散館，授翰林院編修。但徐世昌的仕途卻不順，如同學者秦燕春[2]所言：「此後他卻是一個著名的『黑翰林』，不為清流首領、掌院學士李鴻藻所賞，認為他『虛驕過人』。連續十一年沒有獲得外放的機會！清貴的『冷板凳』幾乎沒讓他把牢底坐穿。」按清朝的翰林因受重用與否，有紅翰林、黑翰林之分，紅翰林可位極高官或外放為主考或者學政，權錢兩得；而黑翰林則只得有限的奉銀在京師苦熬，窮的時候，身上穿的袍子都時常要押進當鋪，等到需要用的時候再花錢贖出來。其生活之窘迫，可想而知。

光緒廿一年，袁世凱以浙江溫處道奉旨赴小站督練新建陸軍，不久，徐世昌應袁世凱邀任營務處襄贊戎幕，是為徐與袁共事之始。那時袁世凱職官藍司，出身又不是科目，較有聲望的翰林，都不屑入去共事，可是徐世昌肯幫忙，這對袁世凱的聲望，大有助焉，可見袁、徐兩人的關係。後來袁世凱在戊戌政變的告密，也出於徐世昌的計謀，如此，袁、徐二人在政治上的關聯，可說是「焦不離孟，孟不離焦」了。

光緒三十年（一九〇四），段芝貴任北洋陸軍督練公所參議，八月，升參謀處總辦。是年，日俄兩國在我東北開戰，清廷左右為難，宣告中立，劃遼河以東為戰區，段芝貴奉派至東北，辦理中立事宜。光緒三十一年（一九〇五），奉調任陸軍第三鎮統制。同年調充督練處總參謀兼督辦天津巡警工程捐幕事宜。光緒三十三年（一九〇七），東三省改制，三月

2 秦燕春《袁氏左右：袁世凱與晚清》，鳳凰出版社，二〇一二年六月第一版第二次印刷。

八日，以候補道員賞布政司銜署黑龍江首任巡撫，輿論嘩然，三月二十五日（五月七日），御史趙啟霖不畏權貴具疏參劾，劾疏中就說：「臣聞段芝貴人本猥賤，初在李經方處供使令之役，繼在袁世凱署中聽差，旋入武備學堂。為時未久，百計夤緣，不數年間，由佐雜以至道員。其人其才，本不為袁世凱所重，徒以善於迎合，無微不至，雖袁世凱亦不能不為所蒙。」段芝貴以歌伶楊翠喜獻於奕劻之子載振，雖為謀得黑龍江首任巡撫之職，不惜採取「性賄賂」的不正當手段，但這何嘗不就是袁世凱的佈局，袁世凱當時就把東三省督撫名單擬妥，交載振帶回給他父親奕劻，奕劻言聽計從，名單就如袁世凱所擬：以徐世昌為首任東三省總督，以唐紹儀授奉天巡撫（唐紹儀在朝鮮與袁世凱已互相結納），以朱家寶授吉林巡撫，以段芝貴署黑龍江巡撫。這四人可說是完全是袁世凱的人馬。袁世凱已經將他的北洋勢力伸展到關外去了，東三省擴張是北洋勢力大計畫中之一著。御史趙啟霖的劾疏中說：「雖袁世凱亦不能不為所蒙。」，袁世凱何等人物也，會被段芝貴所蒙？我看趙啟霖才真的為袁世凱所蒙也。

第六章　梟雄崛起：袁世凱玩弄權術

說到袁世凱，稱他是一代梟雄，應該是沒有異議的。他一生充滿傳奇，在晚清末年聲勢喧赫，風雲際會，扶搖直上，曾與張之洞同入軍機。到溥儀繼位後，醇親王載灃為攝政王，載灃及隆裕后因戊戌政變舊怨都主張殺袁世凱，後以張之洞力請而罷，始命其以足疾之藉口開缺回籍。袁世凱此次被黜，實乃其生平之最大挫折。到宣統三年，他東山再起，任內閣總理大臣，重攬大權。當時愛新覺羅之孤兒（溥儀）寡婦（隆裕），只有任其擺佈了。到了民國成立，他一變為中華民國之大總統，再變為只有八十三天的「洪憲皇帝」！他就任民國總統後，內政外交，本有可為，但他不知民主政制為何物，又受其子袁克定之慫恿，因此有民國五年的稱帝之荒謬舉措，弄到後來護國討袁，眾叛親離，及身而敗，他也憂憤而死！

袁世凱（1859-1916年）。

袁世凱（一八五九～一九一六），字慰廷（又作慰庭、慰亭），號容庵主人，河南項城人。父親袁保中官至候補同知。袁世凱自幼過繼給叔父袁保慶為嗣子，袁保慶病故後，復隨堂叔袁保恆至燕京念書。早年科舉失意，乃棄文從軍，投身淮軍。袁世凱二十三歲時，為了自己前程，決心離鄉圖發展，乃率淮軍舊部四十餘人，在光緒七年（一八八一）五月，逕至山東登州投靠袁保慶的結拜兄弟吳長慶（淮軍名將），任「慶軍」營務處會辦。次年，隨吳長慶率師渡海援朝鮮，以援韓之役有功，奉旨以同知用。後來成為袁世凱女婿的薛觀瀾（按：薛福成之孫，一九一九年與袁世凱的次女袁仲楨成婚時，因袁世凱已死，乃由其子袁克定主婚）曾說：「袁氏在韓時，某日袁突走訪張謇，放下帳子，向張耳語曰：『李王懦庸，不足扶持，筱帥（吳長慶）胆小，難圖大事，吾擬取韓王以自代，請公主謀。』張氏聆罷是言，極力告誡，力主不能妄動，並面允不將此『密語』洩之第三者。此時袁氏在韓固兵權在握，其勢力確已滲透韓國宮廷，然以一軍中司馬（同知尊稱）而思染指他國帝王之位，可稱駭人聽聞之事。此因袁氏係中州河南人，魄力較大，帝王思想較為濃厚，若易吾輩太湖區域之江浙人，決無此種胆量矣。」[1]擬取「韓王」而自代，確實可見其膽識也。

及至光緒十年（一八八四）春，中法戰起，海疆多故，吳軍奉命調防金州，而以袁世凱

[1] 薛觀瀾〈袁世凱與北洋三傑〉，《袁世凱的開場與收場》，薛觀瀾等著；蔡登山編，台灣：獨立作家（秀威資訊），二〇一四年一〇月出版。

任留後，吳長慶為之請於直隸總督李鴻章，而有「總理慶軍營務處，會辦朝鮮防務」之命。李鴻章曾賞識過袁世凱，我們從李鴻章〈復升用知府候補同知駐朝鮮商務委員袁〉的信函可知，信內稱之為慰亭世兄，除答覆公事外，後忽云：「昔鄧禹年二十四而佐光武中興，諸葛亮年二十七而軸先主創業，足下年方少壯，任事不患其不勇往，謂宜師高密武侯之謹慎，以養成偉器」等語，是袁世凱初露頭角，即才力過人，但少年好大喜功，李鴻章要其「謹慎」，亦正不啻對症下藥也。

袁世凱直至光緒二十年（一八九四）中日甲午戰爭前夕始奉調回國。袁世凱在韓前後十二年，位低而責重，且無用武之地。迭請回國，皆不獲准，為什麼呢？實在是當時朝中分為兩派：李鴻章屬於「后黨」，對日主和；翁同龢屬於「帝黨」，對日主戰。京闕名流如張謇、文廷式等亦皆主戰，李鴻章承受重大壓力，故以善身為靜，以寡言為慎。至其處置外交事項，只得採取消極辦法，多一事不如少一事。但也怕袁世凱回國後，更為主戰者張目。直到光緒二十年六月間日本發重兵至韓，袁世凱乃歸國搬救兵，抵天津謁見李鴻章，即遭嚴詞申斥，令其速返平壤。此次袁世凱並無法入京，於是乃命其弟世勳（敏孫）進京，謁見翁同龢。翁同龢光緒二十年七月十六日日記云：「袁世勳敏孫為袁慰廷事來見，慰廷奉使高麗，頗得人望，今來津不得入國門。李相仍令赴平壤。欲求高陽主持，因作一札予高陽，即令敏孫持去。」翁同龢寫信給高陽李鴻藻，俾袁世凱得入國門。翁、李兩人本引袁世凱為同志，當樂於照辦。寶熙（一八七一——一九四二）在跋張（謇）、袁絕交函稿中云：「項城以高掌遠蹠之才，顧喜用詐術權謀，將使天下人均入我彀中而不覺，而不誠無物，識者早知其功業之不終矣！憶甲午東事起，項城已自三韓歸，眾論或咎其駐韓日久，因應失當，致演成不可收拾之局，時高陽李文正（鴻藻）在樞密，素愛其才，實蔭庇之，幸以無事。」亦說李鴻藻蔭庇袁世凱。

而當日本侵略軍佔領朝鮮之後，光緒二十一年正月，李鴻章又派給袁世凱一個新差事「總理前敵營務處兼籌轉運事宜」，前往山海關外，其主要職責是處理前線軍務，並協助周馥辦理轉運局差事，即負責向前線轉送軍需物資。甲午戰敗後，袁世凱僅獲外放浙江溫處道，他自不願到任，於是他運用翁同龢的關係，得到「督辦軍務處」之差委。當時醇親王奕譞為軍務處督辦，幫辦為慶親王奕劻，會辦為戶部尚書翁同龢、禮部尚書李鴻藻、步軍統領榮祿、禮部左侍郎長麟，全國事權集茲於這些人之身，而榮祿、翁同龢二人尤炙手可熱，蓋榮祿簾眷最隆，翁同龢則簡在帝心。最初袁世凱與翁同龢較為接近，而李鴻藻也激賞袁世凱，稱其「家世將才，嫻熟兵略，如令特練一軍，必能正我王度，而矯中國陸防各營之弊」。袁世凱深知翁、李雖握軍機大權，然非慈禧太后之親信，如欲達到目的，必須拉攏榮祿方能水到渠成。而他如何結交榮祿呢？據薛觀瀾說：「適有袁之妹倩張香谷與旗人豫祖友善，豫乃榮祿之親信，袁由豫祖之介，得以計畫獻於榮祿。」當時袁世凱以四品微秩，年僅三十六歲，何以能得到小站練兵此項差使？可謂事前煞費周章，得來頗為不易。簡言之，袁世凱當時不但先獲李鴻章之呵護，翁同龢之吹噓，李鴻藻之推薦，繼以胡燏棻之讓位。而最扼要者，端賴榮祿之力玉成其事。所以袁世凱對榮祿，最為感激，他與榮祿之深厚關係，在小站練兵之始，即告奠立。

薛觀瀾曾探究袁世凱能在小站練兵的原因如下[2]：（一）袁乃淮軍領袖袁甲三之姪孫，吳長慶之慶軍即屬淮軍支系，淮軍曾以屯田之法駐小站二十年之久。（二）李鴻章亦淮軍領袖，自始即賞識袁氏，袁在小站練兵之前任胡燏棻，為泗州進士，甲午年胡氏佐李鴻章治糈臺，胡在小站先練了「定武軍」十營，亦係由於李鴻章所推薦。（三）袁之叔父保恒，嘗為同治帝師，與李鴻藻、翁同龢共事，故翁李二人在樞廷亦力保袁氏。（四）袁著有《兵書》一部，闡述德國訓練法，樞廷大臣讀此著作後，咸以袁為知兵。（五）最重要者，是袁駐朝鮮時，曾有事實表現，光緒八年朝鮮發生政變，吳長慶誘執朝鮮大院君，送保定。光緒十年中法戰起，日本駐韓公使竹添進一郎乘時在韓策動政變，率日韓聯軍進宮，矯詔殺大臣，宣佈獨立，是為甲申之亂。當時袁乃率所練韓兵兩營及慶軍兩營進攻王宮，與所謂日韓聯軍血戰竟日。竹添進一郎自知不敵，逃往仁川，日本大失敗，向中國表示無挑釁意，終清之世，

[2] 薛觀瀾〈袁世凱與北洋三傑〉，《袁世凱的開場與收場》，薛觀瀾等著；蔡登山編，台灣：獨立作家（秀威資訊），二〇一四年十月出版。

中國軍隊能勝日本者，只此一仗。故袁為當時清廷主戰派翁同龢、李鴻藻所垂青。

但最近有學者孔祥吉、村田雄二郎[3]透過檔案文獻，提出袁世凱的被起用，是晚清重臣劉坤一密保的結果。劉坤一（一八三〇—一九〇二），字峴莊，湖南新寧縣人。他和張之洞成為後期洋務運動的主導者，並在其後的甲午戰爭、百日維新、庚子拳亂、東南自保、清末新政等晚清歷史事件上均發揮著重要角色。劉坤一是在甲午戰爭中淮軍一敗塗地、日軍長驅直入的危迫情形下，於光緒二十年十二月二日（一八九四年十二月二十八日）被光緒帝任命為欽差大臣的。劉坤一出關督師後，與正在關外前敵營務處負責轉運事宜的袁世凱有了交往。劉坤一見袁世凱辦事穩妥，甚是喜歡，感歎人才難得。所以，當《馬關條約》簽訂後，劉坤一在第一時間，即光緒二十一年四月二十日（一八九五年五月十四日）就遞上「和局已成，自請嚴議摺及開去差事片」，並請求朝廷將自己部下，前敵失職統領，革職嚴懲。而在懲處自己部下的同時，他向朝廷上書保薦了袁世凱：

再，查北洋前敵營務處浙江溫處道袁世凱，名家之子，於軍務及時務均肯留心講求。前在朝鮮多年，聲績懋著，早在朝廷洞察之中。臣抵關津後，與該道時常往來，

3 孔祥吉、村田雄二郎〈大火焚燒後遺留的珍貴史料〉，收入佐藤鐵治郎著《一個日本記者筆下的袁世凱》一書，天津古籍出版社，二〇〇五年。

見其膽識優長，性情忠篤，辦事皆有條理，為方面中出色之員。宋慶及各將弁多係袁世凱先人舊部，莫不願同袍澤，樂聽指揮。請旨飭下河南巡臣，迅催袁世凱銷假來營，商辦裁留、歸併事宜，臣與宋慶得資臂助，該道亦藉盤錯，以底於成。際此時局艱難，知兵文臣甚少如袁世凱者。

伏願皇上擢以不次，俾展所長，及其年力正強，得以功名自奮，庶立尺寸之效，仰酬高厚之恩。近日每歎才難，得一才而不即重用，使其精神歲月，消磨於循資按格之中，未免可惜。

臣自憾衰老，無能為役，深思以人事君，不敢蔽賢。謹附片密陳，伏乞聖鑒。

謹奏。

於是光緒二十一年六月初，袁世凱在北洋「請咨赴部」。六月十一日「經吏部帶領引見」。六月十二日光緒皇帝根據劉坤一的保薦，正式召見袁世凱。袁氏在召見時陳述了許多真知灼見，光緒皇帝亦深受啟迪，故命袁氏將其未盡之言，寫成條陳，由督辦軍務處代奏。

光緒廿一年十月三日翁同龢在日記云：「我與恭王議定三事：（一）胡燏棻造蘆漢鐵路；（二）袁世凱練洋隊；（三）蔭昌辦武備學堂。」十月二十二日「督辦軍務處」三巨頭——醇、慶二邸與榮祿，會同軍機大臣，奏請變通軍制，派員督練，摺稱：「臣等公同商酌，查有軍務處差委浙江溫處道袁世凱，樸實勇敢，曉暢戎機，前駐朝鮮，甚有聲望；其所擬改練洋隊辦法，及聘請洋員合同，暨新建陸軍營制餉章，均屬周妥。相應請旨飭派袁世凱督練新建陸軍，假以事權，俾專責任。先就定武十營步隊三千人，炮隊一千人，馬隊二百五十人，工程隊五百人為根本，再加募步馬各隊，足七千人之數，即照該道所擬營制餉章，編伍辦理，每月約支正餉銀七萬餘兩。至應用洋教習洋員，由臣等諮會德駐使選商聘訂。果能著有成效，尚擬逐漸擴充。」奏摺既上，當日奉旨允准。

光緒二十一年（一八九五）十月袁世凱奉命於小站練兵，實是他一生騰踔揚厲之機會，他事必躬親，臥榻即置於簽押房中，其全副精力用在建軍工作上，假想敵是日本，練兵之法則學德國。關於軍隊編制調遣，將領選拔補充，一概不假手他人。立將「定武軍」四千人擴充至七千，改名「新建陸軍」，組成督練處，以徐世昌任參謀，贊襄營務，唐紹儀、田文烈任文案（田文烈曾隨袁氏到韓任軍事文案，後任河南省長。）袁世凱當時且規定高級將領之任用，必經考試選拔，表示用人惟賢，此實良法。馮國璋、段祺瑞等輩，皆藉此砥礪成器。惟袁世凱以文人為幕僚長，急需軍事人才，爰請天津「北洋武備學堂」總辦廕昌保薦數人。廕昌字午樓，嘗與德皇威廉第二同學，娶德婦，與袁為親家，在北洋軍閥中，除袁之外，資格無出其右者，高級將領什九是其門生。袁世凱所用將校人員，一部份為淮軍宿將，一部份是天津武備學堂畢業生。如王士珍、段祺瑞、馮國璋、陳光遠、王占元、張懷芝、雷震春、田中玉、孟恩遠、陸建章、曹錕、段芝貴等，當時都屬副將，民國以來的「北洋軍閥」，大抵孕育於此時。掌故大家徐彬彬在《凌霄漢閣筆記》中曾有過批評云：「若袁之小站練兵，最初亦稍具規模，其後乃專為布爪牙，植私力之用，厚其養，寬其法，以威清廷，而驕兵悍將滿天下，中原兵禍乃一發而不可收，及丙辰而身受『倒戟』之辱，豈非自作之自受之乎！」。這是後話。

光緒二十三年六月袁世凱因小站練兵著效，而由浙江溫處道升為直隸按察使。光緒二十四年戊戌變法時，康有為欲結袁世凱為援，乃暗使親信徐仁錄（徐致靖侄兒）入其幕中，徵其意見，而袁世凱謬稱傾向維新，康有為信以為真，乃於光緒二十四年七月二十六日（九月十一日）代禮部右侍郎徐致靖（同治癸酉科舉人，光緒丙子科進士，授翰林院編修，官至禮部右侍郎。）草擬奏摺，以邊患岌岌為名，亟請光緒帝破格拔擢袁世凱，實際上則是希望袁氏擺脫榮祿束縛，直接由光緒帝調遣，以增強同后黨對抗的實力，其用意至為明顯。故奏摺甫上，光緒帝即頒佈諭旨：要榮祿「傳知袁世凱即行來京陛見」。經過徐致靖推舉，光緒帝則於八月初一日（九月十六日）即匆匆忙忙予以召見，並頒諭稱讚袁世凱辦事勤奮，校練認真，著開缺以侍郎候補，袁世凱驟升二品的侍郎，顯然是恩命異常的峻擢。

而八月六日的「戊戌政變」中袁世凱的告密是關鍵情節，有的說法是：因袁世凱告密而導致政變，另有說法是政變在先，告密在後。主張慈禧訓政與袁世凱告密沒有關係的說法，歷史學者黃彰健早在二十世紀七〇年代已經指出，後來茅海建等學者的研究也進一步證實了這種判斷。但另有學者持相反的看法，學者左舜生、沈雲龍都認為袁世凱的告密是造成慈禧提前回宮發動政變的最直接原因。

但究竟袁世凱是怎樣告密？至今仍眾說紛紜，留下重重疑團。最近筆者見到學者孔祥吉的說法及太監小德張的說法，對袁世凱的告密而導致政變之說，不能不重新思考其可信，今先將這些推測提出，當然還需進一步得到更多證據的佐證。

陳夔龍（一八五七—一九四八）於戊戌政變後不久，即調到榮祿幕府，是榮祿的親信，光緒二十七年（一九〇一）秋冬，超遷不次，皆由於榮祿之力為推挽，後官至湖廣總督、直隸總督。其所記《夢蕉亭雜記》或曾聞之於榮祿而追述之者，中曾有扼要的敘述云：

> 戊戌四月，文勤（即王文韶）內召，文忠（即榮祿）出領北洋。袁君夙蒙恩遇，尚能恪受節制。維時新政流行，黨人用事，朝廷破格用人，一經廷臣保薦，即邀特簡。袁熱中賦性，豈能鬱鬱久居？倩其至友某太史入京，轉託某學士密保，冀可升一階。不意竟超擢以侍郎候補，舉朝驚駭。某學士以承筐菲薄，至索巨款補酬，輦轂之下傳為笑話。袁君遵旨來京，預備召見。入見後傳聞有旨，以文忠大逆不道，令赴津傳旨，即行正法，所有直督一缺，即以袁某補授，並帶兵入京圍頤和園。袁謂天津尚有聶

士成一軍，曾經百戰，兵數倍於新建陸軍，圍園之事，萬不敢辦，至傳旨將直督正法，亦恐辦不到，或俟九月兩宮赴津閱操，相機進行。八月初三，袁探知朝局將變，惘惘回津。文忠佯作不知，迨其來謁，但言他事，絕不詢及朝政。袁請屏退左右，跪而言曰：「世凱奉命而來，有一事萬不敢辦，亦不忍辦，惟有自請死。」文忠笑謂：「究係何事，何忽遽之甚？」袁袖出一紙呈閱，並觀文忠氣色行事。文忠閱竣，正式告曰：「大臣事君，雨露雷霆，無非恩澤。但承旨責在樞臣，行刑亦有菜市，我若有罪，甚願自首入京，束身司敗，豈能憑爾袖中片紙，便可欽此欽遵？」袁知事不諧，乃大哭失聲，長跪不起。文忠曰：「君休矣，明日再談。」因夤夜乘火車入京晤慶邸，請見慈聖，均各愕然。越日，奉硃諭以：「朕躬多病，恭請太后訓政。」時局為之一變。首詔文忠入輔。慈聖以袁君存心叵測，欲置之重典，文忠仍以才可用，凡作亂犯上之事，委之黨人，並以身家保之，袁得安其位。慈聖意不能釋，姑令來京召見。袁最機警，諂事東朝，前事不憚委之主坐，而宮闈之地、母子之間，從此多事矣。

觀之陳夔龍的說法，其中頗多可懷疑，或乖事實者。袁世凱奉召來京，原官係直隸按察使，八月一日召見後，始奉旨以侍郎候補，陳夔龍說袁世凱以超擢入都，已誤，又云袁世凱初三日探知朝局將變，惘惘回津，則更與事實不符。因為袁世凱初五日還要請訓，還留在京城。光緒帝將袁世凱超擢，即是使其與榮祿平行，可不受榮祿之節制，當然係採納譚嗣同等之建議，未嘗不含有深意，即袁世凱〈戊戌日記〉[4]亦云，初二日謝恩召見，面諭此後可與榮祿各辦各事，當係實有此言，所以此事之重要關鍵，在袁世凱之是否奉有交諭或面諭，而負恩賣主，以依附后黨，至殺榮祿而圍園，若果如陳夔龍所言，是袁世凱於初一日召見時，帝已先言之，尚何待譚嗣同初三之訪袁世凱乎？可見陳夔龍的說法，甚不可信也。

而光緒帝有親筆硃諭，於七月二十八日交楊銳帶出，謂：

> 近來仰窺皇太后聖意，不願將法盡變，並不欲將此輩老謬昏庸之大臣罷黜，而登用英勇特達之人，令其議政，以為恐失人心。但經朕屢次降旨整飭，而且有隨時幾諫之

4 〈戊戌日記〉又稱〈戊戌紀略〉，存世的版本有宣統元年的「南通書林本」；民國十五年的「上海申報本」；還有中國社會科學院近代史研究所收藏的抄本（被收入《戊戌變法》（一））以及湖南省博物館收藏的抄本等。雖有多種版本，但內容基本一致。學者左舜生認為這篇文字一直延到民國十五年二月始於上海《申報》發表，其時距譚之死已二十八年，距袁之死也已近十年，一切死無對證，究竟有多少真實性，自然不能無疑。但《申報》編者說他們是得自張一麐，張曾一度是袁的親信，可是洪憲帝制他卻並未苟同，可見他並無代袁顛倒是非之必要；而且張為人耿介，根本也不是一個說謊的人。即以文字的內容而論，相當整潔，與當時事實的演變也大體吻合，可能是出自袁的手筆而經他人代為潤色者。

事，但聖意堅定，終恐無濟於事。即如十九日之硃諭（指禮部六堂官革職事），皇太后已以為過重，故不得不徐圖之，此近來實在為難之情形也。朕亦豈不知中國積弱不振，至於阽危，皆由此輩所誤；但必欲朕一旦痛切降旨，將舊法盡變，而盡黜此輩昏庸之人，則朕之權力實有未足。果使如此，則朕位且不能保，何況其他？今朕問汝：可有何良策，俾舊法可以漸變，將老謬昏庸之大臣盡行罷黜，而登進通達英勇之人，令其議政，使中國轉危為安，化弱為強，而又不致有拂聖意？爾其與林旭、劉光第、譚嗣同及諸同志妥速籌商，密繕封奏，由軍機大臣代遞，候朕熟思審慮，再行辦理。朕實不勝十分焦急翹盼之至，特諭。

值得注意的是，這份密詔雖然表現出光緒皇帝的焦急不安，但在他所列「顧命大臣」中，只有楊銳、林旭、劉光第、譚嗣同四人的名字，並未包括康有為。（原件直至宣統元年八月十二日，楊銳的兒子楊應昶將其呈交都察院，人們才發現，原來密詔是寫給楊銳等四章京的。）而且光緒帝此時只想找到一個能夠避免政變、同時又能夠讓改革繼續下去的方案，並不想得罪慈禧。但康有為卻偽造密詔，虛構故事，現在已被歷史學家考證清楚。其偽造的密詔則說：

朕惟時局艱危，非變法不能救中國，非去守舊衰謬之大臣，而用通達英勇之士不能變法，而皇太后不以為然。朕屢次幾諫，太后更怒。今朕位幾不保，汝康有為、楊銳、林旭、譚嗣同、劉光第等，可妥速密籌，設法相救。朕十分焦灼，不勝企盼之至。特諭。

比較兩份密詔，最關鍵的有兩處：一是康有為把光緒帝給楊銳的密詔偽造成給他本人的；二是和光緒帝密詔原意（想辦法既不得罪太后，又能使變法繼續下去）；完全相反，變成了要康有為等人，「設法相救」。

八月初三日晚上譚嗣同給袁世凱看的可能就是康所偽造的密詔。學者房德鄰[5]認為康有為在《自編年譜》說：八月初三日接到光緒帝「朕位幾不保」的密詔後，他就和梁啟超、譚嗣同等商議說袁世凱勤王，當晚譚嗣同即到法華寺訪袁世凱。這裡雖然沒有說到兵圍頤和園、捕殺慈禧太后，但說到要袁世凱「率死士數百扶上登午門而殺榮祿，除舊黨」，這樣的舉動，當然是要在北京搞政變了。如此，則兵圍頤和園劫制皇太后也應該是計畫中的事了，否則怎麼能「扶上登午門」呢？《自編年譜》又記，在譚嗣同赴法華寺的同時，梁啟超也進城到金頂廟容閎處等候消息，而康有為自己則留在南海會館整理行李準備赴上海接辦官報（即《時務報》）。當晚有好友楊深秀、宋伯魯、王照等來探慰，他未向他們洩漏密詔事，

5 房德鄰，〈維新派「圍園」密謀考——兼談〈詭謀直紀〉的史料價值〉，《近代史研究》，二〇〇一年三期。

「而以李提摩太交來《瓜分圖》令諸公多覓人上摺，令請調袁世凱入京勤王」。康有為的此項建議顯然是為配合譚嗣同夜說袁世凱的，要在北京搞政變。在楊深秀等離開南海會館之後，康有為也於凌晨進城，至金頂廟和梁啟超一起「候消息」，後「知袁不能舉兵，扶上清君側，無如何，乃決行」。梁啟超、康有為都到金頂廟候消息，這個消息就是袁世凱是否同意立即採取勤王行動，而不是九月天津閱兵時防變，如果僅僅是天津閱兵時防變，他們就不必跑到金頂廟去候消息了。康有為在得知袁世凱不肯舉兵的消息後，才最後決定立即離京南下。由清廷八月十四日的諭旨、袁世凱〈戊戌日記〉和康有為《自編年譜》，可以斷定，康有為等確實有利用袁世凱兵圍頤和園的計畫，而不是梁啟超所說僅是防備九月天津閱兵時可能發生的政變。

對於袁世凱告密的時間，學者孔祥吉提出不同的看法[6]，他認為「丁文江、趙豐田他們提到袁氏的告密是在京，還是在津，抑或兩處都洩露了，實在是很有見地的。長期以來，人們以袁氏的回津已在初五日傍晚，而政變於初五日晚（或初六日早）爆發，即使袁氏告密也不會如此之快地傳到北京。這樣一來，似乎袁氏告密之說，很難成立。但是，我這裡要提出戊戌政變中一個非常神秘的人物，這就是袁世凱的心腹徐世昌。譚嗣同遊說袁氏圍園的關鍵

[6] 孔祥吉、村田雄二郎〈大火焚燒後遺留的珍貴史料〉，收入佐藤鐵治郎著《一個日本記者筆下的袁世凱》一書，天津古籍出版社，二〇〇五年。

時刻，徐世昌亦在場，可以推想，在八月初三夜晚之後，徐世昌一定會配合袁世凱緊急行動的。袁氏要初五日請訓後，方可離開京師，而徐世昌則是可以自由行動的。甚至徐氏還可以通過其他親信往天津榮祿處遞送告密情報。如果上述分析有一定道理的話，那麼，袁世凱與徐世昌都可能是戊戌告密中的至為關鍵的神秘人物。這些問題至今還沒有，也許永遠也不會有確鑿可信的材料以資佐證，因此也就不能以清廷八月初六日（九月二十一日）的上諭沒有涉及抓捕要犯譚嗣同而輕易否定袁世凱的告密是導致戊戌政變的導火線，也不能在考察政變時，只考慮到袁世凱而放過了徐世昌。」

其實歷史學者左舜生早就提出徐世昌在此事件中所扮演的角色[7]，後來歷史學者沈雲龍在《徐世昌評傳》[8]亦採用左舜生的說法，沈雲龍說：「世昌與袁世凱在政治上之契合無間，自光緒二十四年八月戊戌政變一幕為之權輿。世多訾議袁於此一役有欺君賣友之嫌，而不知居中為其偵察決策者，世昌關係實極重要。」又說：「舊黨之種種應變部署，已如箭在弦上，引滿待發，而康有為等尚懵然不覺，即徐世昌之於初三日早來康寓，即俗所謂『臥底』探虛實者，竟亦邀之參與機密會議，並『相與痛哭以感動之』。世昌見康黨諸公平素談政治改革，議論不可一世，而至緊急關頭，除痛哭外，別無善策，使倆亦不過爾爾，於是也

---

7 左舜生《中國近代史四講》中的第二講〈戊戌維新〉，香港九龍：友聯出版社，一九六二年。
8 沈雲龍《徐世昌評傳》，臺北市：傳記文學出版社，一九七九年。

一掬同情之淚（？）以報之。試問國家大事，又豈是痛哭所能解決？維新派之書生結習及坦率粗疏可知。故是日深夜，譚嗣同往說袁世凱勤王，袁熟計利害，何去何從，殆已獲世昌回報而成竹在胸，其答譚諸語，均屬事前準備敷衍之詞。而左右袁之決心者，自以世昌蛛絲馬跡之嫌疑最重。」

另外徐致靖的外孫許姬傳（也是梅蘭芳的秘書）在〈凌霄漢閣自白及我的補註〉[9]中說徐凌霄（仁錦，字雲甫，是徐致靖的侄兒，許姬傳的堂舅）的〈凌霄漢閣自白〉結尾提到「水竹村人」，是徐菊人（世昌）的別號，凌霄舅在前面稱他為「老統」，這裡又說他「心下明白」，都有諷刺意味，因為他是袁世凱的謀士，所以就不客氣了。而許姬傳聽聞一位長親說：「袁項城（世凱）以徐靜老（致靖）密保內調兵部侍郎，光緒帝召見曾有暗示，譚瀏陽夜訪袁請其誅榮祿，保光緒，袁佯諾之。回到寓所，思想非常矛盾。當時，大權雖在慈禧手中，但她已是六十老人，而光緒才三十歲，何去何從，不能立斷。正在室中踱步思索時，徐菊人推門而入，見他神色有異，就說：『你有什麼疑難事？可告訴我，代你策劃。』袁沉吟許久，才把實情吐露。徐說：『太后雖已歸政，仍掌大權，你內調入京，已遭后黨猜疑，榮祿工於心計，又擁重兵，如照譚的意思誅榮祿，必不能成事，徒然送掉自己性命。現在兩宮

[9] 許姬傳〈凌霄漢閣自白及我的補註〉，香港《大成》雜誌，第一六〇期，一九八七年三月一日出版。

已成水火，為你著想，康、譚等均少不更事者，不可盲從。』袁世凱才決定向榮祿告密。」

而許姬傳經過多年搜集、整理，並向徐氏家屬、親戚廣泛徵詢、稽考寫成的〈戊戌變法側記〉[10]，其中說徐致靖到了一九一六年六月聽到袁世凱死去消息後「對大家談了戊戌政變的看法」，說：「戊戌政變，屈指算來，已經十九年了。維新派在中國積弱的局面，想要變法圖強，可是沒有看清楚當時的局勢，操之過急，以致曇花一現，終於失敗。……至於想借用袁世凱的兵力保護光緒，扭轉垂危的局面，則是病急亂投醫的舉動。我是密摺保袁世凱的人，徒然給他一個出賣維新，扶搖直上的機會。……戊戌變法，因袁世凱告密，而慈禧再垂簾，囚光緒，捕殺維新黨人，成為千古奇冤」。次年，徐致靖在〈七月既望夜宴劉莊酒後狂歌為南海壽〉詩云：「鼎湖龍去攀莫及，十九年來悲且憂。賊臣賣主終賣國，甘心湛沉吾神州」。徐致靖責罵袁世凱為「賊臣」，他認為政變的發生和袁世凱有直接關係。當譚嗣同等六人在北京菜市口刑場慷慨就義時，很少有人知道，慈禧最初要處斬的不是六個人，而是七個人。那第七位君子，就是當時官至二品的禮部右侍郎徐致靖。七人中他不僅官位最高，而且康有為、梁啟超、譚嗣同等維新黨人都是他保薦給光緒皇帝的，所以慈禧太后對他十分仇視。本來徐致靖必死無疑，後因李鴻章與徐父是密友，又是同年進士，於是積極設

10 許姬傳〈戊戌變法側記〉，見《許姬傳七十年見聞錄》，中華書局一九八五年八月出版。

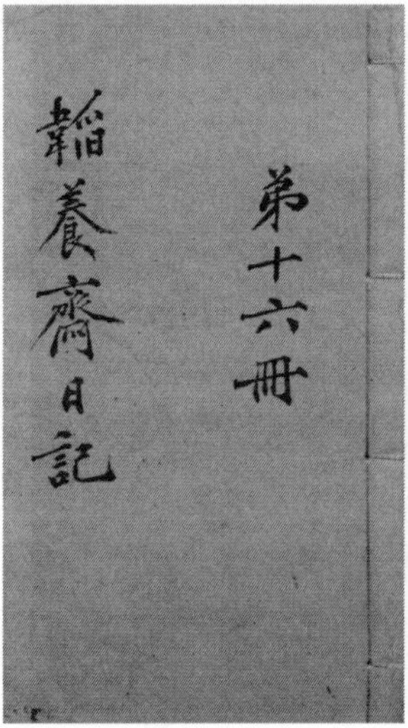

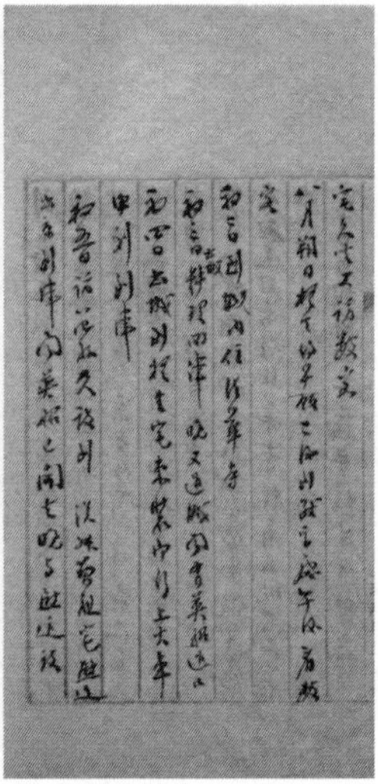

◀◀徐世昌《韜養齋日記》書影。

◀徐世昌《韜養齋日記》戊戌篇，內文書影。

法營救，巧妙地通過慈禧身邊的紅人榮祿出面求情，才得以將徐致靖改判為「絞監候」。庚子事變後徐致靖方才出獄，後赴杭州定居，別字「僅叟」，意謂戊戌六君子被害，他是屠刀下僅存的一位老人。因此這出自曾保薦袁世凱，而差點被砍頭的徐致靖之口的話語，是別具深意的。

而再查徐世昌的《韜養齋日記》的記載，看看關鍵時刻徐世昌的行程。七月二十八日：「……上火車，申刻到京，宿梧生宅中，出門訪數友。」梧生是徐世昌的好友也是藏書家徐坊。七月二十九日：「叔嶠、錢念劬來談，敬孚約早飯，又看數友。慰廷到京，住法華寺。往看，天晚，遂宿城內。」叔嶠是六君子的楊銳，錢念劬是錢恂，清同治進士錢振常之子，錢玄同同父異母的哥哥。敬孚是藏書家蕭穆。七月三十日：「出城到敬孚處早飯，午後到七叔祖宅久坐，又訪數客。」八月朔日：「梧生約早飯。之後到敬孚處。午後看數客。」八月初二日：「到城內，住法華寺。」初三日：「出城，料理回津。晚又進城。聞英船進口。」初四日：「出城到梧生宅，束裝而行。上火車，申刻到津。」初五日：「訪範孫，久談。慰廷出京到津，晚與慰廷談。」徐世昌初三日「聞英船進口」，是正透露出當天夜裡他和袁世凱是在一起的。我們看〈戊戌日記〉初三日：「將暮，得營中電信，謂有英兵船多隻游弋大沽海口……適有榮相專弁遺書，亦謂英船游弋，已調聶士成帶兵十營來津駐紮陳家溝，盼即日回防。」即可明白。而當天日記他只寫「出城」，「晚又入城」，雲淡風輕的幾個字，是故意隱去天大的秘密，其實這天夜裡所發生的事，是徐世昌及袁世凱終生難忘的。

歷史學者戴逸在〈戊戌年袁世凱告密真相及袁與維新派的關係〉一文[11]說：「當袁世凱第二天來到北京，徐世昌就跑進城內，與袁同住法華寺。法華寺在東城報房胡同，靠近王府井大街，屬內城。而康有為所住的南海會館，在宣武門南，屬外城。從《日記》中可見，這幾天徐世昌在內城、外城之間奔走『訪友』。當八月初一，袁世凱去頤和園覲見皇帝，住在海淀。徐世昌在外城活動。八月初二日，袁覲見皇帝後，返城內法華寺，徐世昌也立即來

11 戴逸〈戊戌年袁世凱告密真相及袁和維新派的關係〉，《清史研究》第一期，一九九九年。

此同住。他和袁世凱，如影隨形，親密不離。『八月三日，出城，料理回津。晚又進城，聞有英船進口』。其實，這是徐世昌應維新派之約，從法華寺出城，至南海會館，去看光緒的密詔，並共商舉兵救光緒之策。晚間又匆匆進城到法華寺，其實是和譚嗣同來，找袁世凱談話。此時徐世昌與康有為等哭誦密詔，議救光緒必定已向袁世凱彙報，譚嗣同亦非不速之客，當是徐世昌攜來。袁世凱和譚嗣同談話之前對事態發展和譚的來意已一清二楚，而且徐世昌又是譚嗣同、袁世凱談話的參與者。據梁啟超說：當譚嗣同與袁世凱面談殺榮祿、圍園劫太后時，譚問袁：『榮祿遇足下素厚，足下何以待之？袁笑而不言』。這時，有一位幕友插話述說榮祿和袁世凱之間的矛盾，並說『榮賊心計險極巧極之處，慰帥豈不知之？』。梁啟超未言明此幕友是何人，但有資格有條件參加這次機密談話的人，必是徐世昌無疑。」

由日記觀之，徐世昌初四日下午三時左右就回到天津，雖然日記中，絲毫沒提見到榮祿的事。從時間上來說，徐世昌倒是有可能向榮祿密報，再通過榮祿電報告知慈禧。另《韜養齋日記》初五日：「訪範孫，久談。慰廷出京到津，晚與慰廷談。」徐世昌初五日上午前去見嚴修，與嚴修談了什麼，日記中沒說。但查《嚴修日記》有：「菊人來，留飯。內子回京寓檢點，預備退京寓之房，全眷回津。」由此可推測出徐世昌一定將北京這幾天發生的事，告訴了嚴修，以致於嚴修馬上令其夫人回京料理，退掉北京的住所，「全眷回津」了。徐世昌在初五日上午能將此事告知嚴修，難道他初四日下午回到天津不會把這消息告訴榮祿嗎？

而學者郭衛東[12]甚至更認為袁世凱的告密並非在初五日返回天津之後，而是在初三晚見了譚嗣同後的次日，也就是初四。他認為「袁世凱所留存的〈戊戌日記〉，在八月初四日一整天居然不著一字，是最大疑竇所在。〈戊戌日記〉從袁世凱到北京之日起筆，基本上是有事必錄，包括起居歇息，天晴下雨，拜見何人，有何活動，均歷歷備載，唯獨對至關重要的初四日，卻『省略不記』，愈是不記，愈說明心中有鬼。而『圍園劫后』的目標在北京，揆度常理，袁世凱完全可以就近在北京找著告密的對象，而返回天津，反倒是捨近求遠打草驚蛇了。袁世凱來京的短短幾天，遍訪京中大老，曾往謁禮王、慶王，軍機大臣和尚書，乃至賦閒的李鴻章。對袁世凱這樣一位各方關注的焦點人物，若稱有緊急事件求見慈禧或后黨重臣，很難相信她（他）們不會面見或引見。」

歷史學者姜鳴在〈關於袁世凱告密的新史料〉[13]談及盛宣懷檔案中有份《虎坊摭聞》提到：「十一日榮中堂入都，以袁世凱護理直督。或言袁入覲時康有為詣之，使以兵脅頤和園，袁許之，於是有開缺以侍郎候補之命。袁謝恩後，使密告禮王而行。故再得護理直督之命。或曰其議發於譚嗣同。」姜鳴認為：「這段史料的要害，是指出了袁世凱從譚嗣同處獲悉康有為有『兵脅頤和園』的計畫後，『使密告禮王』，即派人密告首席軍機大臣禮親王世

12　郭衛東〈再論戊戌政變中袁世凱的「告密」問題〉，《清史研究》二〇〇二年二月第一期。
13　姜鳴〈關於袁世凱告密的新史料〉，《網易新聞》，二〇〇九年六月二十九日。

鐸，從而提供了袁世凱為什麼政變之後能得到朝廷的信任，在榮祿進京後，獲得護理直隸總督重任的新證據。過去史學界對袁世凱告密的看法，大多認為袁世凱是回天津後向榮祿告密的，然後又有許多推測，試圖解釋榮祿如何將信息傳遞回北京，甚至有榮祿半夜闖入頤和園報急訊的野史。但是，鑒於當年通訊條件限制，消息從天津重新傳回北京，顯然在時間上有難於解釋之處，這使得袁世凱究竟是否告密和如何告密成為謎團。《虎坊摭聞》不僅證實了袁世凱是『兵脅頤和園』的告密者，同時揭開了告密的真實路徑。禮親王世鐸雖位居高位，過去卻被認為庸庸碌碌，不掌實權，因而長期被研究者忽略，其實當年抓捕林旭，即用禮王傳他問話的名義而行，這次從盛檔發現的新材料，無疑再一次開拓了晚清政治歷史研究的新視角，具有重大的史料價值。」

禮親王世鐸（一八四三—一九一四），愛新覺羅氏，禮親王代善九世孫。道光三十年（一八五〇），襲禮親王。同治年間，授內大臣、宗人府右宗正、宗令。光緒十年（一八八四），入值軍機處，命在軍機大臣上行走。光緒十一年（一八八五），出任領班軍機大臣。

世鐸的貪庸和易於驅使，在費行簡（沃丘仲子）的《近代名人小傳》中有詳細地刻畫：「禮親王者，清初八王之一，世襲罔替者也。世鐸襲爵，當咸豐中，以行輩高，令掌宗人府。同治初，以承志襲鄭親王爵，載敦襲怡親王爵，皆以旁宗入繼。鐸持之，各自賄萬金，乃報可，京師人形諸歌詠。然接人謙穆，終身無疾言厲色。對內侍尤恭謹。李蓮英向之屈膝，亦屈膝報之。諸王以此禮儀報諸閹，前此所未有也。甲申，奕訢罷政，遂令預機務，而以奕譞家居，遙總其成。鐸日走譞所取進止，不以僕僕為苦。而益務求賄，贄二百金者以門弟子蓄之，殺至五十金，亦可乞其薦牘，達諸疆吏。時有『非禮不動』之嘲，言非禮物不屬託也。」世鐸的貪庸和易於驅使而且位居軍機大臣領班，袁世凱要其通消息至慈禧處，實在是易如反掌的。

再退一步看，譚嗣同離開法華寺已是八月初三深夜了，袁世凱是否能於八月四日潛行赴津，向榮祿告密，而仍當日趕回，以備八月五日的請訓，以彼時之火車鐘點計之，殊不可能有此，則其必係於初五請訓後下午到津見榮祿。（八月六日的天津《國聞報》載：「袁侍郎於初五早赴宮門請訓，即於是日出京，乘坐十一點四十分火車，至下午三點到津，文武各官咸往迎迓。」）袁世凱到津後遂以譚嗣同所言告之榮祿，自是應有之事，此節〈戊戌日記〉並未諱言，袁世凱於初五日下午三時回到天津，他儘有時間可以將密詔情形稟告榮祿，而不必等到第二天；〈戊戌日記〉所以要把到津時間由下午三時說成七時，目的顯然是在掩飾此一事實，只將與榮祿晤談，挪在初六晨間，適與北京政變同時，以表示與彼無涉。其更進一步之目的，則更在藉變造史實之法洗刷自己的告密惡名。〈戊戌日記〉粗視之，一片忠君愛國之情，頗足以欺世人，實則袁世凱不誠無物，工於作偽，固其平生之慣技也。〈戊戌日記〉又云：謁榮祿時因有客在側，不得談，恐亦係逃避責任之詞，此何等緊要機密大事，豈不可請榮祿移他室密談，而必待坐客離去乎？

這情況也有可能榮祿已得知內情，或初四日下午由徐世昌在天津告知，或初四日袁世凱在北京告密。因此郭衛東[14]認為當袁世凱初五日返回天津見到榮祿後也只是「略述內情」，因有外客來訪，袁也就不急於把事情講完，「約以明早再造詳談。次早，榮相枉顧，以詳細情形備述。」榮、袁兩次談話的核心內容也不再是如何保護慈禧，而是如何保護光緒，兩人「籌商良久，迄無善策」。假如袁在此前沒有告密，事態異常緊急，以榮、袁的地位和精明，辦事豈能如此怠慢？再者，若是袁此刻才告密，處在危境的是慈禧，而非光緒，榮、袁的操心豈不是南轅北轍？合理的解釋只能是袁在京城已告密，回津後復將情況彙報榮祿。

另外在清末有兩個最有權勢的太監：一位是李蓮英，另一位是小德張。小德張成了李蓮英的「接班人」，雖然名聲不及李蓮英那樣顯赫，但也同樣得到慈禧太后的寵愛，威風十足。小德張，名祥齋，字雲亭，序號張蘭德，慈禧太后賜名「恆泰」，宮號小德張。他是天

14 郭衛東〈再論戊戌政變中袁世凱的「告密」問題〉，《清史研究》二〇〇二年二月第一期。

津靜海縣南呂官屯人。光緒十四年十二歲自宮其身，光緒十七年入宮當太監，光緒十八年被派入宮內南府昇平署戲班學京劇武小生，技藝精湛，深受慈禧太后賞識。光緒二十四年被提升為後宮太監回事。根據是小德張過繼孫張繼和（仲忱）在〈我的祖父小德張〉[15]一文說：

袁世凱陽奉陰違，欣然領命，二十日（農曆初五日）請訓回津。剛下火車，直奔慈禧太后的親信大臣榮祿的住處，毫不猶豫地出賣了光緒等人。此時，榮祿嚇得面如土色，連夜乘火車去京，在豐臺下車，直奔頤和園內，原原本本地密報給慈禧太后。

親身經歷過這一事件的祖父說：「那天夜裡太監們被叫起來，候旨回宮。所有的人都很奇怪，私下裡猜測：老佛爺從來沒有起來這麼早過，出了什麼事？一會兒的工夫，頤和園裡的燈全點著了。」

「這時，我也被老祖宗傳去，進到寢宮後，李總管、崔二總管和榮祿都在場外。老祖宗氣得臉色煞白地說：『他好大膽子呀！』開始時，我還摸不清是怎麼回事，也不敢多問，好一會兒我才弄明白，原來萬歲要兵變，我嚇得倒吸了口涼氣。這時，只聽老祖宗說：『傳旨回宮。』我馬上傳下去，馬車備好後，老祖宗坐在馬車裡，我們

[15] 張仲忱〈我的祖父小德張〉，香港《大成》雜誌，九十七期，一九八一年十二月一日出版。此文較後來大陸所見版本較為詳細。

騎著馬，一路急馳，從頤和園直奔西直門，進城後到了紫禁城。」

「深夜三點鐘就把光緒皇上叫起來了，老祖宗怒氣沖沖地說：『你這個沒良心的，是我把你養大成了皇上，如今你要我老婆子的命！』說著捶了皇上兩拳。光緒皇上說：『我沒有那個意思。』

「老祖宗下令把康、梁等人的奏摺全部抄出，並把光緒皇上囚禁到中南海的瀛臺，拉起吊橋，關閉宮門，任何人不得私自出宮。光緒皇上事敗後，想法派出心腹太監聶八十、寇連才密傳旨意，放走了康有為、梁啟超。這時，老祖宗也派人去抓捕，前後腳的工夫撲了個空。」

這是另一種說法，在告密的時間點上明顯地錯誤了，但可確定的是先有告密而後發生政變，在某些細節上或許還可參考，姑且列之。

於是八月初六日慈禧再出訓政，初七即嚴申禁城門禁，不准任何人任意出入，並為光緒帝捏稱患病，令各督撫薦醫來京。根據學者馬忠文〈戊戌「軍機四卿」被捕時間新證〉一文[16]考證指出：「慈禧是初八日清晨下令搜捕『軍機四卿』的，其中楊銳、劉光第、譚嗣同

[16] 馬忠文〈戊戌「軍機四卿」被捕時間新證〉，收入《晚清人物與史事》馬忠文著，北京師範大學出版社，二〇一五年三月。

三人當天被捕，林旭則是初九日拿獲的。」初九日遂有旨：「張蔭桓、徐致靖、楊銳、林旭、譚嗣同、劉光第均著先行革職，交步軍統領衙門，拿解刑部治罪」。十一日允刑部之請，以案情重大，派軍機大臣都察院會同審訊，十三日又不俟審訊處決譚嗣同等六君子，十四日宣示罪狀，有「包藏禍心，潛圖不軌，前日竟有糾約亂黨，謀圍頤和園，劫制皇太后及朕躬之事，幸經覺察，立破奸謀」。這道諭旨說明袁世凱的告密把圍園密謀和盤托出，總算將功補過，不但被舊黨寬容，而且受到重用。根據小德張說：「袁世凱由直隸總督榮祿大人引見入宮，老祖宗在鍾粹宮特別召見，我當時也在場。老祖宗誇獎袁世凱有能耐，賜以高爵，委以軍政。從曾國藩開始，就破了清朝歷代王制——漢人不能統轄軍隊。榮祿大人身兼將相，袁世凱授護理北洋大臣，並賜他在紫禁城西苑門內騎馬。袁世凱跪在地上，給老祖宗磕頭謝恩。我從那時起，也就認識了袁世凱。」戊戌政變袁世凱以告密有功，升任山東巡撫。

綜觀袁世凱在清朝時，其所以風雲際會官運亨通者，始則由於吳長慶之提攜，繼則由於李鴻章之識拔，及翁同龢、李鴻藻之庇護，最後則得力於榮祿之汲引。光緒二十五年（一八九九）袁世凱任山東巡撫，次年庚子之亂，山東省在袁世凱治下則維持穩定，並加入東南自保。光緒二十七年（一九〇一）李鴻章死後，袁世凱接掌直隸總督。

據《容庵弟子記》一書（沈祖憲、吳闓生撰。容庵為袁氏號，沈、吳二氏皆袁門下士，故名。該書可視為袁世凱之口述自傳，然全篇多粉飾之詞。）說袁世凱之繼任直隸總督是李鴻章遺言力保的，而世也競傳李鴻章遺摺薦袁世凱繼任。但後來掌故家徐一士的《一士談薈》，曾載李鴻章遺摺全文，並未保薦任何人繼任，可以證袁世凱之口述，自欺以欺人，及傳說之無稽也。當時李鴻章病篤，電奏行在云，已令布政使周馥來京，交代一切，其時慈禧太后、光緒帝由西安回鑾，已入豫境，及行抵滎陽，樞廷接周馥電稟，李鴻章因病出缺，即奉旨以袁世凱署理直隸總督，則李鴻章的遺摺尚未到也。（兩宮抵開封，摺始遞到），說者以為由於榮祿力保，榮祿之保袁世凱，自在意中，然按之當時環境，江督劉坤一、鄂督張之洞，均難輕於調動，惟袁世凱具有升署資格，其原因是：一、袁世凱於戊戌八月，短期護理直隸總督，並曾在小站練兵，地方情形熟悉。二、直隸境內伏莽未靖，袁世凱隨帶有自練軍隊，可供指揮，且直魯接壤，視事近便。三、魯境外人未被侵害，東西各邦亦必無違言。否則縱有榮祿之汲引，慈禧亦不敢遽予超授也。

袁世凱成了直隸總督兼北洋大臣，一時成為清廷唯一之畿輔重臣。朝有大政，每由軍機處詢諸於他，以資取決。其聲勢之喧赫，事權之繁重，實駕各省督都之上，也因權勢過重，又手握重兵，引起清廷皇族親貴不安，光緒三十四年（一九〇八年）被迫以足疾開缺返回河南。其文曰：「軍機大臣、外務部尚書袁世凱夙承先朝屢加擢用，朕御極後，復予懋賞，正以其才可用，俾效馳驅，不意袁世凱現患足疾，步履維艱，難勝職任，袁世凱著即開缺回籍養痾，以示體卹。」這諭文不但語氣不貫，而且虎頭蛇尾，不通之至。蓋軍機大臣，即引疾告歸，例得慰留，況足疾非重病，又本未稱病耶。其實當時有人主張將袁世凱革職，並交法部會審治罪云云，而張之洞以太后甫崩，幼主初立，不宜對顧命大臣遽加嚴譴，再三力爭，不得已才以此藉口，讓袁世凱開缺回籍養痾。此在後面的篇章當有論列，但從此卻縱虎歸山，致貽異日之患，不到三年，袁世凱東山再起，遂結有清二百六十八年帝制之局。

第七章　天潢貴胄：慶親王與那桐

在晚清最受慈禧太后寵信的滿清親貴是恭親王奕訢、慶親王奕劻和榮祿三人。奕劻是清高宗乾隆帝弘曆的第十七子慶僖親王永璘之孫。據努爾哈赤次子禮親王代善的第六世孫昭槤的《嘯亭續錄》書中說，乾隆末年，宮廷間有人私下議論將來誰繼承帝位？有人說一定是十七皇子永璘。永璘聽到了就說：「天下至重，何敢妄覬？唯冀他日將和珅邸第賜居，則願足矣。」後來即位成清仁宗嘉慶帝，因清算和珅而抄沒其全部家產，和珅的華麗住宅，也就真的賜給了永璘。不僅如此，嘉慶為了答謝永璘當年所表示的謙退，還特別降旨，准將永璘兒子所應襲的郡王爵位，恩予再襲一次。所以，永璘死後，其子綿愍承襲郡王，綿愍無子，以順郡王綿志子奕綵為後，所襲的仍是郡王。道光二十二年，奕綵因「服中納妾」得罪，下宗人府議處。永璘的第六子綿性覬覦襲爵，行賄鑽營，與奕綵同遭處罰，奕綵革爵，綿性則發往盛京（瀋陽）戍邊。

奕劻（一八三八－一九一七）是輔國將軍綿性的長子，固山貝子綿悌的嗣子，費行簡的《近代名人小傳》，說他是「罪宗」之裔，「工書翰，習繪事，而貧甚，幾不能自存」。道

愛新覺羅・奕劻（1838-1917年），慶親王，乾隆帝十七子永璘之孫。曾任清末首任內閣總理大臣。

光三十年（一八五〇），奕劻年十三，襲輔國將軍。咸豐二年（一八五二），被賞予貝子銜。三年之間，跨越了五級，這是他人生的一次飛躍。論者以為奕劻原非近宗，又非勳舊，少為閒散宗室以嫻習趨奉兼能書畫為西后所喜。咸豐八年（一八五八），他以貝子身份帶領侍衛十員代表皇帝前往祭奠禮部尚書徐澤醇，那是他的第一份差事。咸豐十一年（一八六一），二十四歲的奕劻成為咸豐治喪委員會的成員，這意味著，這位年輕的宗室貝勒從此進入皇室的圈子。同治二年（一八六三），奕劻受命前往守護清東陵，並負責看護當時暫厝東陵附近隆福寺的咸豐靈柩。同治十一年（一八七二），帝大婚，充納米正使，加郡王銜，授御前大臣。

由於奕劻少時住在方家園，與慈禧太后的母家為鄰，常為慈禧之弟桂祥代筆寫信問候慈禧的起居，後又與桂祥結為兒女親家。他後來之所以能漸被重用，一方面固然是由於這一淵源，另一方面也靠攀附恭王奕訢，為之汲引。文廷式《聞塵偶記》就說：「其初由恭邸援引時，謬為清謹。光緒九年以後事權漸屬，遂事貪婪。」這時他已出任要職，接近權力核心了。

光緒十年（一八八四）三月十七日，奕劻被任命總理各國事務衙門，十月接替「甲申朝變」恭王所空出的職位，並封為慶郡王。這意味他在此之前只負責皇室內部事務，此首次參與國家政務的管理，這一轉變，無疑地擴大他仕途的空間。光緒十一年（一八八五）九月，清廷設海軍事務衙門，以醇親王奕譞總理海軍事務，奕劻、李鴻章會同辦理。光緒十二年（一八八六）二月，命在內廷行走；六月，會同孫毓汶與英使歐格納會議緬甸條約五條成。光緒十三年（一八八七）二月，值五十大壽，王公畢集，觀劇飲酒，戶部尚書壽以聯云：「一時無兩詩書畫；不朽有三功德言」；五月，會同孫毓汶與法使續議界務本約五款並商務條約十款成；十月，偕孫毓汶與葡萄牙使臣議訂中葡條約五十四款及專款三條成。光緒十五年（一八八九）正月，授右宗正，同月光緒帝大婚，賜四團正龍補服，子載振獲頒頭品頂戴。光緒十七年（一八九一）正月，奕譞去世；八月，繼奕譞總理海軍事務衙門。光緒十八年（一八九二）十二月，與禮親王世鐸、大學士張之萬等十一人總辦皇太后六旬慶典。光緒二十年（一八九四）正月，慈禧太后六旬萬壽，進封慶親王；十月，時甲午之戰起，畿輔大兵雲集，清末設督辦軍務處，各路統兵大員均歸節制，任恭親王奕訢為督辦，奕劻為幫辦，又設巡防處，派奕訢、奕劻等六人辦理巡防事宜。光緒二十一年（一八九五）任總理各國衙門幫辦大臣。光緒二十四年（一八九八）四月，奕訢卒，由奕劻重任總署總領大臣。「戊戌政變」御史楊崇伊反對變法，謀之奕劻，密疏請太后再臨朝聽政，奕劻將此密疏送至頤和園轉達給慈禧太后，說起來奕劻是「戊戌政變」幕後的操盤手。光緒二十六年（一九〇〇）「庚子拳亂」後，他奉旨與李鴻章同為全權大臣，與各國使臣議和。光緒二十七年（一九〇一）七月簽訂《辛丑和約》十二款，後以和議有功，賞授雙眼花翎及宮保銜。光緒二十九年（一九〇三）三月，任軍機大臣，仍總理外務部如故，旬命總理財政處、練兵處。光緒三十四年（一九〇八）十月光緒帝及慈禧太后先後去世，十一月，隆裕太后加恩，有旨以親王「世襲罔替」，其地位寖寖乎超出近支的一班親王之上了。

按清廷的規制規約，是要降等承襲的，這是一般的慣例，即逢子孫（通常為嫡長子）襲爵時，每代要遞降一個等級來承襲。而由皇帝頒詔允許，某些爵位逢子孫襲爵時，可以按其父、祖的原等級來承襲，世代相承不變，這就叫做世襲罔替，也就是俗稱為「鐵帽子王」。清朝共有十二位王公的後人在繼承爵位時無需降級，作為皇帝對其功勞的賞賜。費行簡說他以「非近支，無軍功」，而能循序封至親王世襲，「清室數人而已」。所以然之故，即是由於奕劻深知結歡固寵之術，終慈禧之世寵信不衰，所以才能以「罪人之子」而升至最高的顯秩。確實在晚清的最後歲月中，慶親王無疑地是權勢薰天、炙手可熱的人物，清朝最後十年的首席軍機大臣是他，最後時刻的內閣總理大臣也是他。

清末貪污風氣普遍，舉國上下相習成風，賄賂公行不以為恥，覆亡主因即在於此，慶親王是著名的貪污大臣，民初筆記對他的貪黷，記載甚多。徐一士的《一士談薈》中〈林開謩〉（一八六二—一九三七，又名林開謩）一段最為淋漓：「長樂開謩，……任滿回京，旋以道員用簡署江西提學使。出京之前，例須往謁軍機大臣，接晤後始啟程，時慶王奕劻領袖樞垣，往謁三次未見。林語閽人：『各大臣均已謁晤，一見王爺，即可成行，究竟何時可以得見？』閽人乃微笑而告以尚有應納的門包（據聞凡三種名目，共銀七十二兩）。林指壁間所貼奕劻嚴禁收受門包之手諭曰：『王爺有話，吾何敢然。』閽人曰：『王爺的話不能不這麼說，林大人你這個錢也不能省！』正在此際，徐世昌（軍機大臣）來，林迎晤之。徐曰：『老世叔何尚未動身耶？』（徐丙戌會試房師支恆榮，為林父同治庚午典試江南所得士，故長稱林一輩。）林曰：『謁王爺三次猶未見也。』徐因屬其稍候而入，旋即傳請林氏入見，林乃得出京。」光見個面就要收紅包，那就更不用說賣官了。《一士談薈》接著說：「林在贛提學使任時，京中忽有人致書，索銀八千兩，謂當代圖補授此缺，且言此係優待，他人須兩萬也。林置之不理，未幾，林即奉旨開去署缺，以道員發交兩江總督張人駿委用。蓋慶王奕劻欲位置湯壽潛，示延攬名流，會有媒孽林氏者，因以是缺畀湯而罷休。……林與那桐（大學士軍機大臣）有世誼，夙相稔，交卸贛學篆到京時往謁。那桐謂：『君中暗箭矣』……」

而近代著名外交家施肇基在《施肇基早年回憶錄》中亦有奕劻收紅包的記載云：「余得（外務部）右丞時，初次見慶王，送贄敬二千兩。門包雙份，各十六兩，一給男僕，一給女僕。（通常門包為三十二兩一份，時王府僕役人多而無薪給，皆賴此以維生。）此在當日，已為極薄之禮儀。此份贄金，余本不願送。唐少老（紹儀）告余，慶王開支甚大，老境艱難，內廷對之諸多需索，難以應付，余以送禮，在得缺之後，非同賄賂，且為數甚少，當時丞參上行走且有送至一萬兩者。余乃勉強為之。『贄敬』係以紅包先置於袖內，在臨行辭出之前，取出放於桌上，曰：『為王爺備賞』王爺則曰：『千萬不可』。然後辭出。此亦前清時代之陋規也。」

而章宗祥（一八七九—一九六二）通過載振夫人的關係，得到了奕劻的舉薦，而進入民政部當差，從此發跡。他說：「慶親王奕劻，原來是郡王，後來才封授親王；他在西太后時代執政最久，內與李蓮英勾通，外與袁世凱聯絡。袁之拉慶，是因為慶能在西太后面前說得上話，兩人對政治問題所表現的態度常是一致的。他微時曾教書度日，不是少爺出身。他貪財賣缺，視為常事，『上有好音，下必甚焉』，清末官場的賄賂公行，慶王是不能辭其咎的。所謂『做京官』的人，每天都是在徵逐飲食、奔走紅白酬應，從來沒有整天辦公的。奕劻以庸碌之身，居然佔據高位多年，後來安然退職，歿於天津，這與他膽小不敢結人怨，沒

葉赫那拉・那桐（1857-1925），清末重臣，曾任軍機大臣、內閣大學士。

有借事殺人，所以不受報復有關。」[1]

而費行簡在《近代名人小傳》中對其貪鄙之狀，曾有十分露骨而不堪的描寫：「劻初入樞府，取搢紳，以硃筆識各缺優劣於上，遇外省來謁者必詳諮，故所考甚確。嘗備酒，對鹿傳霖論陝西牧令缺肥瘠，指別確當。傳霖兩任陝撫，凡幾十年，愧弗如也。又其接客，必曰：『子姑俟，行得膏腴地矣。』是即索賄隱語也。其所御案上，置篋纍纍，皆銀券、鈔票、金條之屬，互十日則計某賄某人進、某人已放某缺，然後列簿而移券鈔等入內庫。」

慶親王的貪污不僅只是接受賄賂而已，更可甚者還在賣官鬻爵上。奕劻當時和那桐互相勾結，已經達到無缺不賣，無錢不收的階段，當時市井流傳稱之為「慶那公司」。

那桐（一八五六—一九二五），字琴軒，葉赫那拉氏，滿洲鑲黃旗人。光緒十一年（一八八五）考中舉人，由戶部主事

1 章宗祥〈記慶親王奕劻和貝子載振〉，《上海文史資料存稿彙編，政治軍事》，上海古籍出版社，二〇〇一年。

力保為四品京堂，光緒二十五年（一八九九）授鴻臚寺卿，後來又遷為內閣學士。光緒二十六年（一九〇〇）開始兼值總理各國事務衙門，理藩院左侍郎。八國聯軍攻陷北京，慈禧太后西逃時，奉命充留京辦事大臣，隨奕劻、李鴻章參與簽訂《辛丑條約》的談判。光緒二十七年（一九〇一）因日本使館書記官杉杉彬被殺，以戶部右侍郎的身份，賞加頭品頂戴，出使日本「道歉」。翌年再奉派為赴日觀博覽會大臣，其間，率隨員考察了日本的警政、路政；後來那桐主管京師工巡局，在開闢新式馬路、興建東安市場方面，多借鑒日本的經驗。光緒二十九年（一九〇三）擢為戶部尚書，不久調外務部充會辦大臣，兼領步軍統領（也就是人們常說的「九門提督」），管工巡局事。光緒三十一年（一九〇五）晉升文淵閣大學士，宣統元年（一九〇九）諭為軍機大臣；為查辦津浦鐵路北段總局的貪污案件，一度署理直隸總督。官制改革後，奕劻為內閣總理，授那桐為內閣協理大臣。

清朝內務府是皇帝的賬房，其最高主管稱內務府總管大臣，正二品官職。堂郎中一人，正五品，主事二人，委署主事兼筆帖式一人。據掌故家高伯雨《聽雨樓隨筆》書中說，總管內務府堂所屬的機關數十個，其中最奇特的一個是廣儲司，它的性質和國家的戶部（頗類今日的財政部）相似，人們叫它為「內戶部」，以別於外間的戶部，可見其重要性。廣儲司是內務府掌庫藏及出納總匯之所，本來叫做御用監，康熙十八年才改為廣儲司，主管為郎中，共四人，這個郎中的官位略遜堂郎中（堂郎中又叫做坐辦堂郎中，是內務府中最重要的官員，上可以代總管大臣處理一切事務，下可以指揮僚屬辦理各項公務。因為是總其成的官員，所以只設一人，自雍正設此職後，一直到溥儀關門做「天子」時代都沒有改變）。所屬六庫是：銀、瓷、緞、皮、茶、衣，每一庫設員外郎二缺，一缺用本府人員，一缺用六部人員。內務府是一個肥衙門，一任郎中，個個都可以發財，如果做一任廣儲司銀庫的員外郎，更是腰纏十萬了。

曾在清末歷任工部員外郎、總理衙門章京兼辦鐵路礦務事宜等職的李岳瑞（一八六二－一九二七）在其《春冰室野乘》書中就有〈內務府糜費〉一則云：「滿員之任京秩者，以內務府為至優厚。相傳承平時，內府堂郎中，歲入可二百萬金。近年內務府大臣，多由堂郎中積資升擢，如立山之多藏厚亡，亦以任堂郎中最久，家資累千萬，故為拳匪所瞰也。」內務府大臣由皇帝的親信擔任，他們常常上下其手趁機漁利。《春冰室野乘》還說（現譯為白話），有一天早朝完畢，乾隆隨口問了大臣汪由敦一句：「你天還沒亮就趕著上朝，在家裡吃過早點沒有？」汪由敦回答說吃過。皇上問他吃了什麼。汪由敦回答說：「我家裡窮，每天早餐只吃四個雞蛋。」乾隆聽了大吃一驚說：「雞蛋一個需要十兩銀子呢，四個就是四十兩銀子，我都不敢這麼隨便吃，你一頓早餐就吃四個雞蛋，還敢說自己窮？」汪由敦當然知道是怎麼回事，只好應付說：「外面市上賣的雞蛋都是破了殼的，是不能給皇上吃的，所以比較便宜，我買的就是這種雞蛋，一個只要幾文錢。」汪由敦敷衍皇上，那是因為他知道有些話是不該他說的。皇上的膳食歸內務府管，內務府的事是皇上家裡的私事，也只有皇上能管，其他人是沒有資格多嘴的，所以他只好敷衍皇上。不過，一個雞蛋市面上不過是幾文錢，而內務府報給皇上的價錢居然是十兩銀子，這也未免太離譜了。《春冰室野乘》又說（現譯為白話）道光帝最崇儉德，道光三十年間，內府歲出之額，不過二十萬。有一天，道光帝突然想吃「片兒湯」，這是一種最普通的民間麵食，於是派太監去御膳房傳旨，不料廚師卻以「不會做」一口回絕。道光帝沒吃上片兒湯並沒當回事兒，不料第二天早上，內務府大臣求見，說有重要事情請示，道光帝召見詢問，原來是內務府奏請增設專製「片兒湯膳房」一所，提出了近萬兩白銀的開辦費。道光帝說，民間一碗片兒湯不過四十文制錢，讓太監去買就是了，何必增設專門的膳房。

學者孔祥吉在文章[2]中說那桐升遷迅速的主要原因，就在於光緒二十二年，擔任戶部掌管銀庫鎖鑰的郎中，是少有的肥缺。據記載，即使是最守規矩的銀庫郎中，一任亦可得一二十萬兩銀的額外收入。清末筆記中載，有許多在銀庫當差的滿人，號稱「庫兵」，或利用職權敲詐勒索；或趁出入銀庫之機會，把銀子塞入肛門股道；或用其它非法手段，將銀兩攔出歸己。那桐正是具體管理這些「庫兵」的官員。其發財機會之多，是不言而喻的。他在擔任銀庫郎中後的第二年，即於京城繁華地段開始經營當鋪。《那桐日記》光緒二十三年八

2 孔祥吉〈晚清的北京當鋪——以《那桐日記》為線索〉，《博覽群書》二〇一〇年七月十二日。

月廿四日記載：

余托孟麗堂價買北新橋北大街路東增裕當鋪作為己產。麗堂為總管；田詩園（名嘉興，行三）為掌櫃，於八月初一日接替，開市大吉。計占項一萬二千餘金，架本三萬金，存項一萬金，統計領去五萬三千餘金。余於今日約孟總管到鋪，上香祭神，書立合同，已刻事畢，同麗堂、詩園同飯。

時隔一年多，那桐再次購買當鋪。光緒二十四年十月十五日那桐在日記中寫道：

余托孟麗堂價買燈市口北，東廠胡同口外，路東元豐當作為己產（賣主孫蓋卿，嵩犢山家奴也，住後元恩寺），改字型大小曰：「增長」。總管為孟麗堂，掌櫃人為金本如（行二，海淀人）。於八月廿六日接替，十月初二日開市換匾。價本市平松江銀三萬兩，占項市松一萬七千兩，存項京松二萬五千兩，統計市松七萬二千餘金（合京松七萬二千九百六十兩）。余於今日約同孟總管、田詩園到鋪內上香祭神，書立合同二紙，各執其一。攜回合同、大契、由單、占項單、傢俱單、津貼單共六件，辦法與廿三年八月廿四日所置增裕當相同。

那桐為人，並不在意清節，反而是貪名久著，正如攝政王載灃的胞弟載濤在回憶錄中說「那桐平日貪得無饜」，「只認得錢」，「亦是著名的大貪污者」。當時慶親王和那桐賣官鬻爵，據說是以廊房二條某金店為過付，凡納賄者，以款交付某店，將所要之缺或差或信，與經理斟妥盤子後，即給以三鑲玉如意一柄，背黏一紅簽，上寫暗碼，持去，至慶親王邸回事處，隨手本上謁，門包若干，則須另付現，慶親王接如意後，即知某人係納賄若干，見面不過照例數語，端茶送客，客去，即派管事者到金店兌款，並詢悉某人所希望者何項，不出旬日，遲則月餘，必可實現。那桐亦另有過付，與慶親王晤面時，說明某人某事，彼此心照不宣，兩人如何分肥，則非外人所悉。

學者劉江華在文章[3]中說，奕劻是否整天忙於請客和被請呢？由於奕劻本人並沒有寫日記的習慣，詳細的情形已無從考證，但據在那桐所赴的應酬中，確實有不少是奕劻或其子載振出面邀請的。而且，整日忙於應酬的，並不僅僅是奕劻。據《那桐日記》光緒三十二年（一九〇六）的記載，除去正月走親訪友較為特殊不計，其餘十一個月，那桐的應酬為一百五十二場，最多的二月份，「赴約」高達二十四次，幾乎日日不空；中午已有一約、晚

3 劉江華〈歷史漩渦中的真實慶親王〉，香港《鳳凰週刊》二〇一五年第九期總第五三八期。

上再赴約的情況也時常出現；而且，像九月份，應酬玩樂到深夜「子初」才回家的情形就有五次。請那桐前去赴約的，有奕劻及其子載振，也有李鴻章、袁世凱、徐世昌等等；娛樂的方式，除了喝酒，還有聽戲、聽清音、看洋影（即電影）、看舞會等等；應酬的地點不乏高檔場所，六國飯店、慶王府、頤年殿、東來順等等，都留下過那桐玩樂的身影；設局應酬的名義，有生日壽宴，有升官賀宴，有娶妻、嫁女、添丁，甚至還有賞菊之約、同年之約等等。而學者張宏杰[4]認為那桐是京官中優裕派的典型。清代優待滿族的特殊政策，內務府出身的背景和屢署肥缺，使他擁有了雄厚的家底。而善於理財投資的天賦，「貪財好利」和開朗圓滑的個性，推動他在動盪的政治大背景下斂財投資，成為京城巨富，其生活水準是曾國藩等普通漢族京官無論如何難以達到的。

而慶親王把這些貪來的錢，存入外國銀行，那可是個「洗錢」的好地方。可避免動見觀瞻，慶親王也算頭腦很新了。陳恒慶由於身在皇帝跟前當差，他有機會結識諸如親王、軍機大臣、相國、尚書等達官顯貴，深知晚清朝政昏庸、官吏貪腐之事，宣統二年他辭官歸里後將所見所聞寫了下來，名曰《諫書稀庵筆記》。他在書中有〈姜侍御〉一條，就記云：「侍御聞樞廷王爺有百萬之款，存匯豐洋行。洋行司事與侍御相契，乃秘商一計，令侍御奏參

4 張宏杰〈晚清大員那桐的滋潤生活〉，《英才》雜誌，二〇一四年九月號。

王爺貪婪，存儲洋行者數百萬。上命大臣率侍御往查，洋司事乃暗改帳簿，將款支出，入於私囊，王爺敢怒而不敢言。迨查無實據，侍御以誣參革職，洋司事分給侍御二十萬。」其實主角本當為「蔣御史」，但陳恒慶故意把他寫成「姜侍御」。掌故大家徐彬彬、徐一士兄弟合著的《凌霄一士隨筆》就指出：「按此為光緒季年奕劻事，蔣御史，非姜也。陳恆慶曾官臺諫，不應誤記其姓氏，殆以同官而諱之歟？」其說甚是。費行簡（沃丘仲子）的《慈禧傳信錄》中亦有關於此事的記述，其內情較為詳盡。原文可查，今以白話述之：奕劻貪婪肆無忌憚，收取賄賂日多，於是存了六十萬兩在英商匯豐銀行中。匯豐銀行有一主管存款的職員，有一天在妓院碰到載振，不知怎的，為了爭一名妓女竟被載振所辱，載振是當朝首相奕劻之子，自己又是尚書大臣，換了別人早被扣押送官究辦了，某君因在外國銀行工作，所以免於大禍。然而某君也非善良之輩，他認識御史蔣式瑆，乃告訴蔣說：「慶王某月某日存了六十萬兩在我們銀行，你如果提出彈劾，朝廷一定交察，奕劻一定受不了，自然會暗中請我註銷這一筆存款，如果註銷，我們兩人便把它瓜分，閣下豈不一夜之間變成鉅富；如果奕劻不託我，我就以實情告知查辦人員，閣下因此必然揚名天下，必獲大用了。」這位蔣御史果然上疏彈劾奕劻，並故意聲東擊西，以令其入股官立銀行為由，誇大其存款數字為一百二十萬兩。

光緒三十年（一九〇四）二月，御史蔣式瑆原疏云：「……臣風聞上年十一月二十二日，俄日宣戰消息已迫。慶親王奕劻知華俄銀行與日本正金銀行之不足恃，乃將私產一百二十萬金送往東交民巷英商滙豐銀行存放。該銀行明知其來意，多方刁難，數次往返，始允存放，月息僅二厘，鬼鬼祟祟，情殊可憫。該親王自簡授軍機大臣以來，細大不捐，門庭如市。上年九月間，經臣具摺參奏在案。無如該親王曾不自反，但囑外官來謁，一律免見，聊以掩一時之耳目，而仍不改其故常。雖以伊父子起居飲食、車馬衣服異常揮霍不計外，尚能儲此鉅款，萬一我皇上赫然震怒，嚴詰其何所自來？臣固知該親王必浹背汗流，莫能置對。準諸天子刑賞之大權，責以報效贖罪，或沒入贓罰庫，以懲貪墨，亦未為過。而聖朝寬仁厚澤，誼篤懿親，若必為此已甚之舉，亦非臣子所願聞也。應請於召見該親王時，命將此款由滙豐銀行提出，撥交官立銀行入股，俾成本易集，可迅速開辦，而月息兩厘之款，遽增為六厘，於該親王私產亦大有利益。將使天下商民聞之，必眾口一詞曰：慶親王尚肯存此鉅款，吾儕小人何所疑懼？行見爭先恐後，踴躍從事，可以不日觀其成矣！……請飭親貴大臣入股，以資表率。」

奏入後，慈禧太后面詢有無此事，奕劻矢口否認，並請查辦。清廷乃派左都御史清銳、軍機大臣戶部尚書鹿傳霖即日前行該銀行確查，而鹿傳霖等不明究裡，又懼外人生事，竟以察無實據覆奏：「上諭前據御史蔣式瑆奏慶親王奕劻存放滙豐銀行私款。奏茲據覆奏稱該銀行往來帳目不以示人，詢以與慶親王有無往來，據稱未經見過。詰之該御史所陳何據，則稱得之傳聞，言官立准風聞言事，是以冒昧上陳等語，言官奏參事件自應據實直陳，何得以毫無根據之辭，率臆陳奏，況情事重大，名節攸關，豈容任意誣衊。該御史著回原衙門行走，姑示薄懲。」

蔣式瑆彈劾奕劻引起軒然大波，天津《大公報》從三月初七日起一連多篇的追蹤報導，從案件的緣起、經過、結果，到後續的發展，從蔣式瑆個人命運的沉浮，再到奕劻面對危機的對應，都做了相當的歷史還原。而無獨有偶的，在上海的《申報》在三月初九日也以〈論蔣侍御奏慶親王存放私款事〉為題，發表長篇評論，其言論更傾向於同情蔣式瑆的遭遇，基本上認定奕劻在匯豐存款一事為事實。

而主張維新變法的清末進士汪康年，在《汪穰卿筆記》中曾經提及蔣式瑆參奏慶親王之事，大意是：奕劻在匯豐銀行的存款有一百二十萬兩，「朝野莫不了然」，也就是說，關於奕劻的巨額存款並不僅僅是蔣式瑆掌握的獨家新聞，很多人都知道。但是，清銳、鹿傳麟等人去查帳時恰值星期日，銀行不開門；第二天又去，銀行以「替客戶保密」為由不讓他們看帳本，只是口頭上回答「並無此款」，他們就據此對參奏案做出判決。連帳本都沒看到，調查便草草結束，這叫什麼核查？這樣的核查怎麼可能查出問題的真相？

那麼到底奕劻在匯豐銀行有沒有存款呢？御史胡思敬所著《國聞備乘》有〈蔣式瑆參慶親王〉一文，進一步證明了其在銀行存款的說法：「辛丑回鑾後，（奕劻）浸浸用事。既領樞務，五福晉爭寵，各通賄賂，積存金錢日益增多，寄頓匯豐洋行達百萬。」另據許指嚴《十葉野聞》記載：「慶自革命後頹喪欲絕，於是家人親友俱勸其出京，往居津門，聞其產寄頓外國銀行者，約在三百萬左右。」《清稗瑣綴》一書也說：「清廷未倒時，北京內閣發愛國公債票，應者寥寥，奕劻賣馬，那（那桐）賣宅，故作寒酸，求免擔負。實則諸親貴私財，寄存外國銀行者，據內閣調查報告，現銀達六千餘萬。聚斂所得者如彼，乃裝窮如此，效明末諸臣拍賣破爛桌椅之手段，民安得不困？國安得不亡？」而據曾在載振府裡供職近十年的汪榮堃在〈記慶親王載振在天津的生活〉[5]的回憶中云：「（奕劻）一旦無權後，還是一個最大的富豪，所有家私現款入民國後完全存在東郊民巷裡的各外國銀行，如美國花旗銀行，英國匯豐銀行等，每月家庭生活開支就是利用得到利息支付還用不完」。依據上述史料，基本可以認定奕劻在匯豐銀行確有存款。

另據《那桐日記》記載，僅光緒二十七年（一九〇一），那桐就先後四次在匯豐銀行存款共計兩萬兩足銀。可見，清末權貴在匯豐等外國銀行存款係屬普遍。又那桐在匯豐銀行存

[5] 汪榮堃〈記慶親王載振在天津的生活〉，《晚清宮廷見聞》，北京：文史資料出版社，一九八二年。

錢，用的是「紹景沂」的名字。依奕劻之謹慎、精明，亦斷無以真實名字（按：奕劻字輔庭）及住址存款之理，不過假名某堂某記而已，這也正是案件查無實據的主要原因。

傳說查案之時，奕劻果然恐懼，暗中託人註銷存款記錄，事後蔣式瑆和銀行的人瓜分了奕劻的六十萬兩，每人各得三十萬兩，蔣式瑆以一部分投資於京師電燈公司，被舉為總理，生活殊為愜意。這件事當時傳遍北京，也傳入宮中，被慈禧太后聽到，只說：「奕劻老而貪，活該被人吃去！」筆記小說，言之鑿鑿，但其實是不可信的。因奕劻本用假名開戶頭，他根本不需去註銷存款。當時名報人汪康年在《汪穰卿筆記》就說：「此更奇，蔣未必與行中人撚，且行中人安敢以此未必然之事，而輕與人商。總之，以如是著名之銀行，經理之人固必慎選，且稽核尤密；安有此等鉅款任人侵吞之理。然此謠至今猶在人口，因歎吾國興訛造訕之人多，而研究剖白之人少，是非何日得明乎？」學者劉鵬超認為[6]按照汪康年的說法，奕劻作為中樞大臣，權傾朝野，匯豐銀行籠絡他都來不及，不會侵吞他的存款；更為重要的是，奕劻在入民國後仍將全部積蓄寄存在匯豐等外國銀行，如果匯豐曾侵吞過他的存款，奕劻是不會再在匯豐存款的。毋庸置疑，這筆存款始終老老實實地躺在匯豐銀行的錢櫃裡，只是奕劻在存款登記冊上隱諱了他自己的名字而已。

[6] 劉鵬超《奕劻貪污與晚清政局》，南開大學博士論文，二〇一四年。

徐彬彬在《凌霄漢閣筆記》中談及奕劻，說：「奕劻權重位高，貪婪視前之軍機領袖奕訢、世鐸為特著，內外官缺有定值，部省要津有月貢，猶苦不足，每握算持籌，乙乙簿錄，若深有味乎其中。蓋少時為閒散宗室授徒為活。起自貧寒，習成吝嗇，其人實無多嗜好，不忍揮霍，惟事聚斂，學守財虜，為兒孫作馬牛耳。其存貯外國銀行六十萬，本為私蓄，甚畏人知。……因思儲款外國銀行即認為違制。軍機領袖有六十萬金之可指，即可劾可查。此在亡清末路則在，若民國以後顯官大閥，封殖動逾千萬，囤積多在洋場，泰半行所無事，孰得挾持干涉之。」

蘇同炳在《中國近代史上的關鍵人物》一書中提到，蔣式瑆劾奕劻貪污而以巨款存於英商匯豐銀行，據《光緒東華錄》所記，乃是光緒三十年二月間的事，上距奕劻之入軍機，不過只有十一個月，奕劻由督辦政務大臣兼外務部總理大臣入領軍機的時間如此之短，能撈錢的機會不多（政務大臣與外務部都不是可以貪污的要職），即使他論職賣官，也不可能在不到一年之內積貲百萬之多。顯而易見地，此款中的大部分是出於袁世凱之進奉，而袁則取之於北洋的存積，藉公款為納賄之計而已。舉此一事，可知袁世凱以巨款收買奕劻，確為當時的事實。

第八章　倚翠偎紅：載振兄弟的風流韻事

愛新覺羅・載振（1876-1947年），奕劻的長子，末代慶親王。

前一章結尾談到有關袁世凱與慶親王之金權結納，這事蠻複雜的，我們下章再談，在此先談慶親王的兩位「紈袴」兒子，所謂「兄倚翠，弟偎紅」之事。

載振（一八七六－一九四七），滿州鑲藍旗人。是慶親王奕劻長子，其二弟載掄，五弟載掄（此兩人為四側福晉所生）。光緒十五年（一八八九）光緒帝大婚，載振獲頒頭品頂戴。光緒二十年（一八九四）正月，晉封二等鎮國將軍。光緒二十七年十二月十二日（一九〇二年一月二十一日）慈禧太后任命載振為清朝赴英國致賀英皇愛德華七世加冕，十三日，賞加貝子（位次於貝勒，在鎮國公之上）銜。光緒二十八年三月四日（一九〇二年四月十一日），啟程赴歐，隨員有參議官梁誠，參贊官汪大燮、唐文治，翻譯官劉式訓等九人，抵英後，先期至白金漢宮呈遞國書，離英後，順道訪問法國、比利時、美國、日本，共五國。學者劉鵬超[1]指出，此次載振會見各國軍、政界要員，了解各國的商務、學校、議院、工藝、規章制度等情況，達到了溝通中西的目的，是一次認識西方的全新之旅。同年八月二十三日（九月二十四日），回京覆命。寫有《英軺日記》一書，全書四冊十二卷，主要記載了沿途各國的風土人情、外交禮節和參加各種活動的情形，以及各國的政治、經濟、文化情況。該書由隨行參贊唐文治整理，次年由上海文明書局出版發行。載振此次周遊世界不但大開眼界，也為其贏得了極大聲譽，受到慈禧太后的讚賞。

光緒二十九年（一九〇三）正月，袁世凱以督辦商務大臣奏派載振赴日本參觀博覽會，清廷乃派載振、那桐等為前赴日本大阪博覽會觀會大臣，並考察商政。名義上是如此，其實是載振要藉此再去日本玩玩，因他上回行程太匆忙，又有公務在身，多所不便。他早聽說日本女人，內無褻衣；又說男女共浴，裸裎相見，毫不在乎，老想去見識見識，但身為親貴出趟京都不容易，如今有此機會，豈可錯過？而奕劻雖位高權重，雖說「內舉不避親」但總

[1] 劉鵬超〈一次認識西方的全新之旅——一九〇二年載振參加英皇加冕並訪問英、比、法、美、日五國〉，《鹽城師範學院學報（人文社會科學版）》，第三十二卷第三期，二〇一二年六月。

不好自己出奏，於是就由與載振有「兄弟」之誼的袁世凱出奏。並找了曾充赴日謝罪專使的戶部右侍郎那桐相陪，如此一來可駕輕就熟，方便許多。而那桐在當司官時，就是八大胡同的闊客，「清吟小班」的姑娘，背後都暱稱他「小那」。如今由於言語便給、儀表出眾、手腕靈活，兼以佔了姓葉赫那拉的便宜，得以戶部右侍郎兼總管內務府大臣，照料宮廷，儼然有如當年的立山（光緒二十六年官至戶部尚書）。而起居豪奢，較之立山，亦復有過之無不及；家住八面槽東面的金魚胡同，構築華美，號稱「那家花園」。載振有此遊伴，真有「班生此行，無異登仙」之感！三月，載振從日本參觀博覽會，並考察商務回國，就請載振興商務，緊鑼密鼓地設商部，同年七月十六日（一九〇三年九月七日），清廷初置商部，袁世凱、徐世昌、那桐力舉載振於朝，遂以載振為尚書，伍廷芳、陳璧為左、右侍郎，袁、徐、那先已與載振結昆弟交，奕劻父子所不便自謀者袁等代請之。袁、徐所欲者則載振慫恿其父以達於朝，互為聲援，而朝政專一於「慶袁公司」之手。

商部經管鐵路、礦務、工商，一切興利的實業，都歸掌管，誰都看得出來，是比戶部還闊的一個衙門。奕劻、載振父子二人攬權納賄，聚斂鉅額財富，眾知其有寵於慈禧太后，朝官爭趨其門，不肖者且投其所好，導之為狹邪遊，載振每天處理完公務，則微服乘小車出遊西城，徵歌賭酒，往往達旦。

清代康熙、雍正朝，慕好男色，至乾隆朝而極盛。北京一地，所謂風雅名流，最喜「相公堂子」，而以娼妓為卑卑不足道。其中八大胡同多歌郎聚處，韓家潭尤有名。所謂帝城春色，偏嗜餘桃。但到了晚清，則風氣忽變。先是，清同治帝好冶遊，與貝勒載澂尤善。二人皆好著黑衣，娼寮酒館，及攤市之有女子者偏遊之。其後同治帝染上花柳病，頭髮盡脫落，為了面子，只能說是得了天花，不久毒發死去。當時民間還有一對聯流行，云：「弘德殿、廣德樓、德行何居？慣唱曲兒鈔曲本；獻春方、進春冊、春光能幾？可憐天子出天花。」這就是北京由狎昵男色轉到女娼的先機。延及清末，貴冑大僚，舉狎女娼。最著的如載振之暱謝珊珊，載二爺之戀蘇寶寶。因他們都是王公貴冑，以現在的話語說就是「官二代」，而居然眠花宿柳，自然要引起非議的。

庚子事變以後，社會風氣劇變，蘇妓來京者漸夥，吳儂軟語，南國麗人，都中貴介見所未見，趨之若狂，而男色因之漸衰。談到當時北京的妓院，向分南北兩幫，江南佳麗、北地胭脂，彼此互不侵犯。所有南幫均假託隸籍「姑蘇」，故又謂之「蘇幫」。「蘇幫」重風頭交際；「北幫」則重臨床技能。冶遊之勇者每樂就「北幫」。「南幫」喜敲竹槓，「北幫」則有一定價錢。此南北兩幫之概況也。北京妓院明代設在東城內務部街，清代始遷至南城。妓院所在地均在「胡同」，冶遊者通以「逛胡同」（或曰「打茶圍」）為代名詞。南城佔了八條胡同，故號稱「八大胡同」。分別是：陝西巷、石頭胡同、小李紗帽胡同、王廣福斜

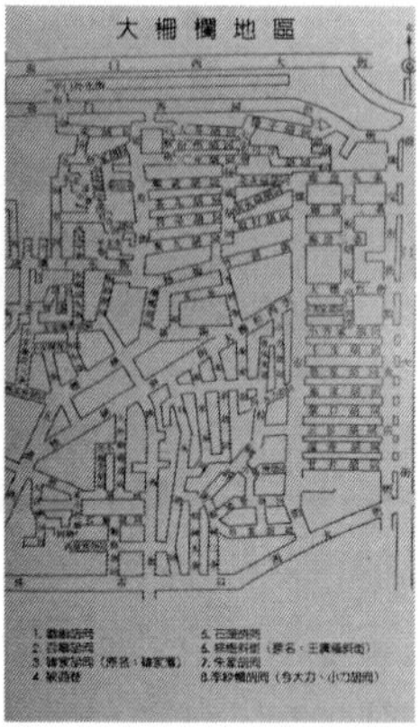

▶▶八大胡同：陝西巷、石頭胡同、小李紗帽胡同、王廣福斜街、胭脂胡同、百順胡同、韓家潭、東西皮條營。

▶《京華春夢錄》書影。

街、胭脂胡同、百順胡同、韓家潭、東西皮條營。

至於妓院的等級，據《京華春夢錄》說：「京師教坊約分四等，上者為小班，次為茶室，再次為下處，最下者為老媽堂。考小班名始於清光緒中葉。斯時歌郎像姑之風甚熾，朝士大夫均以狎妓為恥。而內城口袋底塼塔胡同等處，均有蓄歌妓者，名曰小班。以與外城歌郎劇園某班略示區別。……至於今日則小班之上冠以『清吟』二字，揆其意若以地位聲價，高於儕輩。清吟鬻藝，非專作夜度娘博纏頭歌資者。核其實，則各艷姝手不能彈，口不能唱，捨皮肉生涯外，無一技足顯者，比比而然。以名清吟，得毋弗倫。然天下事往往名不副實，我於此輩又何責焉？若茶室以次，則自鄶以下，高人君子所不屑道。但此中亦大有人在，非盡嫫母、無鹽者流。間亦綽約娟好，不減上林群花，第橫陳無檢，慣以色相示人。取資既廉，流品至雜，方寸之區，遂有不堪設想者。下處老媽堂品更卑下，遊者多輿隸走卒。羅剎叢視作群玉山，未嘗非苦力之消魂窟，若論個中人物妍媸，則老媽兩字，顧名思義，可以得之。」

陳定山的《春申舊聞》也提到上海的妓院，也分為四等，他說：「娼門階級，夙分四等，曰書寓、長三、二三、么二，而雉流不與焉。書寓資格至嚴，時京劇未興，唱以彈詞為主，必能彈能唱，且善說白，其藝與說書先生可為頡頏，故曰書寓。妓稱先生，書寓規矩嚴格，有如日本之藝妓，只能侑酒，不許留髡。同治初年，士大夫競尚風雅，故書寓盛行。城內鄉紳，目租界為夷場，不肯輕廁，故書寓薈萃於虹橋。每年春秋佳日，例有會書。先生出座，小撥彈槽，一曲清歌，競為逸調。諸紳老輩則瞑目怡神，品茗而聽，至其迴腸盪氣處，向空中圈點其頭不已，如評八股文。其不預會唱，或唱而不精，精而不能說白者皆黜之，不得列為書寓，退入長三。長三亦稱先生，擅唱者居十之六七，唯不善白，其芳標但書『某某寓』，不得僭稱書寓，其品格亦差次於書寓之純技藝性質。當時定制侑酒三元，茶圍三元，故曰『長三』。與么二之裝乾濕一元，侑酒二元，取名命義相同。二三者，清光緒初年，侑酒三元，夜度三元，品級介於長三、么二之間，庚子以後，二三名目無形取消。么二、長三僭稱書寓，二三僭稱長三，么二乃有六跌倒之名，謂裝乾濕（水果）一元，乾濕一元，住夜兩元，下腳兩元也。」看起來京、滬兩地，級別名稱雖有不同，但實質上卻差異不大。

據李景武的〈八大胡同逸事〉[2]一文說，「逛胡同」，進門正廳中落坐，毛夥大呼「見客」於是粉白黛綠，一個個陳現眼前，大有山陰道上應接不暇之勢。姑娘一站即去，使來客眼花繚亂，隨便挑選了事。陳定山的《春申舊聞》也說，么二堂子是一所特建的大屋子，中間一座大廳，四邊圍著群房，樓上樓下，無慮百十間，每間裡都住著鶯鶯燕燕，房外掛著軟簾，簾外一道走廊，迴欄勾曲，室室相通。無客時，簾子是垂著，生客嫖院，照例先在廳上一坐，烏龜便長聲高喚：「移茶。」這時上下門簾，一齊勾起，頓時花枝招展，繞著迴廊魚貫而下。北邊不分長三、么二，客來照例排隊魚貫見客，只在客人身邊含情走過。這裡卻是散兵線的，魚貫而入，就散得一屋子，鶯嗔燕叱，催著你快挑選。客人資格嫩一些，反而面紅心跳，眼花繚亂口難言，不知選取哪一個好。他說他當年和畫家鄭曼陀、沈泊塵曾同去問津，那時他們才都二十左右，目力精銳，唯有鄭曼陀是個近視眼，他嫌立著看不清楚，一爬，爬上坑床，站上坑桌，登壇拜韓信，只見烏壓壓站滿了油頭粉面，就中卻躲著一個掩袖回眸、十分怕羞的尤物。他滿意極了，立刻叫：「你來啥，你來啥。」誰知帶回房裡一看，是個大麻子。她不是怕羞，而是背燈，暗影裡好掩護她那副「老天無故亂加圈」的尊容，鄭曼陀大呼上當不止。

[2] 李景武〈八大胡同逸事〉，《台灣日報》，一九七七年二月十四日。

但當紅的姑娘是例不見客的，若來客指名索要，毛夥便回答「過班」或到城裡「出條子」（按：城內達官貴人，因身份關係不便冶遊，只好叫條子），或說明天請早。如果客人連次指名索要，毛夥預先通知姑娘，先在幕後觀察，如以為可，乃由別院繞至前廳，作歸來狀，方令毛夥延入客人，但第一次例不得進本屋（雖本屋無人，亦如此做作）二次三次後，覺此客是個好客人，方延入本屋。花頭都做到了，姑娘愛上他，便成恩客。

嫖妓的最大開銷，便是做花頭，亦即吃花酒。班子中花頭有許多種類，如「宣卷」（即念經）、「開市」（即開張）、「老闆生日」、「神誕」、「三節」、「道場」等，巧立名目，要客人做花頭（擺酒席請朋友）。花頭不只是客人的難關，也是姑娘的難關，姑娘之紅不紅，固然要靠相貌、身材、技藝，但花頭是不可缺的。擺酒還要雙檯，甚至雙雙檯，如是才稱得起當紅姑娘。妓院的種種花頭，闊客當然每個都得捧場如儀；若非闊客，亦須擇要而施。

昔人有打油詩四首，描述八大胡同妓院風光，今摘錄之：

（一）

陝西巷裡覓溫柔，店過穿心向石頭。
紗帽至今猶姓李，胭脂終古不知愁。
皮條營有東西別，百順名曾大小留。

逛罷斜街王廣福，韓家潭畔聽歌喉。

（二）

北地南都大不同，姑娘亦自別青紅。
高呼見客到前面，隨便挑人坐敞廳。
騰出房間打簾子，扣完衣服點燈籠。
臨行齊說明天見，轉過西來又往東。

（三）

沉迷酒醉與花天，大鼓書終又管弦。
要好客人先補缺，同來朋友慣鑲邊。
碰和只擾一餐飯，住夜須花八塊錢。
若作財神燒蠟燭，交情從此倍纏綿。

（四）

逢場擺酒現開銷，浪擲金錢媚阿嬌。

慾壑難填跳槽口，情天易補割靴腰。
茶園偶為梳妝打，竹槓多因借補敲。
夥計持來紅紙片，是誰催出過班條。

八大胡同的故事當年最為人們所盛傳的是蔡松坡（鍔）與小鳳仙，社會流傳小鳳仙慧眼識英雄，而且還幫助蔡松坡脫出袁世凱的魔掌，得以東渡扶桑，間道到雲南起義討袁。其實內容並非如坊間小說所傳。小鳳仙是蔡松坡常叫的條子是不假的，小鳳仙是杭州人，早年被人掠賣到江蘇常熟，當時有許多人以小鳳仙為常熟人，其實她不是虞山香土所產的蘭蕙，卻是西子湖頭的蘇小鄉親呢。小鳳仙在北京屬於南幫妓女的清吟小班，容貌平庸，略識文字，一封家信是寫得上來的，說部上說她會詩詞，那是小說作者吹捧的話，是不可信的。其實蔡松坡只是借著窯子裡，對洪憲老兒（袁世凱）做一個掩色護膜，對於小鳳仙並沒有多少纏綿的情史，陳定山的《春申舊聞》就說，小鳳仙的出名，是在蔡松坡追悼會上的一祭，又襯著一副她的輓聯：「素車白馬而來，誰料周郎竟短命。名士美人無數，早知李靖是英雄」。有人說輓聯是樊樊山手筆，其實捉刀人就是鴛鴦蝴蝶派才子龐病紅，他在《紅脂識小錄》具載其事。從此小鳳仙名噪一時，「英雄美人」的故事，就一直流傳下來。

載振一介貴公子，只可管領花叢，如何能主持實業？少年顯達，倜儻風流，嘗悅妓女謝珊珊。謝珊珊何等人也，在民國初年的《清代聲色志》裡說：「清季南妓北來者，自賽金花外，繼以林桂生、謝珊珊及珊珊之妹四寶。珊珊善歌，與振貝子暱。一日，招至東城餘園侑酒，備極媟褻。御史張元奇專摺參之，謂其為珊珊敷粉調脂，失大臣體。摺上，慶王奕劻為掩飾耳目計，下令盡封閉南城妓館，逐蘇妓南旋，一時鶯鶯燕燕，紛紛逃匿，亦小劫也。」東城餘園這地方，本來是慈禧太后同族，做過兩廣總督的瑞麟的舊居，庚子之亂遭了災，荒廢不復可住。慈禧回鑾後，東城修了大馬路，於是有商人買下餘園，修葺樓臺，開了館子，載振是餘園的常客，他經常邀一班少年親貴（「官二代」）在那裡票戲，當時「侗五爺」溥侗、「七爺」載濤的技藝都已到「票友」的階段了。每逢票戲，常有「名角」來把場，如果遇到肅親王善耆粉墨登場，那就更熱鬧了。而光緒二十九年（一九〇三）九月間有次載振和謝珊珊合演了一齣《彩樓配》，謝珊珊為之敷粉，就有所謂「敷粉調脂」之事。此事為御史張元奇曾專摺奏參了一本：「振膺命之日，遍召南班妓女，謝珊珊等侑酒，故寮寀無不知有振大爺者」。慈禧太后雖然對貝子百般袒護，怎奈這幕醜劇實在有失官場體統，迫於輿論的壓力，她不得不下詔書，告誡載振閉門思過。載振以聖眷甚隆，因此最後也沒事。

儘管此次沒有影響到他的仕途，甚至到光緒三十二年九月（一九〇六年十月），工部併入商部，改為農工商部，他仍為尚書。但他的行為也沒有半點收斂，訪豔藏嬌、眠花醉柳，依舊是家常便飯，次年，又鬧出了「楊翠喜案」，被御史趙啟霖奏劾而丟官。此事牽連甚

愛新覺羅・載掕（1887-1935年），
慶親王奕劻的次子。

廣，內情也極為複雜，當在以下各章再詳加敘述。

現說說他的二弟載掕，也有好花癖性，訪豔藏嬌，成為常事。此次見載振的謝珊珊案，沒有太大影響，也就格外放膽做去，於是來了一個蘇寶寶，與掕二爺有些因果，合做露水姻緣。此事詳見於《清代聲色志》云：「蘇寶寶者，媛媛之妹也。幼時恣睢放蕩，倜儻不羈。及長，與無賴少年伍。凡達官巨商，臃腫蹣跚，或拳髭如蝟，聲如牛吼者，縱揮巨金不與之交一語。嘗告姊妹行，謂頃來狎客，亦太不自量。不自省面目何狀，即欲向美人作種種醜態，誠天下之恨事也。客微聞之，均自慚形穢而去。未幾生涯日趨冷淡，而寶寶落落如故。會海上老妓梁溪李寓歸自都門，素契寶寶，謂是兒必終貴顯，惜非其地。商諸寶寶及其母，攜之北上。會有浙人黃三者，充役於某洋行，能結交權貴，奔走邸府，遂以寶寶介於慶掕二爺。並私語寶寶：此貴人，汝能籠絡之，富貴且立致。寶寶欣然曰：今而後遂吾初志矣。遂曲致其流目倩笑之技。掕二爺大

1908年，清廷派唐紹儀訪美，慶親王次子載摶（中坐者）同行。原照現存美國國會圖書館。

喜，及夕定情。翌日即令黃於原價一千二百金外，另加千金，由梁溪攜之登車，載往蘇州胡同黃三宅內暫住。事為《燕報》揭載，哄動一時。某二爺懼，商諸黃三及寶寶，為暫避耳目計，移寓天津裕中旅館。寶寶以電告其母若姊，謂貴人遇我良厚，車馬衣服，玩好珍飾，靡不如志。曩者母姊謂我不成器，今何如矣！又言思親甚切，請以三月間來津，此間樂，可共富貴云。醜聲載道，老慶嚴責數次，不准入邸。摶力辯係外間謠傳，左右亦為之掩飾，慶曰：此刻我不管，倘有甚麼參案發現，我再與你計較。摶大懼，初匿該妓於西河沿客棧。後又匿於城北某宅，均為各報揭載。摶恐蹈乃兄振大爺之覆轍，連累乃父，致演家庭惡劇。只得割愛，暫避風潮。商之劉十，代為劃策。劉為樂亭著名富戶，與摶為嫖友，因允將蘇妓寄劉宅暫住。劉命其姪某，迎蘇妓於北城某宅，乘京奉快車赴樂亭，摶送之登車，蘇妓盈盈含淚，摶亦泣下沾襟，何其哀感至於斯也。」這一段風

流豔史，流傳都中，報紙上又為他誇揚，一傳十，十傳百，連他老子奕劻，也都聞知，把他嚴詞訓責。�二爺無可奈何，只得忍痛割愛，暫避譏嘲。過了數月，舊性復發，又與一個名妓洪寶寶結不解緣，捷二爺專愛寶寶。與其兄載振適成匹敵，真個是難兄難弟。

當時北京廣和居飯莊有題壁詩四絕，詠這兩個兄弟的趣事，傳誦人口。廣和居為舊京久擅盛名之酒舍，位於北半截胡同之南，西向，基址不崇而院落清疏，几案整潔，昔日翁同龢、潘祖蔭以次，清流朝士，多就此沽酌遊宴，以其鄰接江亭而南橫街、米市胡同、粉坊、琉璃、虎坊橋左右，又為漢籍京員府邸所叢，當宣南盛時，固不下於今之北京飯店也。

第一首云：

翠鈿寶鏡訂三生，貝闕珠宮大有情；
色不誤人人自誤，真成難弟與難兄。

第二首云：

竹林清韻久沈寥，又過衡門賦廣騷；
轉綠回黃成底事，誤人畢竟是錢刀。

第三首云：

紅巾舊事說洪楊，慘戮中原亦可傷；
一樣誤人家國事，血腥新化口脂香。

第四首云：

嬌癡兒女豪華客，佳話千秋大可傳；
吹皺一池春水綠，誤人多少好姻緣。

這四首詩所指，即詠女伶楊翠喜，名妓洪寶寶之事也。後來廣和樓酒肆裡，又出現了沒署名之題壁詩二首，亦鬨傳都門。此詩聞係出冒鶴亭之手（但冒鶴亭時官農工商部郎中，載振為原奏調補官之舊日長官，似不應不留餘地至此。民國後，陳夔龍退隱滬濱，常有詩酒之會，冒鶴亭迄未去過一次，或亦不無可疑）。

其一：

公然滿漢一家人，乾女乾爺色色新。
也當朱陳通嫁娶，本來雲貴是鄉親。

鶯聲嚦嚦呼爺日，豚子依依念母辰。
一種風情誰解得？勸君何苦問前因。

其二：

一堂兩世作乾爺，喜氣重重出一家。
照例自然稱格格，請安應不喚爸爸。
岐王宅裡開新樣，江令歸來有舊衙。
兒自弄璋爺弄瓦，寄生草對寄生花。

這兩首詩，除諷刺慶親王父子，還牽連到後來成為直隸總督的陳夔龍及安徽巡撫朱家寶。陳夔龍貴州人，朱家寶雲南人。「也當朱陳通嫁娶，本來雲貴是鄉親」一聯，天造地設，妙合無間。陳夔龍的繼妻許氏拜奕劻為義父，朱家寶的兒子朱綸，拜奕劻之子載振為乾爹。因此詩中有「乾女乾兒」之句，奕劻父子是滿人，朱、陳是漢人，故曰「滿漢一家人」。岐王為唐玄宗弟李範，借喻奕劻。「開新樣」指以聲色自娛。「江令」一句，說的是御史江春霖因彈劾奕劻，奉旨申飭，著回原衙門行走（所謂「回原衙門行走」，例如江春霖是由翰林院編修升御史的，不稱職，令其回到舊日服務的翰林院行走。）。古人將生男孩稱為「弄璋」，生女孩稱為「弄瓦」，載振收乾兒子喻為「弄璋」，奕劻收乾女兒喻為「弄瓦」，十分貼切準確。寄生草喻朱綸，寄生花喻許夫人。題壁詩工穩熨貼，風趣無倫。「呼格格」、「喚爸爸」、「江令歸來」、「歧王宅裏」，運實於虛，聲口如活，一時傳遍九城。聞當題壁高唱之時，慶府人怒欲查封，門客曰，今風聲鶴唳，不可當矣，復多事乎？乃止。

這兩首詩在晚清官場中不脛而走，流傳範圍極廣，影響也大。時人又擬成一副諧聯云：

兒自弄璋爺弄瓦，
兄曾偎翠弟偎紅。

此聯傳誦一時，被推為「絕對」。徐彬彬在《凌霄漢閣筆記》中也談及這對兄弟說：「載搏以九月三日遊於津沽，此清光宣間沉醉上林春色，以戀名妓紅寶寶，蜚聲『八大胡同』之『搏二爺』也，其兄『振大爺』則有楊翠喜之艷跡，『兄倚翠，弟偎紅』，流傳都下，號二難焉。從來當國權豪，恒有濟美之賢郎，楙厥聲華，承其堂構。遠之則曹氏之丕與植，近之則袁氏之克定與克文，若奕劻之載振與載搏，亦可彷彿，惟文學弗逮。長著常參政治，幼者惟擅風流，參政者勢位煊赫，亦每苦於風波。振之商部尚書乘搓星使，搏固望塵莫及，而翠喜案請開缺之奏所云：『貽哀親後顧之憂，累兩聖知人之哲』心哀語苦，亦攄所無也。」「兄倚翠，弟偎紅」曾是一門艷事，只是好戲還在後頭。

第九章　金權結納：老慶記公司

清末最受慈禧寵幸的大臣榮祿（一八三六——一九〇三），在光緒光緒二十九年（一九〇三）初春一個午後死了，榮祿生前最擔心的人是袁世凱。榮祿認為袁世凱：「此人有大志，吾在，尚可駕馭之，然異日終當出頭。」袁世凱深知官場中所著重者為人事，並非計劃。又知翁同龢、李鴻藻雖握軍機大權，然非慈禧太后之親信。若欲達到目的，必須拉攏榮祿方能水到渠成。榮祿是旗人中最佼佼者，其人短小精悍，眉目清秀，雖有旗人輕佻之風，而胸襟豁達，爽朗可喜。徐一士的《一士談薈》云：「榮祿簾眷最隆，而胸無城府，工策畫，富權謀，世凱對之猶心存畏憚。」榮祿精明過人，對袁世凱仍存猜忌之心，為了預防袁世凱坐大，其實早有佈置。他將與袁世凱有宿怨的瞿鴻禨放在軍機處，對袁世凱的日常奏令多加掣肘，令其不得妄為，又把忠於清廷的鐵良安插在練兵處，時刻監督袁的軍事行動，預防其擁兵自重。但袁世凱怕的不是瞿鴻禨和鐵良，而是榮祿。正由於榮祿對袁世凱存有提防裁抑之心，所以袁世凱更需要以小心謹畏的態度掩飾自己的野心，以免招來不測之禍。

榮祿一死，三月十五日明發上諭，以督辦政務大臣、外務部總理大臣慶親王奕劻為軍機大臣。奕劻雖是初入軍機，但絕非是一般「學習行走」的「打簾子軍機」，而是每天晉見時，擁有全部發言權的「領班」，其權勢等同於榮祿。但榮祿對袁世凱思慮之周密深遠，則遠非慶親王奕劻所能及，因此徐一士說：「迨榮祿卒，慶王奕劻以樞垣領袖當國，貪婪外無所知，世凱遂玩之於股掌之上矣。」許指嚴在《十葉野聞》中更是寫道：「慶王奕劻之貪婪庸惡，世皆知之，其賣官鬻爵之夥，至於不可勝數。人以其門如市也，戲稱之曰『老慶記公司』。上海各新聞紙之牘尾，無不以此為滑稽好題目。蓋前此之親王貝勒入軍機當國者，未嘗有贓污貪墨如此之甚者也。初，慶王以《辛丑和約》成，大受慈眷，然實李文忠（指李鴻章）未竟之功，而王文韶為之助成，慶王可謂貪天之功矣。顧榮祿未死以前，慶王實絕無議政權。及榮祿死，太后環顧滿人中，資格無出慶右者，遂命領袖軍機，實則太后後亦稔知慶之昏庸，遠不及榮祿也。慶之政策無他謬巧，直以徇私貪賄為惟一伎倆，較之樹黨羽以圖權勢者，尤為未達一間。其所最好者，多獻禮物，拜為乾兒，故門生，乾兒滿天下，然門生不如乾兒之親也。」

首先是直隸總督袁世凱，即刻以當年趨承榮祿的態度來籠絡奕劻，他要隱操政柄，來擴展北洋的勢力。劉厚生的《張謇傳記》中曾說到這一點，云：「在光緒二十九年癸卯以前，袁世凱所最注意的，僅僅是一個榮祿。其時慶王為外務部領袖，亦居重要地位，而世凱之所饋贈，並不能滿慶王之欲。慶王曾對人發牢騷說：『袁慰亭只認得榮仲華（祿），瞧不起咱們的。』但榮祿自辛丑回鑾之後，體弱多病，時常請假，照病勢推測，恐怕不能久於人世。於是慶王有入軍機的消息，為袁世凱所聞，即派楊士琦齎銀十萬兩送給慶王。慶王見了十萬兩銀子一張銀號的票子，初猶疑為眼花，仔細一看，可不是十萬兩嗎？就對楊士琦說：『慰亭太費事了，我怎能收他的？』楊士琦回答得很妙，他說：『袁宮保知道王爺不久必入軍機，在軍機處辦事的人，每天都得進宮伺候老佛爺，而老佛爺左右許多太監們，一定向王爺道喜討賞，這一筆費用，也就可觀。這些微數目，不過作為王爺到任時零用而已，以後還得特別報効。』慶王聽了，不再客氣。不多幾時，榮祿死了，慶王繼任。入軍機之後，楊士琦的說話，並不含糊，月有月規，節有節規，年有年規，遇有慶王及福晉的生日，唱戲、請客及一切費用，甚至慶王的兒子成婚、格格出嫁、慶王的孫子彌月、週歲，所需開支，都由世凱預先布置，不費王府一錢。那就完全仿照外省的首府、首縣伺候督撫的辦法，而又過之。」袁世凱投奔奕劻後，深受奕劻賞識。劉厚生書中說：「弄到後來，慶王遇有重要事件，及簡放外省督撫藩臬，必先就商於袁世凱。表面上說他保舉人材，實際上就是銀子在那裡說話。」

在佚名所著的《袁世凱軼事》書中說，袁世凱嘗對人言天下無難事，惟有金錢自能達到目的耳。因此袁世凱的一生處政海潮流中，事事能著先鞭者，固由於手腕敏活，其大半亦依賴金錢勢力也。書中又說，由駐高麗以迄直隸總督為止，姑置勿論。即就光緒三十三年（一九〇七）奉調入京，任外務部尚書時言之，凡宮禁之內監嬪女，王公私邸之家臣陪從，都賄賂以金錢，報告其秘密消息，每月所需約在十數萬金左右，而他每年所收的俸資，根本不過他一個月的開支，難道他有何點金之術嗎？其實袁世凱在當北洋大臣時，長蘆鹽政歸其管轄，當時長蘆鹽政積弊甚多，前任總督因循敷衍不予改革，袁世凱接任後找來該署的老部屬，給予重金，詢問其弊端。袁世凱即命之清理，經過幾個月才告完成。袁世凱核計每年的收入除較以前多出一倍外，又增盈餘二百餘萬，乃匿而不報，將此金額收入私囊，留為己用。光緒三十三年袁世凱升遷外務部後，力保其中表楊士驤為直隸總督，此款仍留為己用。不久，楊士驤卒，端方繼任，端方又與袁世凱為兒女親家，他也不願為此事而結怨於袁，所以後來袁世凱在光緒三十四年以足疾開缺回彰德養病，此項餘款仍潛解彰德。據說，袁世凱為中華民國臨時總統，熊希齡掌財政，派張弧任長蘆運使，這批款項才歸國有。這說明袁世凱身邊一直有個人的「小金庫」，而他始終以金錢名位來籠絡人。

《袁世凱軼事》書中又說袁世凱如何操縱慶親王奕劻，把他耍得團團轉的情況：當袁世凱任外務部尚書後，不久又奉旨參預軍機，當時慶親王奕劻為軍機大臣領袖，而又兼轄外務部事務也。慶親王為人駑名貪利，遇事全用柔媚圓滑手段而無果斷之能力。袁世凱就利用他這一弱點，把他當做傀儡，因此凡是有交涉事件發生時，表面上袁世凱都謙稱不敢自專，一切請奕劻定奪。但外面的人也知道奕劻無能，難與他談出任何結果來，因此就私下與袁世凱秘密會議，等到雙方有了共識，袁世凱始告知奕劻會銜奏聞，自己決不居功。奕劻除了佩服袁世凱的才能外，又欣賞他的謙虛自守，因此每當慈禧太后單獨召見他時，他常當著慈禧的面稱讚袁世凱的才華，因此慈禧更加信任袁世凱。

當然袁世凱的拍馬溜鬚和賄賂手段，不僅針對慶親王。早在擔任直隸總督時，就進獻給慈禧太后許多禮物，他與太監李蓮英深相結納，凡慈禧太后需要何物，或有所表示，衣服須更換材料、式樣，李蓮英即暗中通知袁世凱，必於最近期內照辦交進。慈禧擬效觀音裝束照相，偶一言及，而細珠盤成若干佛字之黃綢袍，不出旬日，已呈現眼前。陳夔龍的《夢蕉亭雜記》就云：「項城以疆吏遙執政權，一意結納近侍，津署電話房可直達京師大內總管太監處，凡宮中一言一動，頃刻傳於津沽。朝廷之喜怒威福，悉為所揣測迎合，流弊不可勝言。」

據德齡公主的《清宮二年記》及裕容齡的《清宮瑣記》的回憶，袁世凱在光緒三十年農曆新年送給慈禧太后一件黃緞袍，上面用各種顏色珍貴寶石和珍珠鑲嵌成一朵牡丹花，葉子是綠寶石的……這確實是一件華麗的衣服，所費不貲，唯一缺點是太重了穿起來不舒服。但慈禧很喜歡這件袍子，第一天就穿上了。其後幾年裡，除了壽辰外，袁世凱進獻給慈禧一班印度舞女，把自己的西式管樂隊借給慈禧，還送給她精美的三輪車，甚至一輛汽車。光緒三十三年是慈禧的七十大壽，是非常隆重的。當天袁世凱送給慈禧狐皮大衣兩襲，鑲寶如意一只，金絲編鑲珍珠鳳凰一對，一人高的珊瑚一座。而根據張繼和（仲忱）〈我的祖父小德張〉一文說：「袁世凱為了博得老祖宗（慈禧太后）的喜歡，特為購來西洋機巧的東西。第一次進貢是一座法國的玻璃箱八音盒，內帶舞蹈女人。這是當時在中國還沒見過的東西，老祖宗視為上珍，特意放在儲秀宮內，沒事時賞玩。第二次進貢是一件法國的鑲嵌雲母高架銅床，可真漂亮，老祖宗看著打心裡愛。第三次進貢是法國瓷盤子一對。老祖宗對袁世凱進貢的這對盤子，可真喜歡。每天都自己擦，說：『這裡面的人像活的一樣。』她對我們說：『袁世凱可真會當差呀。』上賞了他貂褂一件，碧玉配件，珐瑯金錶一對。」

慈禧太后也深知奕劻的貪腐與辦事的無能，甚至朝野都議論紛紛，但因為奕劻是宗室出身，是滿人，奕劻和她的弟弟桂祥又是兒女親家。奕劻對於慈禧的忠誠是不容懷疑的，他始終以西太后的是非為是非，全力貫徹慈禧的意旨。而在慈禧的眼裡滿清是滿人的江山，朝中的第一號大臣，當然是滿人的親貴，之前的榮祿、恭親王奕訢都是如此。這也是奕劻一直聖眷不衰的主要原因。

光緒二十九年（一九〇三）三月，奕劻繼榮祿任軍機大臣，僅僅十一個月，其在滙豐銀行的存款就有百萬元之巨，蘇同炳在《中國近代史上的關鍵人物》一書指出，顯而易見地，此款中的大部分是出於袁世凱之進奉，而袁則取之於北洋的存積，藉公款為納賄之計而已。

而當時人也說「奕劻本受北洋之奉養而供驅策。」而袁世凱的主要目的是要發展他的私人勢力。袁世凱本人具有強烈的政治欲望，他想藉培植黨羽的方式，來製造派系力量，以便把持朝政。袁世凱藉由訓練新軍所培植的軍事勢力，其實力尤足為政治勢力的後盾。北洋新軍由一鎮漸漸擴展而為四鎮，再擴充而為六鎮，六鎮新軍中的重要幹部，幾乎悉由小站練兵時代的校尉級軍官升充而來。袁世凱早就具備了奸雄行事的條件，他以爵祿名位與財貨都是驅策人的工具，如今更濟之以心狠手辣的殺戮，就足以使那些因利祿而甘心為他奔走效命之人，畏威懷德，共效擁戴之誠，而不敢輕易萌生異志。這些人以為他們的事業前途悉出於袁世凱之提拔，其效忠於袁世凱的感恩之情，尤其不是他人所能代替。奸雄行事，大都如此。當奕劻入為軍機領袖之後，由於他與袁世凱之互相結納，凡是袁世凱所意欲汲引之人，都可經由奕劻的薦舉，而得到慈禧太后的顯擢，胡思敬《國聞備乘》記此云：「光緒末年，小人皆之以取富貴者，捷徑有二：一曰商部，載振主之；一曰北洋，袁世凱主之；皆內因奕劻，而藉二楊（指楊士琦、楊士驤）為交通樞紐。當袁世凱初蒞北洋，梁敦彥方任津海關道，凌福彭任天津府，楊士驤、趙秉鈞均以道員在直隸候補。不二三年，敦彥官至尚書，家寶、士驤均躋節鎮（朱家寶吉林巡撫、楊士驤山東巡撫），福彭升藩司，秉鈞內召為巡警部侍郎。其非北洋官吏而攀附以起者，嚴修以編修在籍，辦天津學堂，遂擢學部侍郎；馮汝騤與世凱聯姻，遂擢江西巡撫；吳重熹為世凱府試受知師，遂擢河南巡撫；唐紹儀從世凱駐朝鮮，甲午之變，出死力護之以歸，故遇之加厚，既奪盛宣懷路政畀之，郵傳部開，又用為侍郎，一手把持部務，案卷、合同，盡為所匿，尚書張百熙雖屬世凱姻婭，不能與之抗也。紹儀既得志，復引用其同鄉梁如浩、梁士詒、陳昭常等，皆列要位。士驤又引其弟士琦入商部。徐世昌久參世凱戎幕，鐵良亦嘗從之練兵，既入軍機，始稍稍攜貳。世凱不由科目出身，遇投帖稱門生者，大喜，必力援之。定成晚入其門，遂長大理院。方其盛時，端方、陳夔龍、陳璧、袁樹勳無不附之。」甚至到了後來，奕劻為了袁世凱辦事方便，力薦袁世凱的心腹徐世昌為兵部尚書、軍機大臣，「奕劻自知無才，不敢擔當，惟袁世凱之言是從。」由此觀之，袁世凱儼然成為清末政壇的中心人物。

因此，彈劾慶親王貪黷的奏摺始終沒有斷過，學者劉江華在〈歷史漩渦中的真實慶親王〉一文[1]就指出早在光緒二十九年就有人曾上摺，批評「奕劻素有好貨之名，入直樞廷以來，收受外省由票號匯寄之款聞已不下四十萬兩，……賄賂公行，門庭若市」，甚至透露俄羅斯人為了能在中國獲得更多利益，持外交經費五〇〇萬兩來京獻給奕劻，「該親王亦復收受，誠不解何以喪心病狂至於此極。」還有，光緒三十二年，掌戶科給事中陳田上摺奏參袁世凱跋扈、奕劻庸臣將引藩鎮之禍。其中說，「臣聞袁世凱之初交通奕劻也，山東巡撫、前

1 劉江華〈歷史漩渦中的真實慶親王〉，香港《鳳凰周刊》二〇一五年第九期（總第五三八期）。

直隸布政使楊士驤為之居間，行賄賂十萬金。」

光緒三十三年，發生「丁未政潮」後不久，素有「梁瘋子」之稱的梁鼎芬也在同年兩次參劾袁世凱及奕劻。說到梁鼎芬，現代的人知道他的已經不多了。他是「末代皇帝」溥儀的三位（中文）師傅之一。在民國四年（一九一五），因為另一個師傅陸潤庠逝世，由陳寶琛推薦，以梁鼎芬補上，次年他就成為赫赫的「帝師」了。後來和陳寶琛、朱益藩、梁鼎芬同為「帝師」的英國人莊士敦（Reginald Fleming Johnston）在其著作《紫禁城的黃昏》（*Twilight in the Forbidden City*）就記載著梁鼎芬的身影，他說：「一九一九年（民國八年）我初入紫禁城的時候，毓慶宮已有三位教中國文字的師傅，一位教滿州文的師傅。中文師傅梁鼎芬，我始終未見過，他是個體弱多病，半身不遂的廣東人，就在這一年底他死去了。（案：梁鼎芬在一九一八年八月中風，次年陰曆十一月十四日逝世，享年六十一歲。）……當梁鼎芬死後，我在宮中聽到同事們談及他的一個故事。丁巳復辟時，紫禁城附近成為戰場，正在廝殺得熱烈之時，這一天恰是梁鼎芬入宮授課之日。他坐上騾車，開往神武門，沿途所經的街道，滿布毫無紀律的軍隊。但梁鼎芬絕不駭怕，不肯躲在家裡以保安全，置死生於度外，直趨入宮，盡其責任。當他到達神武門前，發現他平日所坐的轎子如常放在地上等候著他，但轎夫請他最好還是不要進宮裡去，因為軍隊在屋頂和民國的軍隊開火，槍彈橫飛，很危險呢。梁鼎芬跑下騾車，坐上轎子，叫轎夫抬他進去。轎夫無可奈何，勉強從命……走不多遠，忽有一子彈射

梁鼎芬（1859-1919年），清末帝師。

中圍牆，磚頭四散，剛好轎子經過，一塊磚瓦擊中師傅的轎子，轎夫大驚，求梁師傅准予將轎子抬到一個安全的地方，避一避流彈，待戰火停下才進去。梁鼎芬高聲答道：『我的責任要緊！我的責任要緊！』轎夫大受感動，勇氣驟增，把他一直抬。如果他忘記本身的責任，只求個人安全，他就覺得生不如死了。照我的推測，這一天毓慶宮必定沒有上課的，但梁鼎芬不肯放棄他的責任，依時而至。」莊士敦的說法，應該是「實錄」。可見梁鼎芬在「烽火連天」中依然入宮授讀的負責任，令人感動！

梁鼎芬，字星海，號節庵，廣東番禺人。十八歲中北闈舉人，二十二歲成進士，散館授翰林院編修。光緒十年（一八八四）五月，時任直隸總督兼北洋大臣的李鴻章在中法戰爭中一味主和，與法國簽訂《中法簡明條約》，遷延觀望而坐失時機。人莫敢言，以敢於直諫著稱的梁鼎芬偏上疏光緒皇帝彈劾李鴻章，指責李在與法國議約中於中越問題上失當，稱李「驕橫奸恣，罪惡昭彰，有六可殺，請特旨明正典刑，以謝天下。」一個小小的編修膽敢彈劾當時權傾朝野的李鴻章，朝野上下為之一震，「至比之楊忠潛之參嚴嵩」。此疏觸怒慈禧太后，梁鼎芬「幾罹重譴」，幸虧戶部尚書閻敬銘從中斡旋，才得以緩和，最終被斥為「妄劾」，「交部嚴議，降五級調用」。《清史稿》梁鼎芬傳，只說他降五級，沒有說降後是什麼官，但由「正七品」的編修降五級，應該是「從九品」的太常寺司樂，從梁鼎芬死後的訃文，備列生平官銜，翰林院編修上即太常寺司樂，可為明證。翰林出身的他，當然不能去做這種佐雜小官，故憤而辭官，自鐫一方「年二十七罷官」小印，收拾包袱，歸返故里。一年之內，從一個翰林編修到被劾免官，這在清朝也恐怕是絕無僅有的事。

綜觀梁氏一生，「大膽敢言」，一直是他的秉性。後來他重新為官後，除曾參劾袁世凱及慶親王外，早在光緒二十六年（一九〇〇），慈禧要立「大阿哥」溥儁，準備廢除光緒帝，滿朝大臣無人敢言。次年，梁鼎芬在張之洞的引薦下，赴西安密陳西太后，以芝麻綠豆的一個知府，居然敢在「天威咫尺」之下，奏請廢去「大阿哥」名號。慈禧最終聽取了他的意見。

據學者馬忠文的〈丁未政潮後梁鼎芬參劾奕劻、袁世凱史實考訂〉[2]一文，說：「丁未年梁氏上疏參劾慶、袁共有兩次：一次是七月初七日發出，七月二十日到京的奏摺，此時

---

[2] 馬忠文〈丁未政潮後梁鼎芬參劾奕劻、袁世凱史實考訂〉，《歷史教學》，二〇一四年第二十期（總第七〇五期）。

張之洞尚未入樞；第二次是九月初五日發出，九月二十日到京的奏摺，此時，張已參樞務月餘。可能因為上述摺片全被留中，局外人不知就裡，大多將兩次參劾混為一談。其實，梁兩次參劾因政局的演變，效果截然不同。」

梁鼎芬七月初三日所上奏摺稱：

奏為敬陳預備立憲第一要義，恭摺仰祈聖鑒事：臣竊見近日議論紛紜，人心不定，敬念我皇太后、皇上憂勞國事，宵旰弗遑，詔旨屢頒，至為迫切，臣每讀一次，此心多一次徬徨，補救無方，實深愧悚。外間聞有新內閣之設，未知其詳。愚見今天下臣民所仰望者在預備立憲，而預備立憲一事則責在慶親王奕劻。該親王歷事三朝，辦事最久，高年碩望，夙夜在公，雖屢次陳請開去要差，而朝廷任用親賢，慰留至再，自必守鞠躬之義，無退位之思。臣聞該親王府中用度甚繁，所有每年廉俸及新加軍機大臣、外務部養廉銀兩不敷尚多，於是袁世凱、周馥、楊士驤、陳夔龍等本係平日交好，見該親王平日用度不足，時有應酬。臣愚以為今日要政既責在奕劻一身，內外臣工奉為標準，似不可以日用微末之事致分賢王謀畫大事之心，仰懇皇太后、皇上每月加奕劻養廉銀三萬兩，由度支部發給，看似為數甚巨，實則所存甚多。奕劻得此養廉鉅款，自可專心籌辦大事，不顧其他；京外各官從前或有應酬，均於此次認真停止，派員監察。朝廷待奕劻甚厚，奕劻自待必甚嚴，無論立憲之遲速、新內閣之成否，皆以奕劻有極優養廉為第一要義，此若不定，恐有他事為外所笑。蓋地球各國政府大臣，既無薄薪，亦無受人饋贈者。高明之地，萬目所瞻，大法小廉，古訓俱在；風氣所關，人才所出，非細事也。是否有當；伏乞聖鑒訓示施行。謹奏。

此摺不啻直斥奕劻之貪污無能，梁鼎芬措詞幽默竟建議月加慶王養廉銀三萬金，使他專心辦理大事，不必分心向京內外的大官索取賄賂，並視此為「預備立憲第一要義」，而對袁世凱的參劾，在附片（所謂「附片」，是臣工上摺奏言正事之外，另附言別事，有如尺牘中之「再啟者」。）中稱：

再，直隸總督袁世凱，少不讀書，專好騎馬試劍，雄才大略，瞻矚不凡，以浙江溫處道，鑽營得驟升侍郎、巡撫，撫山東日，能辦事，安奠境內，有聲於時。我皇太后、皇上回鑾，迎駕有功，擢至今職。其人權謀邁眾，城府阻深，能謟人，又能用人，卒皆為其所賣。初投拜榮祿門下，榮祿歿後，慶親王奕劻在樞府，三謁不得見，甚恐，得楊士驤引薦，或云以重金數萬，又投拜奕劻門下，不知果有此事否？然自見奕劻後，交形日密，言無不從，袁世凱之權力，遂為我朝二百餘年滿漢疆臣所未有。

奕劻本老實無能之人，當用度浩繁之日，袁世凱遂利用之，老實無能則侮之以智術，日用浩繁則濟之以金錢，於是前任山東學政榮慶，北洋練兵委員徐世昌，袁世凱皆以私交薦為軍機大臣矣。樞府要密，出自特簡，而袁世凱言之，奕劻行之，貪昏謬劣、衣冠敗類之周馥，袁世凱之兒女姻親也，奢侈無度、聲名至劣之唐紹儀，市井小人，膽大無恥之楊士琦，卑下昏聵之吳重熹，亦皆袁世凱之私交也。使之為總督，為巡撫，為侍郎，袁世凱言之，奕劻行之。尤可駭者，徐世昌無資望，無功績，忽為東三省總督，其權大於各省總督數倍。朱家寶一直隸知縣耳，不數年署吉林巡撫，皆袁世凱為之也。袁世凱自握北洋大臣、直隸總督重權，又使其黨在奉天、吉林皆有兵權、財權。趙爾巽在東省時，與日人所爭之事，徐世昌到後，慨然與之，以實行其媚外營私之計，置大局於不問。皇太后、皇上試思，自直隸而奉天而吉林，皆袁世凱兵力所可到之地，能不寒心乎？幸段芝貴未到黑龍江耳。袁世凱揮金如土，交結朝官過客與出洋學生，有直隸賑款數百萬兩，鐵路餘款數百萬兩，供其揮霍，故人人稱之。臣嘗讀史記漢晉之事，往往流涕，如漢末曹操一世之雄，當為漢臣時，有大功於天下，不知篡漢者操也。晉末劉裕，才與操埒，當其北伐時，亦有大功於天下，不知篡晉者裕也。前者微臣來京賜對之時，親聞皇太后皇上屢稱《資治通鑒》，其書最好，時時閱看，今此兩朝事，其治亂興亡之故，粲然具在，開卷可得也。袁世凱之雄，不及操、裕，而就今日疆臣而論，其辦事之才，恐無有出其上者，如此之人，乃令狼抗朝列，虎步京師，臣實憂之。且聞其黨羽頗眾，時有探訪，故無有敢聲言其罪者，今新內閣將成，時日無多，安危在目，臣不敢自愛其官職，不自愛其性命，無所畏懼，謹披瀝密陳，伏乞聖鑒，謹奏。

梁鼎芬當年奏參李鴻章一事，雖有直聲，惟李鴻章究竟是功大於過，梁氏參他時，年少氣盛，不無孟浪。而此次奏參袁世凱時，梁氏已經四十九歲了，當非昔日之情景，其所言確實當真。梁氏奏劾袁世凱的此疏，在現在看來，宛如在為袁世凱的前半生事蹟作一總評，並進一步揭露袁世凱密結慶王、植黨營私的種種行跡，將其比為曹操、劉裕等謀朝篡位的奸雄，又稱袁世凱「狼抗朝列，虎步京師，臣實憂之」。他預見其將來必有不臣之心，在當時不啻是燭見機先，謇諤敢言。他的憂心，無疑地和榮祿一樣，袁世凱將成大清王朝最大的禍患。只是當時的慈禧太后似已老朽糊塗，對於如此直率的讜論危言，竟然若罔聽聞，那就難怪慶、袁勢力之籠罩一世了。

九月初，梁鼎芬將稟報交卸署藩和謝恩二事合於一摺奏上。又另附一片：

……徐世昌本袁世凱私人，又賚緣奕劻、載振父子，得此大官大權，我皇太后皇上或未盡知之，而日本之君臣知之矣，真可痛可恥也。總之，今日時局危迫已極，挽回之法，莫急於嚴禁賄賂，杜絕請托，自來國家興亡，靡不由此。乃楊士驤、陳夔龍等，以貪邪小人，各任兼圻，人人駭笑。而梁如浩放上海道，蔡紹基放津海關道，劉燕翼放鎮江道，政以賄成，私人充斥，天良澌滅，綱紀蕩然，恐自是以後，人人皆知有奕劻、袁世凱，不知有我皇太后、皇上矣。臣上年到京於奕劻處未投一刺，袁世凱也不□(原文缺)識，且皆無怨嫌，實見外人勢力欺我大清國至此以極，奕劻、袁世凱貪私負我大清國至此已極。臣但有一日之官，即盡一日之心，言盡有淚，淚盡有血，奕劻、袁世凱若怙惡不悛，有貪私等事，臣隨時奏劾以報天恩。福禍不動其初心，強權或屈於清議。臣性至愚，不敢不勉。謹附片再陳，伏乞聖鑒，謹奏。

此附片再次抨擊徐世昌夤援奕劻、載振父子，確實徐世昌從科舉時代的翰林出身而至總督、尚書、大學士、太保。在民國為國務卿而至大總統，兩朝元老，宦海煊赫。其無一不與袁世凱有關。徐世昌在翰林院，因官運十分蹭蹬之故，實際上只是一名「黑翰林」，沒有補缺的希望。若非袁世凱大力援手，他很可能還會蹭蹬下去的。光緒廿一年，袁世凱以浙江溫處道奉旨赴小站督練新建陸軍，不久，徐世昌應袁世凱邀任營務處，是為徐世昌與袁世凱共事之始。費行簡的《近代名人小傳》說：「迨回鑾，世凱迎駕，面奏世昌學兼文武，才清幹濟，特宣入對。孝欽見其體貌英挺，音吐優揚，大喜。諮以直魯軍防，條對明晰。翌日，后告榮祿曰：「徐世昌或足繼李鴻章後乎？」其期許若此。徐一士也說：「翌年，設商部，以慶親王奕劻長子載振為尚書，徐氏擢右丞（六品升三品）時慶袁正相善也。旋以練兵處設立，開缺以內閣學士候補，並加副都統銜，充提調。（奕劻管理練兵處，袁世凱為會辦。下置三司，劉永慶充軍政司正使，段祺瑞充軍令司正使，王士珍充軍學司正使，皆北洋人物。）明年，署兵部侍郎，又明年（光緒三十一年），奉派檢閱北洋所練常備軍各鎮，命在軍機大臣上學習行走，兼督辦政務處大臣，會辦練兵事宜，以兵部左侍郎署尚書；贊機要，典戎政，遂為中樞要人焉。（軍機同列為奕劻、鹿傳霖、瞿鴻禨、榮慶、鐵良。）是年六月，奉派偕載澤等出洋考察政治，七月出發，以中站突遇炸彈（吳樾所為），改期啟行。九月設巡警部，徐氏留充尚書，真除正卿矣。由編修而實官尚書，其間僅三年耳，神速可驚也。（其在軍機大臣上學習行走，係五月奉旨，至十二月，去學習字樣，乃為正式軍機大臣。）」四年之中，徐世昌由正七品的編修驟升至從一品的尚書，遷擢之速，為有清一代漢大臣所未有。所以然之故，則因袁世凱之竭力扶植，與奕劻之從旁推轂也。

梁鼎芬鍥而不捨、接二連三抨擊奕劻、袁世凱，且牽連徐世昌、陳夔龍等顯宦，言辭刻薄，且譏且諷，終引起慈禧的強烈不滿。九月二十日硃批：「謝恩摺件，夾片奏事，已屬不合，且當此時局日棘，乃不察時勢之危迫，不諒任事之艱苦，輒有意沽名，摭拾空言，肆意彈劾，尤屬非時，著傳旨申飭。欽此。」慈禧並沒有理會梁鼎芬的一番謀國的苦心，而把他視為和二十多前彈劾李鴻章一樣，是「書生之見」和「風聞言事」而已。有趣的是，梁鼎芬請慈禧不要重用袁世凱，而慈禧偏偏重用他，大有「斯人不出如蒼生何」之概！梁鼎芬在七月初彈劾袁世凱，七月二十七日清廷就授袁世凱外務部尚書、軍機大臣，當時袁世凱力辭，詔不許，謂時局阽危，應同心協力，共濟時艱。清廷對袁世凱倚畀如此之殷，區區一個湖北布政使怎能撼動權傾一時的袁宮保呢？

第十章　桃色交易：「性賄賂」楊翠喜

光緒三十二年（一九〇六）年九月二十日，清廷任載振、徐世昌為查辦奉天事件大臣，前往吉林、黑龍江查辦案件。原來東三省地大物博，一向富庶，苛捐雜稅甚多，但自從趙爾巽為奉天將軍以後，他任用史念祖來整頓稅務。而原本的蠹吏貪官，策動了御史張世培奏上一本。其時已決定東三省將改行省。趙爾巽本已內定為第一任總督，如今有此一奏，慈禧太后決定派人去視察。奕劻內舉不避親，主張派載振去查辦，因為苛稅病商，自與商部有關。不過，載振到底更事不多，還得派一個老成人作為輔佐，而徐世昌向奕劻自告奮勇，此事遂成定案。二十九日，載振、徐世昌帶同隨員熙彥、吳笈孫等抵奉天，十月初七日到齊齊哈爾。十一月十七日，載振和徐世昌等回到天津，接待欽差，在地方官是件大事，何況載振又是換帖弟兄，袁世凱覺得於公於私，都必得格外盡心才好，所以指定天津巡警總辦段芝貴，專為載振辦差。載振剛一到津，袁世凱就在總督衙門設宴為其接風洗塵，殷勤款待。

在聲色場所打滾數十年的段芝貴，對載振這個紈絝之輩早就瞭若指掌，為投其所好，特意安排載振去天仙茶園看楊翠喜的表演。事前段芝貴再三叮囑楊翠喜要拿出看家本事，把

滿族婦女不纏足。

載振伺候好。楊翠喜一出場便向載振拋個媚眼，載振一見楊翠喜有傾國傾城之貌，頓時如癡如醉，心旌神搖，意亂情迷，看得停杯不飲，眼都直了，而不知不覺擡起手來，擊節拍板。段芝貴見此光景，與王益孫作了個會心的微笑，隨即又向貼身聽差作了個手勢，抬來一籮筐簇新的龍洋。戲一完，載振鼓掌喝彩，段芝貴便大聲宣佈：「振貝子放賞！」楊翠喜起身急赴臺下給載振叩頭請安謝賞，載振令楊翠喜起身說話。楊翠喜抬頭，美目流盼，正與載振四目相對，只見她輕鬢似雲，細眉如月，豔麗而脫俗，真可謂麗質天生，國色天香。段芝貴本就善於察言觀色，於是又安排楊翠喜是夜在載振身邊侍寢。載振被楊翠喜所傾倒，除了容貌之外，還在於她的一雙小腳。滿人婦女不纏足，漢人女子纏足對清朝的皇帝及王公貴冑無疑地是「致命的吸引力」，若說楚王愛細腰的話，無疑地清帝是喜小腳的。

清咸豐皇帝廣求漢人美女就是一個明顯的例子，許指嚴的《十葉野聞》說：「文宗厭滿婦之無姿態，輒與某內監耳語，絮絮問都門婦女情狀，且尤注意於流寓之蘇、杭間人。……文宗固好鞋杯者，偶與心腹內監崔某私語。崔某昵之曰：『上不聞有宣南小腳蘭乎？又不聞觀音四面乎？』文宗訝然曰：『朕苦不自由，不克與走馬章台者逐鹿，命也。雖然，朕必破此藩籬，一嘗個中風味。爾盍先為我道其詳？』崔曰：『張家次女曰蘭，不獨饒於色，且擅潘妃之步，實尤物也。而姐妹花凡四，苟羅而致之，大足為風流天子之溫柔鄉矣。』上挈崔行曰：『去！去！爾為嚮導可也。』崔曰：『當謀之。彼非賣淫家，幸勿造次。』……某夕，崔以布圍車載上出後門，竟趨城南。……文宗氣體兀傲，顧盼非凡。張氏雖不知其為帝王，而已料其必非等閒流輩。於是四女出而捧茶，環肥燕瘦，各臻其妙。上不覺目眩神迷，歡笑時作，漸失其珍重之度矣。已而瓊筵坐花，玉檀奏樂，天上人間，罕有此樂。」

又據《滿清野史三編》中記載：「文宗因東南太平軍起，中心憂焦，頗懷信陵君醇酒美人意，常居園內，命宮監四出覓漢女，充下陳。文豐有心腹奴二，皆漢人也。一走維揚，一去金閶，購得民女四人，皆絕艷，或云取自妓家。文宗為特設四院以處之。亭館崇宏，隔垣相望，複道屬焉，即世所傳杏花春、武林春、牡丹春、海棠春是也。杏花春尤妖冶，係廣陵方氏女，幼曾鬻娼家，心腹奴物色得之，以二千金脫其籍。時海棠春亦新自金閶來，文宗益樂甚，為詩以賞文豐之能，賜賚重疊。未幾，心腹奴又獻牡丹春。女亦蘇人，善媚工歌舞。

文宗嘗攜那拉妃聽歌，妃頗賞之。其後寵眷愈隆，妃遂妒忌，別遣心腹至粵江選花，得珠兒之麗者，以間牡丹之寵，即武陵春是也。四春爭妍鬥媚，……」文中所說的「那拉妃」即是後來的慈禧太后。在咸豐初年挑選秀女時，她天生豔麗聰明，又善唱吳歌和所扮的漢女裝束，深為咸豐所喜愛，得以被選入宮，得幸後被冊為懿貴人。少女慈禧之美，並非不及圓明園四春，但吃虧的是滿州女子不纏足，即使少女慈禧明豔嬌美，仍舊不敵圓明園四春的「弱柳臨風」之姿。《十葉野聞》說：「凌波之纖趺如削筍，至需人扶掖以行；腰支嫋裊，本可作掌上舞，益以蓮鉤，每小步花間，偶一搖曳，輒如乘風飛去。帝絕寵之，西后妒之甚。」這裡的「西后」即是少女慈禧蘭兒。又說：「文宗眷漢女，其目的所在，則裙下雙鉤是也。窅娘新月，潘妃蓮步，古今風流天子，如一轍哉。」

無獨有偶的，載振也喜纖趺如筍，腰支嫋裊的漢人女子，他一連幾日偕楊翠喜於左右，奈何要回京覆命，最後還是和楊翠喜分手，怏怏不樂地離開了天津。

載振情迷於楊翠喜，正中段芝貴下懷，段芝貴的「美人計」又即將上演了，他同時也預感到他進身之階就要搭設起來了。於是他在載振走後，立即約來與楊翠喜私交甚密的鹽商王益孫，央求王益孫出面與楊翠喜的領主陳國璧商議，用「倒口袋」的方式贖買楊翠喜。因為當時官府規定，朝廷命官不准私蓄優妓，但以非官方的名義贖買優妓，然後暗地裡倒給政府官員則無人追究。此種方式買優妓天津民眾稱之為「倒口袋」。

至於到底花了多少錢，買得楊翠喜，各家說法不一。根據光緒三十三年四月十二日（一九〇七年五月二十三日）上海《新聞報》第三版〈段芝貴案始末情形詳志〉的報導則說：「女優楊翠喜，初為振貝子所賞識，故段買以進獻。然當時已預防物議，因駕名於富商王益孫，天津俗語謂之「倒口袋」，蓋亦官場中人之慣技也。王受某之重託，則囑其黨王少舟、顧少巖二人從中說合身價，初議八千兩，楊妓之義父楊茂亭得四千兩，楊妓舊主侍衛陳國璧得二千兩，餘歸王、顧二人中飽。事已垂成，王少舟深知段買楊妓係獻當道，乃串通楊妓之義母張氏將楊藏匿金家窰地方，陡長身價，非三萬金不可，再四磋商，加至一萬三千金始成交易。惟張婦僅得一千五百金，餘則王、顧二人平分。」

楊翠喜被贖出後，段芝貴又破費銀元五千元，為楊翠喜購置珠翠頭面和考究的服裝。經過精心調教，於光緒三十三年二月二十七日，以為慶親王奕劻七十大壽之機，把楊翠喜秘密送到北京，獻給了載振。同時還從天津商務總會會長王竹林處借了十萬兩，做為壽儀，敬獻之於奕劻。但根據光緒三十三年四月十二日（一九〇七年五月二十三日）上海《新聞報》第三版〈段芝貴案始末情形詳志〉的報導說：「趙侍御原奏，由商會總理王竹林匯銀十萬兩，其實不止此數，實有三四十萬之多，其中亦非王一人之款，不過皆由王經手代為張羅耳。據津人僉云正金上行（天津正金銀行分上下行，上行在估衣街）買辦吳階南借七萬，麥加利銀行買辦徐樸庵三萬，針市街中裕厚錢店二萬（此款聞由知府楊某代借），益德王益孫（益德即王益孫所開店）借五萬，天津富紳張問渠八萬，某局總辦申太守代借三萬，以上均有利息，七、八、九厘不等。天津富紳陳秉億借一萬，無利。逸信洋行孫仲英送四萬（孫包辦北洋軍火，與段交素深，且段又允到任後由孫獨辦黑省軍火，故有此厚贈也）。此外道員如何某、徐某，富商如王祝三、吳某等，均有大宗借款。」由此觀之，這簡直是天津工商界的一項集資大「賄賂」，一項大的「政治投資」，是非常明顯的「政商勾結」。

日俄戰爭後，清廷鑒於東三省重要，設東三省總督，下設奉天、吉林、黑龍江三巡撫（以前東三省稱為盛京為「龍興聖地」，不入各省編制）。袁世凱曾向奕劻說：「王爺府中日用，大部分由直隸一省供應，王爺用世凱在直隸，就像王爺自己做總督。將來東三省改制，由王爺與世凱選派自己人去充當督撫，從此四省都在我們掌握中，王爺不怕財源枯竭了。」奕劻貪財，袁世凱投其所好，奕劻大喜，遂奉袁世凱為謀主，穩操朝政。袁世凱就在此時把東三省督撫名單擬妥，交載振帶回給他父親奕劻，奕劻言聽計從，名單如袁世凱所擬：以徐世昌為首任東三省總督，以唐紹儀授奉天巡撫（唐紹儀在朝鮮與袁世凱已互相結納），以朱家寶授吉林巡撫，以段芝貴署黑龍江巡撫。

徐彬彬、徐一士兄弟的《凌霄一士隨筆》說：「比載、徐差竣回津，復過津小駐，芝貴即以翠喜獻，載振大喜而納之。而世凱於此次會晤，即將三省督撫暨其餘要職商定，開一名單，交載振轉致奕劻，多世凱夾袋中人物。載得翠喜，自深感芝貴。」根據費行簡的《近代名人小傳》說：「（載振）後偕徐世昌赴奉天查辦事件，歸過津，世凱設劇召飲，女優楊翠喜登場，姿首非佳，而頗含蕩意，振一見神奪，語言顛倒。道員段芝貴陪飲睹狀，越日為翠喜脫籍，進之，媵以銀十萬。振愧無以酬德，芝貴謂倉卒不及備妝，此戔戔者不值貝子一笑，敢望賚酬耶？振曰：吾必有以報子，子姑待之！」。

由於美人及鉅額獻金，對於奕劻載振父子，產生了效應，於是緊接著是三月初八，明發上諭：「東三省吏治因循，民生困苦，亟應認真整頓，以除積弊，而專責成盛京將軍著改為東三省總督，兼管三省將軍事務，隨時分駐三省行臺。奉天、吉林、黑龍江各設巡撫一缺，以資治理。徐世昌著補授東三省總督，兼管三省將軍事務，並授為欽差大臣。奉天巡撫著唐紹儀補授，朱家寶著署理吉林巡撫，段芝貴著賞給布政使銜署理黑龍江巡撫。該督等受茲重寄，務當悉心經畫，破除情面，而任怨任勞於一切應辦事宜，確實通籌，次第舉辦。」這朱家寶由江蘇藩司調升，出於端方推薦，端方是袁世凱的兒女親家，因此也算袁的人馬，但也有人說：是因為朱家寶的兒子朱綸拜了載振做乾爹的緣故。而對於段芝貴而言，美人及金錢的賄賂，確實完全達到他的算計了。

上諭發下的隔天，也就是三月初九日，在慈禧、光緒身邊的史官惲毓鼎（一八六二—一九一八，字薇孫，江蘇常州人，寄籍順天大興，在晚清先後擔任翰林院侍講學士、侍讀學士，光緒二十三年起充當日講起居注官，長期隨侍光緒皇帝。）都看不過去了，在他的《澄齋日記》記下他的憤慨：

「東三省建立行省，以徐世昌為總督兼管三省將軍，充欽差大臣。唐紹儀為奉天巡撫，朱家寶為吉林巡撫，段芝貴為黑龍江巡撫。皆北洋所保薦也。三省為祖宗發祥之地，三百年來例用豐沛人鎮守。前年授趙次帥將軍，猶是漢軍旗也。全用漢人，實自今始，而事權之重，為向來所未有。徐帥偃然受之，且遞條陳謂用人不關吏部，用財不關度支，練兵不關中樞，如是則與分藩無異，不特非國家之福，恐亦非家門之福耳。」而對段芝貴更是嚴厲的抨擊，他說：「段芝貴，字香巖，安徽人。或言其曾得幸於劉延年軍門，以守備為袁帥材官，供灑掃奔走之役，嗣改官縣丞，躐捐道員，充天津巡警總辦，年僅三十餘，不甚識字。據報紙云，此次以十萬金得開封府，且聞其有松壽之獻。所言曖昧，因未敢盡信。特以節鉞濫加，為朝廷羞，為邊疆危，為時局痛，熱血沖心，握拳透爪，不覺其言之激也。」

徐彬彬、徐一士兩兄弟的《凌霄一士隨筆》對於此事，有他們的看法，他們認為這是袁世凱在利用奕劻的關係發展其北洋的勢力，使其伸展到東三省，他們說：「西后惟一寵臣榮祿死後，奕劻代為軍機領袖，權勢日盛。其人貪庸而好貨，袁世凱傾心結納，饋遺甚豐，並與其子載振結兄弟交，奕劻奉為謀主，甘居傀儡。慶、袁之交既固，世凱遂遙制朝政，為有清時代權力最偉之直隸總督焉。東三省實行省制，主之者世凱，意在擴張勢力，所謂大北洋主義也。丁未年，徐世昌簡東三省總督，並授為欽差大臣，兼三省將軍，地位冠於各督。奉、吉、黑三巡撫則唐紹儀、朱家寶、段芝貴。四人皆出袁薦，東陲天府，悉為北洋附庸，固見世凱后眷之隆，而奕劻之為袁盡力，自亦非尠。」又說：「先是，西后以東三省將行省制，命載振、徐世昌出關視察，蓋亦世凱所主張，而世昌之督東，慶、袁似有成議，西后似亦內定矣。……惟謂芝貴以道員超領封疆，悉賴乎是，則尚非事實。蓋世凱為芝貴謀黑撫，為就東三省擴張北洋勢力大計畫中之一著，其政治上之意味，實重於區區載、段私人關係也。至相傳芝貴並以巨金賂奕劻，以奕劻本受北洋之奉養而供驅策，事之有無，不足深計矣。」

其中唐紹儀以郵傳部左侍郎授奉天巡撫，資歷相當。朱家寶原是江蘇布政使，授吉林巡撫，也沒有人說躐等。至於段芝貴不過是個直隸候補道臺（正四品），居然能賞布政使銜（從二品）署黑龍江巡撫，人們就大感詫異了。因為論官銜品級，從正四品的道員，到從二品的巡撫一職，等於跳級升遷，這種升官法，只有皇帝親自特授，所謂「恩出自上」的拔擢，才有可能。《凌霄一士隨筆》也說：「段芝貴以直隸候補道驟加布政使銜署理黑龍江巡撫，其破格擢用，視同治元年李鴻章之撫蘇、沈葆楨之撫贛。而李、沈均曾簡實缺道員，且值軍務正亟之時，情事猶不侔，至勳名物望非其時之李、沈比，更不待論。命下之後，輿論譁然。」

據天津市文史館館員、藝術研究所研究員、戲曲專家甄光俊、方兆麟文章[1]說：有道是

1 甄光俊、方兆麟〈清末轟動朝野的一樁官場花案〉，《文史精華》總第二一〇期，二〇〇七年十一月。

沒有不透風的牆。沒出幾天，以畫仕女享名於世的畫家張瘦虎，得悉段芝貴獻美、載振鬻爵的內情後，當即以「愁父」署名，繪製了一幀小中堂諷刺畫，題名《升官圖》。畫面端坐一纏足女郎，二郎腿一搭一蹺；一清裝官員跪倒在女人石榴裙下，覬覦女人腳下的花翎頂戴，作叩頭謝恩狀。明眼人一看便知畫面上那位女人酷似女藝人楊翠喜，那清裝官員自然就是段芝貴了。此畫告成，投寄天津《醒俗畫報》。《醒俗畫報》是天津最早的畫報，光緒三十三年三月二十三日，在天津啟文閱報社中成立，創辦人為吳芷洲，總編輯為溫世霖，第一任主筆陸辛農。當時《醒俗畫報》恐因此招惹是非，未予刊用，畫家又將畫稿張掛在文美齋南紙局。於是，畫中所諷刺段芝貴獻美賄官、載振金屋藏匿女伶的事流傳開來，並且很快傳到朝廷內部，由此引出一場不大不小的官場風波，就連慈禧太后也為此事大傷腦筋。

以段芝貴獻楊翠喜而買官這件事，群臣雖都氣憤萬分但又礙於奕劻的威嚴和袁世凱的權重，只敢在私下議論。如史官惲毓鼎的《澄齋日記》三月十五日有云：「遼左設治，儼然析珪，北洋勢力範圍遂包萬里。政府謀國之疏，可為寒心。又，近來疆臣權重勢專，朝廷一意姑息，不復能制，尾大不掉，藩鎮之禍時見於今。」但身為有正義的報人汪康年在光緒三十三年三月十八日的《京報》首先以〈特別賄賂之駭聞〉為題稱，奕劻壽慶暗備帳冊，現金一萬以上及禮物三萬金以上入福字冊，現金五千以上及禮物萬金以上入祿字冊，現金一千以上及禮物三千金入壽字冊，現金一百以上及禮物數百金入喜字冊，整個壽慶共計收受禮金五十萬之巨，禮品折銀亦不下百萬，《京報》諷其為「老慶記公司」。此事一經報紙披露，舉國譁然。

汪康年，字穰卿，浙江杭州人。早年瞿鴻禨當浙江學使來杭州時，汪康年應歲試，得瞿學使賞識得列第一名，因此汪康年一直視瞿鴻禨為恩遇之師。光緒二十年汪康年為三甲進士。時當甲午戰後，變法圖強的論調高唱入雲，汪康年倒是有心人，並不以講維新為獵官的捷徑，反而絕意進取，在上海辦了一張旬刊，名為《時務報》，聘「筆鋒常帶感情」的梁啟超為主筆，作為維新派的言論機關報。及至戊戌變法之初，奉旨將《時務報》改為官辦，由康有為督辦，其時汪康年已別創《時務日報》，為了避免與官報的名稱雷同，改名《中外日報》，記載中外大事，評論時政得失。光緒三十三年二月十五日則創立《京報》，他的入京辦報，與其座師瞿鴻禨可能有密切關係。瞿鴻禨於光緒二十六年入值軍機，瞿氏以才敏受知，且有清望，素為慈禧所倚重。時奕劻以貪庸為人所詬病，亦同值軍機，二人積不相能，遇事每有爭論。汪康年既是瞿鴻禨的弟子，故對奕劻博擊最力，以為害馬不去，則良政無由建立，終以揭發楊翠喜案，得罪奕劻一黨。後來《京報》又刊載〈慶親王七十生辰特別賜壽記〉文中痛斥奕劻「問之當世，實無可紀之功，筆諸史編，更無可書之績」，值國家危亡之時大辦壽慶而不覺「不自安」，但「固已位則易，箝人口則難」，這一舉動應受輿論指責。

而更添變數的是岑春煊（雲階）的突然入京晉見兩宮，岑春煊廣西西林人，是原雲貴總督岑毓英第三子，舉人出身。因庚子年兩宮西狩，率兵勤王，護駕有功，極得慈禧太后寵信。他為政嚴猛，不講情面，經常參劾違法亂紀和庸劣的僚屬，被稱為「官屠」。光緒三十二年七月間，奕劻以軍機領袖的身份向慈禧太后提出，雲南方面邊患，非得幹練知兵如岑春煊者不能勝任，於是岑春煊被調雲貴總督。將岑春煊貶往邊陲僻遠的貧瘠之地，事實上應是慶親王、袁世凱二人聯合排擠岑春煊的第一步。岑春煊明知這「實不由兩宮本意，特奸臣欲擯吾遠去，彼得任所欲為」。並發誓要破奸黨逆謀，「不能出奇計以挽頹日，非丈夫也。」他並沒有赴任，旋乞假就醫於上海，以圖後舉。光緒三十三年一月十九日，岑春煊被改任四川總督，但不准上京請訓，岑春煊知道這仍是慶、袁之謀。此時瞿鴻禨寄來密信，希望他以奏請入覲為名入京，於是岑春煊當機立斷，電請順道入見，不俟諭旨，逕乘京漢火車北上。抵京之日，滿朝皆愕然，一時議論紛紛。盛宣懷更是早有預見，說岑之入京，必有「大舉動」。史官惲毓鼎的《澄齋日記》三月二十二日也記載：「川督岑雲階不待宣召，即乘快車來京，其請陛見之疏同日而至，蓋拜疏即行矣。同朝震悚，有疑其入清君側者。連三日召對，留為郵傳部尚書，今日謝恩，面劾侍郎朱寶奎，即奉旨革朱職。聞其彈劾甚多，尚未發作。近日官以賄成，朝政污濁已甚，得此公一蕩滌之，亦快事耳。」慈禧和光緒帝一連三天召見岑春煊，他侃侃陳詞，歷舉慶黨如何營私舞弊，幾乎聲淚俱下的說：「老佛爺如果不大力整肅，不出十年八年，恐怕會出亂子了。」慈禧聽後，也為之動容，安慰他道：「你的事好辦，當年若不是你護駕，我們母子還能再返回北京嗎？」於是叫他做郵傳部尚書，隨命軍機擬旨，次日正式發表。第二天岑春煊謝恩，慈禧叫他快些上任，因為這個缺空懸已多日了。岑答：「臣不能到任。」問何以故？岑說：「郵傳部左侍郎朱寶奎，聲名狼籍，臣何能與之共事？」慈禧說：「好罷，就叫朱寶奎開缺。」按清代官制，尚書與侍郎同為一部的「堂官」，侍郎並非尚書的屬吏，以尚未到任的尚書面參在職的侍郎，實無此成例，可見慈禧對岑春煊的寵信，也可見岑春煊對慶、袁派系的不滿。有人因此喝采，孫寶瑄就在其《忘山廬日記》中敘述當時情景說：「猶賴岑帥之突至，以霹靂手段為政府當頭棒喝，豈不使人可愛，豈不使人可敬？岑尚書乃一活炸彈也，無端天外飛來，遂使政界為之變動，百僚為之蕩恐，過吳樾懷中所藏者遠矣！」朱寶奎是慶親王一系人物，郵傳部是個油水衙門，慶親王安置一個親信在其中，當然有重大的意義的。因此當三月二十三日「朱寶奎革職」的諭旨下後，慶黨為之震驚。

光緒三十三年三月二十五日（一九〇七年五月七日），素負剛直不阿、直言敢諫的御史趙啟霖不畏權貴遂冒死參了慶黨他們一本。趙啟霖，字芷孫，湖南湘潭人，光緒十八年壬辰進士，點了庶吉士，散館授編修，以翰林官御史。由於同鄉的關係，趙啟霖跟瞿鴻禨很接近，是在門生之列。趙啟霖、趙炳麟和江春霖（人稱「臺諫三霖」），他們曾因共同彈劾過奕劻未成而被降職，因此在參奏之前趙炳麟阻攔道：「此案若只涉及段芝貴尚可參奏，但事實上是即牽連親貴又涉及重臣，妄奏則殃及自身，有性命之虞。」但趙御史奏意已決，不可動搖，遂遞上〈新設疆臣夤緣親貴物議沸騰據實糾參〉的奏摺云：

竊東三省改設督撫，原以根本重地，日就阽危，朝廷銳意整飭，特重封疆之寄，冀拱衛之功。不謂竟有乘機運動，夤緣親貴，如署黑龍江巡撫段芝貴者！

臣聞段芝貴人本猥賤，初在李經方處供使令之役；經在袁世凱府中聽差，旋入武備學堂，為時未久，百計夤緣，不數年間由佐雜至道員，其人其才，本不為袁世凱所重，徒以善於迎合，無微不至，雖袁世凱亦不能不為所蒙。

上年貝子載振往東三省，道過天津，段芝貴復夤緣充當隨員，所以逢迎載振者，更無微不至，以一萬二千金於天津大觀園戲館，買歌妓楊翠喜，獻之載振，其事為路人所知。復從天津商會王竹林借十萬金，以為慶親王奕劻壽禮。人言藉藉，道路喧傳，奕劻、載振等因為之蒙蔽朝廷，遂得署理黑龍江巡撫。不思時事艱難，日甚一日！我皇太后、皇上宵旰焦慮，時時冀轉弱為強。天下臣民稍有人心者，孰不仰體深宮憂勤之意？在段芝貴以無功可紀，無才可錄，並未曾引見之道員，專恃夤緣，躐躋巡撫，誠可謂無廉恥。

在奕劻、載振父子，以親貴之位，蒙倚畀之專，唯知廣收賂遺，置時艱於不問，置大計於不顧，尤可謂無心肝。不思東三省為何等重要之地，為何等危迫之時，改設巡撫為何等關係之事！此而交通賄賂，欺罔朝廷，明目張膽，無復顧忌，真孔子所謂「是可忍，孰不可忍矣！」。旬日以來，京師士大夫晤談，未有不首先及段芝貴而交口鄙之者，若任其濫綰疆符，恐增大局之阽危，貽外人之訕笑。臣謬盡言職，緘默實有所不安，謹據實糾參，應如何懲處以肅綱紀之處，伏祈聖裁。……

疏上，舉朝皆驚。慈禧太后覽摺大怒，她想起岑春煊前幾天對奕劻的攻擊，毫不遲疑他用朱筆評了兩個字：「徹查」！同時將原摺從「以一萬二千金」至「以為慶王奕劻壽禮」這一段文字旁邊，密密加點，表示徹查者何事。其實慶王奕劻已得消息，是由李蓮英傳來的。李蓮英把這個消息托內務府大臣轉告奕劻，讓他自己早自為計。當天剛好奕劻在旁，太后遂謂：「東三省不得已而改置督撫，我破格用人，原為富國強兵，不意汝等如此狼心欺我！」言畢甚至泣下。太后原擬將載振嚴議示懲，幸有軍機大臣世續、林紹年二人從中轉圜，奏稱：「事之有無，未可確定，遽加嚴譴，恐非所以體恤親貴之道。」太后聞之，顏色稍霽。而慶親王也力請查辦，以杜眾口，且謂如所劾屬實，願加等受罪，如查無其事，亦請以誣告反坐言官。

慈禧太后問：「這段芝貴到底是什麼人？」。軍機大臣瞿鴻禨說：「據慶親王說，是有功之人。但如進用不以其道，怕從此開了幸進之門，關係不淺。」，「你是說段芝貴真的行了賄？」，「臣不敢這麼說。」瞿鴻禨答說：「段芝貴沒有補過實缺，亦沒有送引見，就派任巡撫，過去尚無其例。」，「是啊！」慈禧太后說：「道員放缺，都要先引見，如今居然有我跟皇上都沒有見過的巡撫，這不叫人奇怪？既然如此，應該先撤他的藩司。」瞿鴻禨承旨退了出來，擬了兩道上諭。一道是：「段芝貴著撤去布政使銜，毋庸署理黑龍江巡撫。」以程德全暫行署理。一道是：「御史趙啟霖奏，新設疆臣，夤緣親貴，物議沸騰，據實糾參一摺，據稱段芝貴夤緣迎合，有以歌妓獻於載振，並從天津王竹林借十萬金為慶親王壽禮等語，有無其實，均應徹查。著派醇親王載灃、大學士孫家鼐確實查明，務期水落石出，據實覆奏。」

查史官惲毓鼎的《澄齋日記》三月二十五日也記載：「閱邸抄，知御史趙啟霖疏劾段芝貴以歌妓黃金獻媚邸第而得巡撫，奉旨段開缺，慶邸振貝子交醇親王、孫中堂查辦。」

而被稱為晚清「諫官第一人」的鐵面御史江春霖則緊跟著趙啟霖窮追猛打奕劻父子。江春霖（一八五五—一九一八），福建莆田人。光緒二十年中進士，由庶吉士散館，授翰林院檢討。雖身在翰林院，但卻心在都察院，他曾對人言：「得為御史，盡言責，素願足矣。」十年翰林院的悠閒時光，並沒有消磨他當御史的志向。光緒三十年他參加了朝廷選拔御史的考試，榜發時，名列第一。他一生清正廉潔，敢於同官場腐敗進行頑強鬥爭，敢於為民請命。時人稱其「直聲動天下」，「有清三百年間，諫官奏疏殆未有如君言之切直者」。江春霖在三月二十九日緊跟著上了〈劾慶親王父子疏〉，針對直隸總督袁世凱操縱輿論，弄虛作假，奏稱：

為報紙評論親貴，前後頓殊，托詞更正，擬請旨並調核傳問以憑查究，恭摺仰祈
聖鑒事。竊慶親王奕劻及其子農工商部尚書載振，威權日盛，勢傾中外。此次奕劻七十壽辰，都下喧傳，收受禮物，駭人聽聞者甚多。而京外各報，尤秉筆直書而不諱，不第署撫段芝貴一人，歌妓楊翠喜一事而已。臣久擬疏彈，以上年七月初八日、八月初十日、十二月二十四日，及本年二月二十五日奏劾內外大臣各摺片，均皆奉旨留中未發。

又念贓私之律，授受過付，同罪言之，雖確有憑，按之類皆無據。康熙五十年，江南鄉試副考官趙晉，交通關節。蘇撫張伯行劾江督噶禮索銀五十萬保金一案，若非
聖祖仁皇帝俯鑒孤忠，幾陷不測。是以一月以來，屢貽仗馬寒蟬之誚，而不敢摭拾上陳也。

不意本月御史趙啟霖，奏參纔奉諭旨，派醇親王載灃、大學士孫家鼐查辦。而天津《大公報》、《順天時報》，又有更正楊翠喜之說。臣閱之大駭。外議多謂：載振當將楊翠喜贈其舊好王益孫，出名頂領，而脅報館為之洗刷。人言固不盡可信，但以臣所見，各報門包、壽禮數目，言之鑿鑿，路人皆知，何以絕不更正，獨沾沾之於更正楊翠喜一節。且各報皆有訪事前之誤登，訪從何處，更之更正，訪自何人，斷非絕無來歷，豈容信口雌黃。

現蒙諭飭載灃、孫家鼐查辦虛實，應待奏復，本無庸更參一議。惟情節既掛彈章，而報紙頓改初議，難保無調弄筆墨，顛倒是非，熒惑眾聽情弊，應請飭並調查各報，傳問該報館主筆，訪事前後，互異原因，以便追究。臣為慎重起見，謹繕摺具陳。是否有當，伏乞皇太后、皇上聖鑒，訓示。

再，載振由東三省回津，直督留聽戲二日，翠喜在場，戀戀不捨。臣得之天津官場中人，口述頗為詳悉，招議似非無因。合併陳明。謹奏。

江春霖彈劾奕劻父子借為奕劻祝壽為由大收禮物、結黨植私，指責他們迫使報館更改報導，請飭查各報館前後報導不符的原因。史官惲毓鼎的《澄齋日記》也說在趙啟霖彈劾奕劻父子的奏摺上了之後：「越三日，御史江春霖復入一文字，言該妓可以退還天津，易於掩飾。」是江春霖早已看出慶、袁的詭計，因此他心中有數，慶、袁玩得是「金蟬脫殼」的花招。御史們連番地彈劾，這對慶親王、袁世凱、載振、段芝貴等人而言，無異是政壇上的一陣大風暴，對著他們席捲而來。

第十一章　假鳳還巢：楊翠喜復歸王益孫

此時奕劻父子見禍事臨頭，驚慌失措，連忙向袁世凱求援。載振甚至嚇得面如死灰，不知所措，急忙抵津問計於袁世凱，袁世凱思忖再三說：「唯今之計，一定要令楊翠喜出京，否則我也沒辦法。」載振追問何以故？袁世凱說：「令其出京，暫避他人耳目，等朝廷派人查辦時，已無確實證據，且無論派何人查辦，到天津必先見我，我從中調停，一定可以避重就輕。」載振點頭而去。袁世凱馬上命素有幹才的探訪局總辦楊以德火速隨載振進京，令其一晝夜間攜楊翠喜來津。楊以德至京後，當晚用一輛帶蓬的騾車將楊翠喜秘密載出慶王府，到得城外，星夜疾馳百里，至黃村，乘次日京奉車至天津。

袁世凱又使人威脅利誘天津富商王益孫，令其自認在農曆二月初十用三千五百元購買楊翠喜為使女。並與楊茂亭夫婦以倒填日月的手法，立下字據。此外，袁世凱又囑商會會長王竹林，要他斷不可承認與段芝貴有金錢往來。並操縱天津等地的《大公報》和《順天時報》，要他們對於先前楊翠喜的不利報導，馬上刊出有利的更正。在查訪大員尚未出京之時，袁世凱早已一切安排妥當了。

醇親王載灃與大學士孫家鼐奉旨後，載灃少不更事，查究之責主要取決於孫家鼐。孫家鼐雖為老臣但也不敢得罪慶親王，據劉體仁的《異辭錄》對孫家鼐當時的心態有切近地描寫：孫家鼐深知「博輿論之歡欣鼓舞固自易易」，但顧慮到：一、奕劻是親王，即使開缺，如仍留京，遇年節吉日，仍蒙召見，很有可能「捲土重來」。二、即便能打倒奕劻，袁世凱也未必能一塊打倒，如打不倒，被反噬一口，更不合算。三、「吾一言一動影響皇上甚巨大」。孫家鼐原為帝黨重臣，戊戌時曾受牽連，庚子後方得化解，一慮及此，「戰戰兢兢之不暇，豈敢稍涉疏忽」，於是決計敷衍了結，免樹政敵[1]。乃派了正紅旗滿州印務參領恩志、內閣侍讀潤昌二員往天津查訪。恩志等二人到津後，傳楊翠喜到案，楊翠喜說她早在今年三月已為王益孫買為使女，有身契可證，而王益孫亦是如此說的，口供相符。而王竹林則根本不承認有借錢給段芝貴之事。據光緒三十三年四月十二日（一九〇七年五月二十三日）上海《新聞報》第三版〈段芝貴案始末情形詳志〉的報導：「本年三月十八日，王益孫派顧少巖送楊翠喜進京，旋因風聲甚大，仍交顧某帶回。且不敢附火車，由通州乘船，於二十五日旋津。王益孫始張燈結綵，將楊妓接至家中，蓋不得不藉此以掩人耳目也。及事發後，醇邸孫相所派之參領、內閣侍讀潤昌到津，當飭天津巡警局將楊妓之義父母楊二（即楊茂亭）

1 郭衛東〈論丁未政潮〉，《近代史研究》一九八九年第五期。

夫婦派人看管，並傳王益孫到堂質訊。而王益孫已早寫有假契一紙，載明價銀三千五百元，買作使女。楊妓之義父母亦早串好供詞，所供均相吻合。於是兩委員飭楊、王等各具買人賣人與段無涉之甘結。及初三日一同帶京，聽候兩欽使面訊，仍供如前，當晚開釋。初四日，王等遂乘早車回津。」

而西冷山人所輯的《楊翠喜》一書，收有他們當時所提出的供詞，分別是：

職商王錫瑛（益孫）稟

稟為據實陳明事，竊職於光緒三十三年二月初十日，有楊李氏情願將其養女楊翠喜賣給職為使女，言明給價洋三千五百元，當時人錢兩交，立有字據為證。現在該使女楊翠喜收在職家服役，實無他項蒙混清弊。緣奉飭查，理合呈賣據呈候欽差大人查核施行。上稟。

楊翠喜呈

為據實陳明事，竊身向在天仙茶園唱戲，於光緒三十三年二月初間，有王五爺向身母說，允以三千五百元價買充當使女之用，身遂於三月初三日在天仙茶園停演，初四日回東安縣，初十日返津，在王五爺日本租界樓房暫住，於三月十八日歸王五爺住宅服役，所具是實，並無蒙混清弊。為此叩乞欽差大人查核施行。光緒三十三年三月二十九日楊翠喜。

楊茂亭供

在東安縣南關外大街住，身在家種地賣曲為生，時常來津看顧妻女。小的生女翠喜，由十二歲學戲，十三歲出臺。二月初四日，身妻同女翠喜回籍。身妻李氏言說，將女翠喜歸義德王益孫收做使女，有拉車人梁二過付，已得身價洋三千五百元，立有字據。身同妻並女翠喜於本月初十日來津，妻女即搬在榮街王益孫所租二百四十四號樓房居住，身住天仙后利津公司十號房。於三月十八日王益孫將女翠喜接至其家胡同王之本宅西院房間居住，先於二月二十九日由天仙后搬至德義樓後二百六十六號，身現與妻李氏仍在此房居住。別無情節，所供是實。楊茂亭押。

楊李氏供

年五十八歲，係東安縣南關外大街居住，娘家係香口村李姓。楊翠喜係氏親生之女，由十二歲學戲，十三歲出臺，現年十六歲。去年十二月間，有拉車人梁二過付，以天津王益孫欲買氏之小女，收做使女，於今年正月底說妥，已得身價三千五百元，立有字據。於二月初四日氏帶女翠喜回原籍東安住數天，於本月初十日復返天津。當日氏同小女翠喜即搬至王益孫租賃之樓房住，此樓在日界榮街二百四十四號，氏夫楊茂亭仍住氏舊租之下天仙后十號房。由二月初十日在榮街樓房住至三月十八日，王益孫將小女翠喜接至其家胡同王之本宅西院房間居住，氏於三月二十五日到王宅瞧看小女翠喜一次，氏現同夫楊茂亭搬至德義樓後二百六十六號房居住。別無情節，所供是實。四月初一日，楊李氏押。

（附賣據）

立賣字人楊李氏，今將養女名翠喜，年十六，情願賣與王五爺名下做為使女，言明身價洋三千五百元正，其洋筆下收清，並無短少。以後倘有親族人等藉端訛索，俱有楊李氏一面承當，不與王五爺相干。恐口無憑，立字為據。

中人梁二

光緒三十三年二月初十日　立字人楊李氏

梁二供

係濟南府禹城縣人，於二十八年來津，現在義德王益孫看榮街之樓屋。楊翠喜賣與王益孫，因其兩家願意，小的從中通知，身價洋三千五百元。於二月初十晚天翠喜同其母李氏由東安縣來津，即搬至王益孫所租榮街二百四十四號樓房居住，其父楊茂亭住天仙后利津公司十號房，於三月十八日晚王益孫將女翠喜接至王之本宅。王益孫因榮街樓房無人，即命小的看守。所供是實。四月初一日梁二。

又前引《新聞報》的報導：「……查辦委員到津先派巡牟二員巡兵四名將王竹林看管，及傳王質詢，王力辯其誣。二十九日，兩委員到商會調查帳目，亦未易查出實據，後復添傳商會協理寧世福審問，亦代王辯護。兩委員乃飭王出具並未借銀甘結，且謂須各行商董同具保結，各行商董素仰仗王竹林之聲勢，誰敢不保，故同時具結。兩委員遂將王、寧於初三日一同帶京，一併預備提訊。是晚經醇邸孫相訊明，無罪開釋。初四日同回天津，是日即由兩欽差覆奏，洗刷淨盡矣。」

恩志、潤昌按照這些人的偽證，覆奏。醇親王載灃與大學士孫家鼐本來早就與奕劻父子沆瀣一氣，在調查楊翠喜事件中更是官官相護。經過一番弄虛作假，於同年四月五日向慈禧轉奏了所謂的調查結果。乃以「楊翠喜案」雖有風聞，查無實據覆奏。奏摺如下：

臣載灃、臣孫家鼐跪奏為遵旨查辦事件。據實恭摺覆陳，仰祈聖鑒。事竊於三月二十五日軍機處片交。本日內閣奉上諭，御史趙啟霖奏〈新設疆臣夤緣親貴物議沸騰據實糾參〉一摺。……欽遵臣等奉到諭旨，次日即商同辦理，派委正紅旗滿州印務參領恩志、內閣侍讀潤昌前往天津詳細訪查。現據該員等稟稱，到津後即訪歌妓楊翠喜一事。時天津人皆言楊翠喜為王益孫買去，當即面詢王益孫，稱名「王錫瑛」，係兵部候補郎中，於二月初十間在天津榮街買楊李氏養女（名翠喜）為使女，價三千五百元，並立有字證。再三究問，據王錫瑛稱，楊翠喜現在家內服役。又據楊翠喜稱，先在天仙茶園唱戲，於二月初間經過付人梁二，與身父母說允，將身賣與王益孫，充當使女。復訊楊翠喜之父母，並過付人梁二等稱，伊養女楊翠喜，實在王益孫家內現充使女等語。……據該員稟覆前來，臣等即將案內要證王益孫、楊翠喜之父母、王竹林（名王賢賓），並保證商會協理寧世福、錢商鄭金鼎等提傳來京面訊，各所供與該員等所查相符，均無異詞。所有臣等查明，據實覆陳緣由，理合恭摺具奏，伏乞皇太后、皇上聖鑒訓示。再臣等現將王益孫等親供各甘結及賬目等項目共十七件，咨送軍機處被查。合並聲明，謹奏奉旨。欽此。

於是四月初五日，清廷發布上諭，公布了對案情的調查情況及處理的結果，云：

前據御史趙啟霖奏參〈新設疆臣夤緣親貴〉一摺，當經派令醇親王載灃、大學士孫家鼐確實具奏。茲據奏稱，派員前往天津詳細訪查。現據查明，楊翠喜實為王益孫即王錫瑛買作使女，現在家內服役。王竹林即王賢賓，充商務局總辦，與段芝貴並無往來，實無措款十萬金之事。調查賬簿，亦無此款。均各取具親供甘結等語。該御史於親貴重臣名節所關，並不詳加查訪，輒以無根據之詞率行入奏，任意污蔑，實屬咎有應得。趙啟霖著即行革職，以示懲儆。朝廷賞罰一秉大公，限當時事多艱，方冀博採群言，以通壅蔽。凡有言責諸臣，於用人行政之得失、國計民生之利病，皆當剴切直陳，但不得摭拾浮詞，淆亂觀聽，致開結黨傾陷之漸。嗣後如有挾私參劾、肆意誣罔者，一經查出，定予從重懲辦。欽此。

史官惲毓鼎的《澄齋日記》四月初五日也記載：「而《京報》又訛傳言官大會於嵩雲草堂，謀聯銜入告，為趙御史聲援。此語上達禁中，上益疑外廷結黨傾陷。今日兩大臣復奏，派員密查，均無其事。上大怒，褫趙啟霖職，並申戒言路，倘再妄言誣罔，定予嚴懲。」

段芝貴藉獻楊翠喜得黑龍江巡撫，本是千真萬確的事實；而趙啟霖之敢於搏擊權貴，不計安危，更是人人共欽的英勇行為。如今只因為世凱、奕劻等人之巧於彌縫，載灃、孫家鼐之畏葸鄉愿，竟致是非顛倒，黑白不分，而直言敢諫之趙啟霖反因此而得到一個「污蔑親藩」的罪名，被革掉御史，這樣的處置，如何能不使旁觀者為之不平？因此上諭發布後，朝廷輿論再次大譁。連身為史官的惲毓鼎都覺得不妥，他在四月初五日的《澄齋日記》也說：「聞者咸短氣。臣謹按，此事有無不必論，趙啟霖亦不足惜，唯國家設立言官，特許風聞言事，原欲其博擊權要，以警奸邪而肅朝綱，若科以反坐之罰，則此後誰復敢犯權貴，致蹈不測之誅乎？言路結舌，主聽日蒙，恐非朝廷之福也。」都察院左都御史陸寶忠、遼瀋道監察御史趙炳麟先後上奏，為趙啟霖申辯。全體御史連日開會，策劃聯名上奏，為趙啟霖辯白。風波之大，前所未有。

儘管有袁世凱的巧為彌縫及載、孫二人的掩護開脫，但迫於強大的輿論壓力，奕劻還是引咎自責，保證今後更要謹慎從事；而載振則於四月六日奏請開去御前大臣、農工商部尚書及各項差使，其摺曰：

> 奏為瀝陳下悃，仰懇天恩，准予開去各項差缺，恭摺具陳，仰祈聖鑒事：伏念奴才係出天潢，夙叨門蔭，誦詩不達，乃專對而使四方，恩寵有加，遂破格而躋九列。方滋履薄臨深之懼，本無資勞才望可言，卒因更事之無多，以致人言之交集。雖水落石出，聖明無不燭之私，而地厚天高，局蹐有難安之隱。所慮因循戀棧，貽衰親後顧之憂，豈為庸鈍無能，負兩聖知人之哲。思維再四，輾轉徬徨，不可為臣，不可為子。

唯有仰懇天恩，准予開去御前大臣、農工商部尚書要缺，以及各項差使。願此後閉門思過，得長享光天化日之優容，倘他時晚蓋前愆，或尚有墜露輕塵之報。

晚清民初的大詞人況周頤（蕙風）在他的掌故筆記《眉廬叢話》[2]書中說：「光緒季年，某貝子陳請開去差缺一摺，外間頗有抄傳者，此摺於宛轉乞憐之中寓牢騷不平之意，雖非由衷之言，亦可謂善於詞令者矣。」

對於載振奏請開去御前大臣、農工商部尚書及各項差使，《凌霄一士隨筆》有他的看法，云：「西后派載灃、孫家鼐查，世凱等亟為釜底抽薪之計，即秘送翠喜回津，由張鎮芳（按係袁世凱之表弟）浼王益孫出面領去。益孫名錫鏌，天津鹽商綱總，鎮芳時以候補道充全省財政總彙處總辦，兼辦永七鹽務，二人關係素密也。及載灃、家鼐派恩志、潤昌二員至津訪查，而布置已定，錫鏌自承係參案前購為使女，翠喜言亦如之，並有人證、物證。家

[2] 《眉廬叢話》刊登於《東方雜誌》第十一卷第五號（新曆一九一四年十一月一日），每期刊出數十則，至三九四則之後，因搬家之故，但沒改名，是為《續眉廬叢話》。繼續在《東方雜誌》刊登，至第十三卷第二號（新曆一九一六年二月十日）止。筆者翻檢當年《東方雜誌》將正、續兩集合為「全編本」，總計五一六則。又原刊登於雜誌上只有斷句，並無新式標點，乃重新點校。此書況氏生前並未單獨成書出版，因此知之者不多也。今有「獨立作家」（秀威資訊）二〇一六年「全編本」。

鼐、載灃不敢深究，雖又提傳至京面訊，亦官樣文章。既據以覆奏，遂以「誣衊親貴重臣名節」褫啟霖職，而西后實不能無疑。故於案結之前，即撤銷芝貴布政使銜，命無庸署理黑龍江巡撫。奕劻不自安，命載振之案結後自請開去農工商部尚書及各項差使，后許之。載振疏詞令頗工，有『不可為臣，不可為子』等語，其師唐文治所草也。」劉成禺的《世載堂雜憶》也稱讚載振此摺為駢儷文中的佳作，只是他誤為是楊士琦所作，其實確實出於唐文治之手。

唐文治（一八六五－一九五四），江蘇太倉人，十六歲時入太倉州學，後師從理學家王紫翔，十八歲時中舉人。二十一歲入讀江陰南菁書院，師從黃以周、王先謙等名家。光緒十八年（一八九二）中壬辰科進士，同年五月，以主事分部學習，任戶部江西司主事。其後還擔任過總理衙門章京，光緒二十七年（一九〇一）《辛丑和約》成，隨專使那桐赴日謝罪。光緒二十七年十二月十二日（一九〇二年一月二十一日）慈禧太后任命載振為清朝赴英國致賀英皇愛德華七世加冕，唐文治亦隨行，回國所寫的《英軺日記》，就是出自唐文治的手筆。光緒二十九年（一九〇三）由外務部郎中洊升商部右丞。光緒三十二年（一九〇六）授商部左侍郎，旋署農工商部署理尚書。唐文治由部曹小官驟升高官，完全可說由於奕劻的推薦，是唐文治對於奕劻，不無知己之感。載振辭職後，他出任郵傳部上海高等實業學堂（交通大學）監督（校長），學校改名為南洋大學堂、交通部上海工業專門學校，後繼任校長，直至一九二〇年因病辭職。後在無錫創辦無錫國學專修館並任館長長達三十年，一九五〇年學校（此時已改名中國文學院）併入蘇南文化教育學院後任名譽教授。一九五四年在上海逝世。後來他成為一著名的教育家。

朝廷為此下旨稱：「載振奏瀝陳下悃懇請開去各項差缺一摺，載振自在內廷當差以來，素稱謹慎。朝廷以其才識穩練，特簡商部尚書，並補授御前大臣；茲據奏陳請開去差缺，情詞懇摯，出於至誠。並據慶親王奕劻面奏，再三籲懇，具見謙恭抑畏之忱，不得不勉如所請。載振著准其開去御前大臣、領侍衛內大臣、農工商部尚書等缺及一切差使，以示曲體。現在時事多艱，載振年富力強，正當力圖報效，仍應隨時留心政治，以資驅策，有厚望焉！」

惲毓鼎的《澄齋日記》四月初六日記載：「農工商部尚書振貝子請開差缺，奉懿旨允行，獎譽其父子甚至。貝子此舉蓋欲稍塞論者之口也。」但事實上並無法減低御史們的憤怒情緒，緊接著四月初七日御史陸寶忠也為趙啟霖鳴不平，他的奏摺說：「近所拔擢者，徒借破格之名，轉失用人之當，無怪人言之嘖嘖也。御史趙啟霖罔識忌諱，冒昧直陳，輕聽道路之言，以致誣及親貴，其咎固無可解，而其心實有可原。況御史原准風聞言事，即傳聞失實，亦宜曲示優容。查趙啟霖平日學問頗優，聲名尚好，憨直乃其本心，彈劾因之過當。合無仰懇逾格鴻慈，鑒其愚誠，仍留言路，以作臺諫敢言之氣，而慰天下望治之心。」而御史趙炳麟於四月初八日上疏，對於段芝貴署理黑龍江巡撫事，則痛言道：「臣早欲具摺糾參之，則無真實之憑據；不參，又不能上對君父，下對天下士民，日夜焦思以至於病。及見趙啟霖糾參，益欽皇太后、皇上之清明，深自愧多所顧忌，不如趙啟霖之不顧處分。今則如臣之多所顧忌者，獨留於朝；如趙啟霖之不顧處分者，罷職而去，謂立言官之謂何？將何以作其氣耶？他日，倘有權奸干國，賄賂公行者，誰復為之直言極諫耶？」最後趙炳麟甚至要挾朝廷，以辭職相逼：「倘以臣言為朋比，則臣實無面目以立於朝，亦將還冠帶於陛下，辭我皇太后、皇上而歸田里矣。」

江春霖則認為要破解慶、袁的計謀，當從相關人等的供詞下手。於是四月十二日他更上了一道奏摺〈奏劾王大臣查案疑竇疏〉，就載灃、孫家鼐之「徹查」疑竇及供詞之支離恍惚，指出其中有六點可疑，云：

> 買獻歌妓之說，起於天津報紙，而王錫鍈則天津富紳，楊翠喜又天津名妓，若果二月初即買為使女，報館近在咫尺，歷時既久，見聞必確，何至誤登？可疑者一。使女者，婢之別名。天律買婢，身價數十金，至五百金而止，無更昂者。以三千五百圓而買一婢，是比常價增二三十倍矣。王錫鍈即揮金如土，擲於虛牝，愚不至此，可疑者二。翠喜色藝，傾動一時，白居易〈琵琶行〉所謂「名在教坊第一」者，無過是矣。老大嫁作商婦，尚訴窮愁，豈有少年紅顏，甘充使女，可疑者三。王錫鍈稱，在天津

榮街買楊李氏養女，不言歌妓。而翠喜則稱，先在天仙茶園唱戲，經過付人梁二與身父母說允，又不言養於李氏。供詞互異，捏飾顯然，可疑者四。既為歌妓，脂粉不去手，羅綺不去身，其不能勝操作也明甚。謂在家內服役，不知所役何事？可疑者五。坐中有妓，心中無妓，古今惟程顥一人，下此雖十年浮海之胡銓，不免動情於黎倩矣。而曰買為使女，人可欺，天可欺乎？可疑者六。

以上各點，純就王錫鍈、楊翠喜二人之供詞矛盾及不合情理處逐一舉其可疑，袁世凱、段芝貴等人的彌縫雖周，至此卻破綻顯然。因此，江春霖在他的奏疏中續說：

臣以情理斷之，出名頂領之說即使子虛，買妓為妾之事更無疑義。伏查《大清律例戶律》內載：「凡官吏娶樂人為妾者，杖六十，並離異。」等語；「樂人」，注「為妓者」。案經王大臣查無實據，本不敢倡為異說。惟是趙啟霖業經革職，載振亦復開缺，而兵部候補郎中王益孫名錫鍈，以職官而納歌妓，顧獨逍遙法外，未免落人物議。若非照娶樂人律科斷，不惟國法未申，實無以塞都人士之口。

這一段話，其重點雖然在請求將王錫鍈按職官娶妓之律依法處斷，其目的似乎有藉此而希望逼迫王錫鏌據實供出其中真情之意。究竟江春霖是否確有此意，固然難以推測，而此疏中所論王錫鏌不可能買楊翠喜為婢的觀點，卻十分清楚。慈禧太后老於政事，看了這樣的奏疏，豈有不了然於心的？何況她自己也有一批太監、侍衛等人作為耳目，心中對此若有所疑，吩咐這些耳目去細細探聽一番，事實真相，自然就可明白。江春霖此摺雖是追究王益孫買妓之罪，實則吐露對清廷處理趙啟霖案的不滿。

按照清朝法律，官員納妓為妾是要受處分的，儘管這在實際上的執行大成問題，尤其晚清官員早納妓成風了，但如果當事人自請其罪，朝廷和法律就不能不問了。這使我們想起光緒八年寶廷（竹坡）娶船家女而罷官的事。寶竹坡是常祿的兒子，常祿是道光壬辰進士，滿清宗室，號蓮溪，隸滿洲鑲藍旗。寶竹坡可謂天潢貴胄，他還是晚清詩壇之一大家，文章學問俱佳，於同治七年中進士，選庶吉士，授翰林院編修，光緒七年，朝廷擢授內閣學士。但他生平不拘小節，浪漫成性，頗有名士派頭。他一生最顯著的風流案，是當他四十二歲做到禮部侍郎，因為放福建主考，回京路過浙江，忽然與江山船的船娘發生好感，娶她作妾，然後又上書參奏自己說：「奴才典閩試歸至衢州，坐『江山船』，舟人有女年已十八。奴才已故弟兄五人皆無嗣，奴才僅有二子，不敷分繼，遂買為妾。奴才以直言事朝廷，屢蒙恩眷，他人有罪則言之，己有罪則不言，何以為直？」於是「上諭」就說：「侍郎寶廷奏，途中買妾，自請從重懲責等語。寶廷奉命典試，宜如何束身自愛，乃竟於歸途買妾，任意妄為，殊出情理之外。寶廷著交部嚴加議處。」這就是當年轟動一時的「納妓自劾」案件。

詩人易實甫（順鼎）以詩譏之，其中兩句為：「宗室八旗名士草，江山九姓美人麻。」所謂「宗室八旗名士草」，係指寶竹坡曾輯與他有血緣關係的詩集，題為《宗室一家草》，為滿清皇族文獻之一。而所謂「美人麻」也者，則因竹坡的如夫人患有天花麻面之故。至於「江山九姓」的含義，則更為深遠。相傳元末陳友諒兵敗後，其部屬九姓逃至浙東，以捕魚為業，不與他姓通婚。其船號稱「江山船」，也稱九姓漁船。江山城位於江山港的北岸，為之江航線的一大碼頭。富商巨賈既多集於此，而花船歌妓，亦盛極一時，燈紅酒綠，薰人欲醉，故有風流才子之稱的寶竹坡置身其間，自然樂不可支了，他有詩云：「江浙衡文眼界寬，兩番攜妓入長安。微臣好色原天性，只愛娥眉不愛官。」然而竹坡的佯狂落拓，據說是另有一段隱情。因為他是主張改革政治的「清流黨」之一，又身為滿清宗室大臣，傳統的思想，竟使他不能稍有激烈行動，其處境與內心之痛苦，恰與漢朝的劉向頗為相似。而他之所以娶江山船家女為妾，則是一幕「一托而逃」的悲劇！

據徐彬彬《凌霄漢閣筆記》云，寶竹坡有手致夏伯定一書自書心衷，語多含蘊，伯定名震武，即竹坡癸酉典試兩浙所得士。諸及門中投分最深，以氣節自負亦相類。又嘗以程朱之學相切磋，師弟函札往還，辯論身心性命之理，累累數千言而不倦。書曰：「僕於足下懷欲言久矣。有所欲言而不忍言復赧於言，赧於言終不敢不言，慮足下不知隱衷而他有所疑，且慮足下誤聞他人言而誤信，則僕之自怨自悔不得已不得白之隱衷，將終此世不能白於足下。夫此衷不白於天下後世猶可也，不白於足下不可也，天下後世未必有真知己，而足下乃真知已也。足下嚴氣正性，僕所最喜亦最憚。去歲相見，頗欲略申衷曲，赧赧難出諸口，別後諸事瓦裂，一敗塗地，忌恨者笑罵不一而足，而僕皆不以為意，捫心自問，惟覺上難對朝廷，下難對足下耳。僕乖謬疏狂，上負天恩，下孤眾望，貽笑天下，得罪後世，然僕四十四歲矣，閱歷亦不為不久矣。縱結習不盡，亦豈若少年場，沈溺不能自解乎！吁可為知者道，難為俗人言也。抱此不得已不能白之隱衷，無由告語，當時如此，後世可知。甚矣人之不可失足也。夙與足下心性相契，非凡通家比。足下志大力堅為今世豪傑，日後出處不可知，其為傳人必矣。茲不顧恥笑，傾懷相告，俾足下詳悉當日情事，知僕所以悍然為此不顧之由，則僕不得已不能白之隱衷，既白於足下，庶由此得白於後世，不至萬古罪人。若夫當今天下則不必求白，縱求白亦徒勞而不信，或且增辱。蓋忌而恨者多也。」語摯而氣雄，鬱勃蒼涼，便與司馬子長〈報任少卿書〉，同一韻致。又〈寄夏伯定墓廬歲詩〉云：「閉戶荒廬歲再周，壯懷銷盡牘窮愁。石頑敢望媧重鍊，天遠焉知杞獨憂。大海風濤何日息，空山著作幾時休。真儒豈忘安攘事，泉石爭容久自由。」、「莊泉廬墓幾經春，血染麻衣泣路人。豈願有名稱孝子，可憐無福作忠臣。三年水旱同枯骨，四海仇讐盡比隣。差幸時平兵漸弭，窮途猶得保閒身」，亢臧之氣，激越之音，使人不忍卒讀。震武之弟鼎武序竹坡遺文曰：「侍郎以帝室英胄，早舉甲科入詞林，居官清廉。甚始也亦未嘗不以白蘇為風流，稽阮為通達，放意於詩酒，寓情於聲色。然考其大節處而事父則誠孝，至性動鄰里，出而立朝，則直言極諫聞海內。無愧屈原劉向之忠，陶潛之介。」此數語平情立論，信足以盡竹坡之生平，作為「蓋棺論定」可也。

寶竹坡終於由此而得償所願，做了無官一身輕的名士。寶竹坡過世後，他的好友、晚清另一位大詩人陳寶琛所撰的輓詩中有兩句詩值得玩味：「梨渦未算平生誤，早羨陽狂是鏡機。」道出箇中的緣由。寶竹坡晚年隱居於北都，貧困幾無以自存，黃秋岳的《花隨人聖庵摭憶》所記：「竹坡先生之貧特甚，罷官後，徜徉京西諸山間，得詩數百首，春寒如嚴冬，而著襖袍，面破棉見。……身為貴胄，交遊遍朝端，而窮餓不顧以死，非徒今人所難能，古亦不多見。聞先生歿時，無以為殮。」他的詩集名曰《偶齋詩草》，風格則近乎陸放翁。

而楊翠喜案後，載振主動辭官，過起了平民生活。不過日子過得也十分悠閒，在北京、天津兩地分別置有別墅，曲徑通幽，竹樓山石，頗具園林盛景。一九一七年父親奕劻去世後，載振被封為慶親王，繼承王爵。一九二四年因溥儀被驅趕出宮，恐禍及自己，遷入天津英租界，從事工商投資活動，遠離政治。據他兒子溥銓[3]說載振在一九四七年時，在一張與

[3] 溥銓〈我的家庭慶親王府片斷〉，《晚清宮廷生活見聞》，北京：文史资料出版社，一九八二年。

家中三個姨太太合影照片的背後，題寫了一段文字：「人生若夢，往事如煙，花殘易落，別易見難。循環有數，了卻夙願，天空地闊，渺渺茫茫。」旁邊注有說明：「此幀念五（按：廿五）年前余四人往於怡園所照，乃最後一幕豔美時間，不幸於十數載之間，伊三人均先我而去，余今已七十二矣，回憶今年丁亥夏，係四側福晉五旬冥壽，今冬又為三側福晉六十冥壽，撫今追昔，則有落花流水春去也，天上人間之感耳。丁亥仲夏聊以數言自書以記之。」同年他病逝於天津。這是後話。

對於楊翠喜之事，革命報人楊毓麟在光緒三十三年五月二十四日的上海《神州日報》上發表〈譽楊翠喜〉社評加以抨擊，楊毓麟（一八七二—一九一一）湖南長沙人，他與梁啟超、唐才常、譚嗣同等人一同倡言變法，成為湖南維新運動的骨幹。其實，楊毓麟是以一份報紙、一本書出名的。書是《新湖南》，內容是鼓吹湘省獨立，被史家評價為「辛亥革命準備時期最具鼓動力的著作之一」。一份報紙，就是《游學譯編》，那是楊毓麟與留日學生創辦的，在留日學生中產生了巨大的影響。光緒三十三年四月二日《神州日報》在上海創刊，楊毓麟任總主筆，于右任擔任社長。他從五月十八日至二十四日連續發表文章評論，對這位權傾一時的親貴大臣的斂財鬻爵進行無情地揭露，他說：「咄！汝楊翠喜，以一女優而為釀成政界恐慌之一怪物耶？汝有何力，而能使彼輕薄無賴之候補道乍升乍降耶？使彼招權納賄之樞邸乍喜乍驚耶？使彼親近芳澤之天潢貴胄乍陂乍平耶？使彼無數銜口結舌之言官乍蠢乍靈耶？汝一出而搬弄一黑龍江巡撫如轉丸，陵轢一親王如轉丸，搖動一農商部尚書如轉丸，驅逐一言官如轉丸，馴致將來移易二三軍機大臣如轉丸。蓋非賴汝具此魔力，則大小臣工皆鼾有聲而無生氣焉。樞府諸人有胸而無心，惟汝與之以互相爭奪之證明；臺諫諸人有口而無說，惟汝與之以論列是非之筆舌。恨汝命薄，不為褒姒，以滅彼庭燎之光；祝汝美好，早從鴟夷，以相彼吳宮之沼。汝於國民為晦氣，而亦為明星；汝於政界為魔女，而亦為化人。咄！汝楊翠喜，汝之位置卑劣，名譽污穢。然而以汝之關係言之，則已居然一歷史上之人物矣。噫！」

而趙啟霖在被革職後即回故鄉湖南湘潭，據掌故大家高伯雨在《聽雨樓隨筆》書中說，趙啟霖的同鄉陳毅（字詒重，湘鄉人，丁巳復辟時，一任「郵傳部副大臣」，為復辟黨中堅份子。）在北京郵傳部任職，他找到楊翠喜小影一張，寄給趙啟霖，並在相片後題字云：「公不可不識此人！」並題七絕六首如下：

（一）

啁啾翠羽戲朝暉，天上珠巢護碧衣。
怪怯昨宵春夢惡，蒼鷹側翅擊空飛。

（二）

將軍巧計奪勳封，松壽雙名強喚儂。
乍出花叢香未散，裙邊袖底幾遊蜂。

（三）

翠鳳聲清引洞簫，深深金屋更藏嬌。
周郎重感孫郎貴，爭羨江東大小喬。

（四）

學梳宮髻試妝樓，仙樂仍誇鞠部頭。
忽憶匈奴山色好，胭脂紅障玉顏羞。

（五）

春盡湘南一片帆，東風不解燕呢喃。
只憐別院梨花雨，濕透珍珠窄袖衫。

（六）

宮袍掩面淚痕潸，愧對何郎傅粉顏。
日暮餘園歌舞地，可堪重問謝珊珊。

第一首指趙啟霖彈劾載振事。第二首「松壽雙名強喚儂」，是用了典故。段芝貴獻楊翠喜以結歡載振，其事極似宋朝時錢塘知縣程松壽之買妾進獻於當時的宰相韓侂胄。近人丁傳靖所輯的《宋人軼事彙編》引〈慶元黨禁〉有記其事，其大意說：韓侂胄有個愛妾，偶因小過觸怒韓侂胄，於是被趕出相府。錢塘知縣程松壽立即叫媒婆以八百千文買下這個女子，養在家中，好酒好肉款待她，待之如上賓。過了幾天，韓丞相怒氣已解，又想起這個愛妾，立刻召見，知道已為程松壽所買，氣不可抑。程松壽連忙將她送回，並對韓丞相說，那一天有個官人來京師見皇帝，將往外地上任，他有意要買她，小官知道了，恐怕一經買去，便帶到外縣，於是我斗膽搶先一步將她買下，好好地奉養在家，待丞相息怒後再送入府裡。韓侂胄意猶未平。等到他的愛妾入門相見，具言松壽謹待以禮，韓丞相大喜，即日躐除太府寺丞。踰年，升到右諫議大夫，程松壽猶怏怏不滿意，於是又百般物色，買到一美人獻之，取名曰松壽。韓侂胄說：「為什麼她和你同名呢？」答曰：「小官想這樣一來我的名字將常常被你叫著。」一拍馬屁拍到這個地步，韓侂胄大喜，又把他升官到同知樞密院事。段芝貴獻楊翠喜以求官，正與程松壽相同，此詩用典用得頗為有趣。

第三首詩有「翠鳳」字樣，原作者自註云：「北洋大臣直隸總督袁世凱有妾曰翠鳳，為翠喜姊妹行，亦芝貴所獻。」這一小註極有趣。翠喜一事，鬧到滿城風雨，見之彈章，而獻翠鳳卻逃過了清議的指責，亦為後人所罕知也。惟袁世凱有妾名翠鳳，確否尚未可定。看來在官場上要想升得快，不如天天拉皮條。第四首寫楊翠喜早年在哈爾濱賣笑生涯。第五首寫袁世凱策劃楊翠喜雪夜狂奔，遣回天津。並點破了段芝貴以珍珠衫獻慶親王之事。第六首更由楊翠喜之事，追溯到三年前載振的另一位女人：謝珊珊。

而在御史們的群起抗爭下，清廷最後終於做出讓步，於七月十六日發布上諭：「已革御史趙啟霖，加恩著開復革職處分。」旋擢四川提學使，總算還趙啟霖一個公道。其實在此事發生不久慈禧便知道趙啟霖所參確有其事，段芝貴得黑龍江巡撫，不但獻妓是實，即獻金奕劻之事亦屬實在。於是此次慈禧降諭令趙啟霖復職，奕劻事前並不預聞，甚為惶悚。這一事實顯示出了慈禧太后對奕劻之不滿。這是後話。

倒奕大參案雖暫告一段落。但奕劻與袁世凱則從趙啟霖的參劾中體會到政敵的攻擊力量。朝廷內部「袁黨」、「瞿黨」兩大敵對集團，至此更形水火，也導致「丁未政潮」的引爆。

第十二章　風起萍末：岑春煊與袁世凱的恩怨

說到岑春煊與袁世凱都是晚清崛起的重臣，兩人的家世、發跡、升遷有幾分相似。庚子以降則兩人的聲望也與日俱升，當時還有「南岑北袁」之稱，但隨著仕途的升遷與跌宕，兩人的矛盾、鬥爭，是非恩怨相互糾纏也與日遽增。歷史學者沈雲龍[1]說：「清末疆吏中，直隸總督袁世凱與兩廣總督岑春煊，名位相埒，一以戊戌政變（光緒二十四年）告密起家；一以庚子拳亂（光緒二十六年）扈從有功，其得慈禧后之寵眷亦差相頡頏。惟世凱廣樹聲援，結納親貴，挾以自重；春煊則清剛自勵，彈擊貪黷，頗獲時譽。卒致彼此冰炭不相容，儼然政敵。終且鉤心鬥角，引起丁未政潮（光緒三十三年），結果袁勝岑敗。」岑春煊為人勇於任事，「敢作敢為」，是其長處；然其性情暴躁，剛愎自用，不學無術，終不能成為清末的「名臣」，是為人所惋惜的。

1 沈雲龍（耘農）〈清末民初之岑春煊〉，《新中國評論》第十二卷三期，一九五七年三月。

岑春煊（1861-1933年），清末大臣。

岑春煊（一八六一－一九三三）字雲階，廣西桂林人。是「名父」之子，但也紈絝出身，其父親岑毓英，十分勇悍善戰，自咸豐六年（一八五六）至同治十二年（一八七三），岑毓英在雲南境內轉戰十八年之久，平定雲南回亂有功，由縣丞歷升至雲貴總督。岑春煊早在光緒五年（一八七九）就曾捐官主事，在工部當差，到光緒十一年（一八八五）又考中舉人，奉旨以郎中在部候補，以貴介而居閒曹。光緒十五年（一八八九）父卒丁憂，光緒十八年（一八九二）服闋回京之後，就奉旨補授為光祿寺少卿，再遷太僕寺少卿，具備了四品京堂的身份。光緒二十年（一八九四），中日戰起，岑春煊奉旨交劉坤一差遣委用，但劉坤一以其年少好事，意頗輕視。其後以山東告急，劉坤一派兵往援，命岑春煊總理煙臺營務，仍未見重用也。次年，岑春煊引疾，奏請開缺回里。光緒二十四年（一八九八）戊戌變法，廣開言路，岑春煊剛好送他的七弟春蓂至京應試，例須赴宮門請安，遂蒙召見。岑春煊奏對時，力陳國勢阽危，非發憤自強，不能圖存。欲求自強，必先興學、練兵、講吏治、信賞罰，乃克有濟。退朝後，以所言猶未曲盡，復上封事，條陳時政，語多訐直，頗受激賞，不數日，而有簡任廣東布政使之命。岑春煊以一疏而獲賞識，是他一生發皇騰達之始。而此疏卻得力於張鳴歧之手筆。

張鳴歧（一八七五—一九四五），字堅白，號韓齋，山東無棣人。張鳴歧與岑春煊結交之初，還是岑春煊在北京做紈絝闊少的時候。湯用彤之兄湯用彬在所撰的《新談往》說：「春煊少年跅弛，自負門第才望，不可一世，黃金結客，車馬盈門，宴如也。以狎優之暇識何威鳳，間接識張鳴歧。鳴歧後來事業，俱發軔於韓潭之間，而世人不知也。」所謂的「韓潭」，即是「八大胡同」的韓家潭，是清末的娼優薈聚之地。岑春煊早年在韓家潭結識了張鳴歧，後來卻因張鳴歧而發跡。以後他外放為布政使，就把張鳴歧請了去做他的幕賓。

岑春煊任廣東布政使，但因與兩廣總督譚鍾麟政見不合，僅七十日而去職。譚鍾麟（一八二二—一九〇五），字文卿，湖南茶陵人，是譚延闓之父。同治十年（一八七一），因左宗棠疏薦，出任陝西布政使，不久代理陝西巡撫。光緒元年（一八七五），實授陝西巡撫一職。光緒五年（一八七九），調任浙江巡撫。光緒七年（一八八一），升任陝甘總督。

光緒十八年（一八九二）升任工部尚書，不久調任閩浙總督。光緒二十一年（一八九五），調任兩廣總督。根據章太炎的〈書譚茶陵遺事〉一文，譚鍾麟還算是清末疆吏中有政聲者，只是到了晚年在兩廣總督任內，治事因循，而更顯出岑春煊的勇於任事，鋒芒初露也。

而後岑春煊任甘肅布政使，甫半年就有庚子之亂，兩宮倉皇西狩，狼狽不堪。岑春煊遠從甘肅蘭州率兵千里勤王，護駕西行，始得稍存帝王威儀。岑春煊後來在他的《樂齋漫筆》記此情況云：

> 在甘藩任半載，即有庚子拳匪之亂。八國聯兵，京師危急。余聞之，亟言於總督魏光燾，願率兵星夜勤王。魏意不欲余行，以餉絀兵單為詞。余曰：「本司庫中，除正項外，尚存外銷款一百三十餘萬。請以三十萬供兵餉，調馬隊十營，即日可行。若總督故靳其事，本司有權自能出奏，從此辭矣。」即起立欲行。魏見狀，知不可阻，遽離座遮留曰：「且共商行計。」余曰：「事勢至此，豈容安坐細商，以甘省距京遼遠如此，馬隊盡力奔馳，尚恐不及，步隊更不必論，本司之意，現在倉卒召集，又須選擇精騎，萬一十營之數猶不能足，惟有先率在省馬隊三旗同行，一面請公迅調大兵，隨後趕往。」……遂守候魏督立發電奏。時所調兩旗尚未齊集，因留將領隨後開拔，先率衛隊數十人，自蘭州省城取道草地北行，晝夜急馳，故得於二十八日即抵都門。入

覲之日，兩宮獎諭備至。

慈禧為報此雪中送炭之情，對他特予寵信，不次拔擢。當行近潼關，奉旨授陝西巡撫，抵西安，復改署山西巡撫。途中遷升，走馬上任，可謂官運亨通者矣。光緒二十八年調岑春煊為廣東巡撫，未及赴任，即奉署四川總督；翌年，復調署兩廣總督，自戊戌至癸卯，時間不及六年，連升四級，位至兼圻，寵遇之隆，一時無兩。在兩廣總督四年任內，岑春煊擢拔龍濟光、陸榮廷於行伍之中，又整肅吏治，參劾不法。

清末吏治敗壞，貪賄公行。為了振飭官常，澄清吏治，岑春煊「每至一省，必大肆糾彈，上下股栗失色」。在任署理四川總督時，岑春煊「察吏尤為精嚴」，曾準備一舉彈劾三百餘名官員，後經幕僚力勸不宜打擊面過寬而作罷，但他最終奏請彈劾的官員仍達四十多人。他在四川總督任上儘管只有短短的九個月，卻使官場上下「一時治事精神，為之一肅」。他在兩廣總督任內的四年間，總計參罷文武大小官員一千四百餘人，因而獲罪遭重遣者殆亦數百人，也因此贏得「官屠」的封號。

晚清有所謂「京外總督三個半，宮保與袁、岑居三數，端得半數」之說，即總督中最有影響的是湖廣總督張之洞、直隸總督袁世凱、兩廣總督岑春煊和兩江總督端方，這足以說明岑春煊在晚清史上的重要地位。

他在兩廣總督時對廣東官場的貪污腐敗風氣大力整頓打擊。胡思敬在《國聞備乘》卷一，「袁岑氣燄」中有一段記述：「粵紳有周榮曜者，初由關吏起家，積貲數百萬。春煊瞰其富，折簡招致署中，責報効。榮曜不應，私輦金入都，求通奕劻之門，遂簡四品京卿出使比利時。春煊怒曰：『奴子乃狡獪如是！』即日參其私蝕關稅，請削職監追。榮曜奔香港，盡籍其產入官，奕劻熟視，不敢出一詞救也。」而岑春煊在《樂齋漫筆》中亦有記述，云：「粵海關監督向為膏腴之地，承平時恆為滿人所據，積弊日甚。部定額徵每年五百萬兩，歷任監督，均由內務府奏派，一年一更。旗員視為利藪，所派之員，每年解部額均在三百萬左右，無一人能解足。余奉命監督，即命奏調之馮嘉錫、朱祖印兩人充該關提調，認真整理，是年即徵得六百六十萬兩，奏明以五百八十萬兩解部，留八十萬兩充本省經費。奏入，即奉命裁除內務府派員，以後即歸總督監督。並查獲舞弊侵餉之庫書周榮曜，侵蝕公帑，積資數百萬，與官紳往還，儼然世祿。當譚鍾麟督粵時，王某倚勢相結，得其重賂，榮曜亦恃有護符，隱其蠹國病商之罪，益自驕縱。遂納賄京朝，廣通聲氣，得慶親王奕劻之援，簡任出使比國大臣，尚未出洋，余發其奸罪，奏請革職查抄，凡積年贓款，達數百萬之多。以一簿書小吏而擁貲至此，並得濫竊名器，貽笑友邦，果誰尸其咎歟？其後，余於召見時，面劾慶親王奕劻納賄鬻官，即舉此為證，太后為之嘿然有媿色，遂不能更言，然海關宿弊，至此廓清矣！」

周榮曜是奕劻一手扶持，廣東海關監督之職向為肥差，周榮曜雖為小吏，但其聚斂的財富竟達數百萬兩之巨。為逃避岑春煊的嚴查，周榮曜攜帶銀兩入京賄賂奕劻，被擢為四品大員，且任出使比利時之職。以一介書辦，居然能在貪得如許巨款之後，搖身一變而為出使外國的公使，岑春煊不懼權傾朝野的奕劻，毅然上書請朝廷罷免周榮曜，慈禧接到奏書後，猶豫難決，周榮曜是罪有應得，奕劻是貪得無厭，但奕劻終究是慶親王啊！這要如何處理是好？最後在大學士兼軍機大臣李鴻藻等的仗義疏請下，慈禧才被迫同意岑春煊疏奏，將周榮曜扣押問罪。周榮曜卻聞風喪膽逃走香港，岑春煊沒收了他的全部財產。其實當時電奏一到，軍機大臣瞿鴻禨是力主嚴辦，周榮曜做了未出國門的幾天公使，卻反落得個傾家蕩產的結局。瞿鴻禨最陰損的一著是，周榮曜簡派為公使，由外務部奏保，他以外務部尚書的身分，坦承失察，自請處分。其實，這是奕劻以外務部總理大臣的資格，所作的決定，瞿鴻禨這麼做，等於指槐罵桑，給奕劻難堪。雖然「上頭」並無處分，但奕劻這下子搞得灰頭土臉，也就很夠受了。

這些被岑春煊大批斥革的貪官污吏，也許正是從奕劻那裏花錢走了門路到外省來做官的人，一旦被岑春煊劾罷，自不免赴愬於他們的幕後支持者奕劻。何況岑春煊在劾罷周榮曜一案中，更曾彰明較著地使奕劻難堪，久而久之，如之何不使奕劻恨之刺骨？岑春煊的崛起和他「屠官」的性格也使他樹敵甚多，更是引起袁世凱集團的種種不滿，這也更加激化了岑春煊與袁世凱的矛盾。

當岑春煊平定廣西叛亂後，袁世凱等人奏稱岑春煊謊報並貪污軍餉，岑春煊因此受到調查，即西征報銷案。按常情來說，軍費報銷是例案，只要戶、兵兩部打點好，照例規送上一筆為數可觀的「部費」，軍費報銷就無有不准的，但話雖如此，畢竟審核准駁之權在朝廷。奕劻懂得袁世凱的意思，是不妨拿廣西剿匪的軍費報銷來跟岑春煊為難。軍費報銷的冊子很多，隨便找些疑義，諮請查覆，一來一往就是幾月的工夫，這樣三、五次下來，兩三年工夫輕而易舉地拖了過去。雖然此事後來被查證為子虛烏有，但是岑春煊極為氣憤，並稱袁世凱繼承了李鴻章的北洋鉅款，得以「獻媚宮廷，固結黨援」，對其加以陷害，二人的矛盾也就白熱化了。

光緒三十二年（一九〇六）七月，慶親王奕劻將岑春煊由兩廣總督調任雲貴總督，調職的理由，是因為雲南方有邊患，非得幹練知兵如岑春煊者不能勝任，所以由奕劻以軍機領袖的身份向慈禧太后提出。慈禧太后為了顧念邊防安全，自然需要同意。岑春煊奉旨調督雲貴後，第二日續有電寄上諭，大意說：「著周馥即赴兩廣新任。丁振鐸著俟岑春煊到滇後即行赴任，均著無庸來京請訓。」於是，原任雲貴總督丁振鐸被調為閩浙總督，原任閩浙總督周馥調兩廣總督。掌故家蘇同炳指出，這一道電旨是個很大的敗筆，它使岑春煊和他的幕賓岑熾看出了其中的端倪：原來奕劻和袁世凱是要設法阻止他與慈禧太后見面，然則調滇之目的自顯然在藉此疏遠慈禧太后對他的眷注。這種動機太可惡了。在清代的各地總督，以直隸總督的地位最高，兩廣總督的缺份最肥，陝甘與雲貴則是總督中最苦的缺份。而周馥乃是袁世凱的兒女親家（周馥三女瑞珠嫁給袁世凱八子袁克軫為妻），兩廣總督給了周馥，又無異將兩廣收入了袁世凱的勢力範圍，一舉兩得，再好不過。由岑春煊的立場看，這不過是袁世凱攘奪兩廣地盤的野心；但如從慶、袁勾結的情形看，將岑春煊貶往邊陲僻遠的貧瘠之地，恰好又遂了奕劻的報怨之心。所以，岑之由粵調滇，事實上應是慶、袁二人聯合排擠岑春煊的第一步。

岑春煊當然心知肚明慶、袁的舉動，奕劻有袁世凱為之羽翼，而袁世凱又自有其擴張地盤的政治野心，兩人的目標相同，岑春煊自不免要遭受暗中排擠。他在《樂齋漫筆》云：「朝廷自經庚子之變，知內憂外患相迫日急，非僅塗飾耳目所能支此危局。故於西狩途中首以雪恥自強為詢，余曾力陳興教育、明賞罰諸大端。辛丑回鑾以後，即陸續舉辦各項新政。於時袁世凱新得北洋，方務內結親貴，外樹黨援，以遂彼竊國之謀。藉口於新政，於各省文武要職，無不遍布私人，為之羽翼。獨心忌兩廣隱為梗阻，久思排而去之，顧未能也。粵亂既平，兩宮稍釋南服之憂。適滇邊片馬交涉事起，乃得所藉口，移余總督雲貴。」

岑春煊對調職雲貴總督，是百般不願意的，於是他心中自有他的盤算。他在《樂齋漫筆》云：「既奉朝旨，僚友皆以繼武先公為賀。余慨然曰：家世受恩，雖天南地北，何莫非報國之地，但此行實不由兩宮本意，特奸臣欲摒吾速去，彼得任所欲為，若頫首南行，聽彼驅遣，從此君門萬里，片辭不能上達，數年之後，逆謀既成，不可問矣！夫大臣與國家共安危，奉使出疆，有專命之義。今煬竈蔽明，亂機已兆，不能出奇計以挽頽日，非丈夫也。」岑春煊所謂奸臣乃指慶、袁而言。蓋是時奕劻已繼榮祿任軍機首輔，袁世凱利用其貪黷好貨，深相結納，而從中操縱之，復變佈黨羽，廣樹聲援，朝野側目。惟軍機大臣瞿鴻禨與兩廣總督岑春煊，獨樹異幟，以示反對。慶、瞿共事軍機，遇事時有爭執，瞿鴻禨對袁世凱時主裁抑，而慶親王則力予袒護，兩人積不相能，由來久矣。岑春煊後來之與瞿鴻禨互相結納，因倒慶而希望一併倒袁，其遠因已伏於此。

於是岑春煊並沒有就任雲貴總督，但他又不能顯違朝旨，惟一的對策就是藉口有病，在行抵上海時逗留不去，以進一步觀察慶、袁的動向。他在《樂齋漫筆》云：「遂疏陳病狀，乞假就醫上海，以圖後舉，時丙午九月間事也。」自光緒三十二年九月拖到翌年正月，雲南片馬方面的交涉事件已經不能再等，而岑春煊卻仍然沒有病癒銷假的模樣。奕劻看看不能再拖，只好另外請旨，將四川總督錫良就近改調雲貴，而以岑春煊填補錫良所空出來的四川總督。

岑春煊在《樂齋漫筆》云：「丁未正月十九日，奉旨調補四川總督，毋庸來京請訓，知仍出慶、袁之意。念巴蜀道遠，此後覲見無日，不於此際設法入都，造膝詳陳種種危迫情形，機會一失，追悔無窮，當以權宜行之，縱獲罪朝廷，亦期不負兩宮眷倚之意。」於是他佯為啟程赴任，途中舟抵武昌時，即電請順道入覲，不等朝廷覆旨，就乘京漢路車兩日夜馳抵北京，可說是先斬後奏，迅雷不及掩耳，以防奕劻等人有所防備。他說：「此行蓋出彼黨意料之外，故無由預為阻格也。」他一到京「即蒙兩宮召見，溫諭有加，並詳詢年來病況，命在京休息，以備續有召對。」

胡思敬的《國聞備乘》曾記載，當岑春煊面劾慶、袁諸人時，慈禧太后已知岑春煊和奕劻勢成水火，她想從中調解之，因問以到京之後，曾否往謁奕劻？岑春煊回答道：「未曾。」慈禧復謂：「爾等同受倚任，為朝廷辦事，宜和衷共濟，何不往謁一談？」岑春煊說：「彼處例索門包，臣無錢備此。縱有錢，亦不能作如此用也。」慈禧至此，復開諭曰：「任天下事亦大難，卿在粵中，譽之者半，毀之者亦半，安能盡如人意？」岑春煊回答道：「臣固知為眾論所不容，幸賴聖明保全，然毀臣者，亦曾有指臣黷貨行私者否？」慈禧至此，逆知岑春煊和奕劻積怨已深，因即亂以他語而罷。

光緒三十三年三月二十日慈禧召見岑春煊時，他侃侃陳詞，歷舉慶黨如何營私舞弊，慈禧要他接掌郵傳部尚書，隨命軍機擬旨，次日正式發表。第二天岑春煊謝恩，慈禧叫他快些上任，因為這個缺空懸已多日了。岑春煊還未到任，就親口對慈禧說：「侍郎朱寶奎聲名狼籍，我怎能和他共事。」慈禧也知道朱寶奎是慶親王、袁世凱的一黨，聲名平常，久已想罷斥他了。現在聽到岑春煊如此說，便道：「好罷，你到部辦事後，上摺奏參，我有了根據才可以下上諭。」岑春煊那時恃寵而驕，按清代官制，尚書與侍郎同為一部的「堂官」，侍郎並非尚書的屬吏，以尚未到任的尚書面參在職的侍郎，實無此成例。但岑春煊為人躁暴，即奏曰：「如果皇太后認為我說的並不錯，沒有冤枉人，我現在就面參他。」慈禧不得已，即日下上諭云：「據岑春煊面奏：『郵傳部左侍郎朱寶奎，聲名狼籍，操守平常』，朱寶奎著革職！」

朱寶奎（一八六一——一九二六），江蘇陽湖人，是同治十三年（一八七四年）第二批留美幼童，時年十三歲。光緒七年（一八八一），畢業於耶魯大學，習工程，與詹天佑同窗結為好友。遊學西洋歸，跟從盛宣懷。不數年由同知捐升道員，遂充上海電報局總辦，凡各局弊竇，無不知之。後以索盛宣懷美婢不得，兩人失和，遂私發路局積弊，並抄錄累年洋商交涉案叛歸袁世凱。袁世凱久涎鐵路、電報、招商三局之利而不詳其底蘊，至是得所藉手。遂參盛宣懷，盡撤其差，然後以鐵路局交唐紹儀，招商局交楊士琦，電報局交吳重憙，而保朱寶奎為郵傳部左侍郎。朱寶奎是慶親王一系人物，郵傳部是個油水衙門，慶親王安置一個親信在其中，當然有重大的意義的。因此當三月二十三日「朱寶奎革職」的諭旨下後，慶黨為之震驚。

民國史學家李劍農在《中國近百年政治史》一書論袁世凱說：「他一生的本領，就是使貪使詐；他最大的罪惡也是養成社會貪詐之風，務使天下的人才，盡腐化於他的洪爐中。」

但也不盡然，袁世凱手下仍有德行過人的，如張一麐者。張一麐（一八六七—一九四三），字仲仁，江蘇吳縣人，少負「神童」之譽，十二歲中秀才，十五歲得舉人。光緒二十九年（一九〇三），參加清政府經濟特科考試，取一等第二名。隨後以候補知縣發往直隸擢用，遂得與時任直隸總督的袁世凱，結下一生之緣。張一麐辦文牘為文工且敏，「往往他人以數百言不能盡者，已以數十言了之而無不盡之義。嘗飯餘治官書，世凱對坐，且談且起草，一炊傾而十稿就，人誇為枚皋」。此時期袁世凱之書札，均由張一麐代筆。此外，張一麐勤奮好學，每一問題必研究三五日，博咨而後下筆，又治事勤能，操守謹嚴，忠於職責，漸為袁世凱所重用。當時北洋舉辦新政的許多章程條款，如警政、地方自治、外交、法律等，凡舊幕友不能辦者，袁都一一托付於張一麐，張一麐自己也說「新政幾無役不從」。張一麐成為袁世凱幕府的重要核心幕僚，可見一斑。

袁世凱善於玩弄權術，其親信張一麐在其《古紅梅閣筆記》中，也說了這麼一個故事：「南皮張文襄督兩湖時，值七十生辰（按為光緒三十年丙午），項城送壽屏十六幅，命余為文，而使官報局總辦張遜之（孝謙）書之。遜之書名本重，若幕府能文之士，多如過江之鯽，何以徵及下走？偶與同事謝仲琴先生談及，謝君謂余曰：府主以南皮為文章泰斗，善罵人，汝與遜之皆出南皮門下，若以為寫作不佳，則是自罵其門生也。余恍然項城雖此等交際小事，尚鉤心鬥角，亦見其精力過人也。」

又根據張一麐的《心太平室集》卷七，有兩封由他代筆的袁世凱給岑春煊的信，其一是光緒三十三年一月十九日岑春煊被改任四川總督時，袁信云：「前聞養疴滬上，夢想為勞。昨荷華椷，欣諗棨戟延和，快符私祝！弟封圻虛擁，建樹多疏，慨時事之艱難，嗟知音之寥落。公忠誠冠世，識略匡時，耿耿私衷，相依蛩駏。會聞朝命以公移節蜀中，葛相經綸，衛公威望，兼而有之。蜀雖邊遠，士馬稱雄。公舊地重遊，旌旗變色，行見高掌遠蹠，丕煥新猷，必有為各省示之模範者。惟視政躬勿藥，仰慰宸廑，翹首南天，諸維珍衛！」

袁世凱給岑春煊的第二封信是在朱寶奎革職後，信云：「高君來津，齎到惠書，並荷寵錫多珍，拜領之餘，感銘五內。第備位畿輔，任重材輕，歷年竭力經營，犯群疑而不避。一切新政，徒具形式，未能有萬一之愜心，乃崇獎逾恆，益滋惶愧。……適聞蜺旌北上，聖眷方隆，吾道不孤，令人神往。至郵傳事宜，弟向因兼差過多，實未能有所整頓，迺承虛懷下問，愧無以質高明。執事砥柱中流，事關全局，鴻猷碩畫，當更有大於此者。弟德薄能鮮，公既推心置腹，敢不效肺腑之誠，倘不棄蒭蕘，時通音訊，幸何如之！北洋公所空屋居多，如尊處有需用之時，儘可應命，並無周折也。」由這兩封信，可看出袁世凱一面打壓岑春煊，一面卻藉著書信來寬慰他，顯示出袁世凱的居心叵測與玩兩面手法的狡詐。歷史學者沈雲龍也說：「是世凱對岑亦刻意籠絡，以示交驩，初無鑿枘不入之象。或者有如顧亭林《日知錄》所言：彌謙彌偽，彌親彌汎，為人情之大反者，其此之謂乎？」《日知錄》卷一三

〈三反〉條云：「今日人情有三反，曰彌謙彌偽，彌親彌泛，彌奢彌吝。」是顧炎武有感於明末亂象而發以簡潔之斷語也，蓋末世人情乖巧，虛偽詭詐，袁世凱是足以當之！

第十三章　勢同水火：瞿鴻禨與慶袁

清朝自軍機處設立，軍機大臣取代內閣大學士成為清朝事實上的宰相，軍機處的編制，大臣由親王、大學士、尚書、侍郎或京堂充任，無定員，一般六、七人。其中資歷最深者為「首席軍機大臣」，或稱「領班軍機大臣」。清廷是重視軍機大臣而輕視大學士的，首席軍機大臣如恭親王奕訢、慶親王奕劻，才是當權的真宰相。瞿鴻禨在光緒二十七年入值軍機，慈禧對於瞿鴻禨，一因西安扈駕有功，以才敏廉慎受知，再則因榮祿生前力薦，其本人也雅有清望，加以容貌和死去的同治皇帝相似。據瞿氏家乘記載，光緒元年瞿鴻禨以編修大考列一等第二名，超擢翰林院侍講學士，因而有召見的機會，其時他只有二十五歲。慈禧問起他的家世，知道他父母俱在，便說：「你這樣年輕，很會做文章，你父母很好福氣。」繼而說：「想起大行皇帝，不禁傷心。」慈禧就哭起來了。當時離同治皇帝去世還不到半年，因此稱大行皇帝，或許因容貌相似，使得慈禧見景生情。但此後瞿鴻禨雖然不斷充當學政主考，卻有二十幾年沒有升過官，實際上慈禧一見之後，也並沒有把他記在心上，直到二十多年後他才有機會入軍機處。軍機大臣無日不與皇帝見面，在必要時，一日見面還不只一次，

瞿鴻禨（1850-1918年），清末軍機大臣。

一切章奏諭旨，都經他們之手，事實上算是最高負責政務的人，一般都是極為親信的人。

瞿鴻禨（一八五〇—一九一八），字子玖，號止盦，湖南善化人。瞿鴻禨之父元霖，曾中咸豐元年辛亥科舉人。瞿鴻禨十七歲就進了府學，二十一歲中舉人，同治十年（一八七一）更聯捷成進士，改庶吉士，為翰林院編修。光緒元年大考翰詹，瞿鴻禨考列一等第二名，超擢翰林院侍講學士，充日講起居注官。這年，派充河南鄉試的正考官。翌年更授為河南學政。光緒五年，母病故，循例丁憂。光緒七年服闋入都，仍補翰林院侍講學士。至第二年，父亦卒，又丁父憂，直到光緒十年服滿起復，方才回京供職，仍補原官。光緒十一年五月，奉派為浙江學政。自此以後，到光緒二十六年，瞿鴻禨曾兩充考官，四督學政，遍及五個省份。瞿鴻禨一心一意選拔人才，精忠為國，其清正廉潔的官風終於被天下所稱頌，其官職也從四品的侍講學士漸漸升到二品的禮部右侍郎。光緒二十六年庚子拳亂，兩宮西狩，隨扈的軍機大臣載漪、剛毅、啟秀、趙舒翹四人因袒護拳亂的罪名同時被罷黜，在軍機當值的只剩下榮祿和王文韶，樞務需人，因此瞿鴻禨遂因榮祿的推薦，由禮部右侍郎升授都察院左都御史，改工部尚書，命之前往陝西行在供職。二十七年正月至西安，即命在軍機大臣上學習行走，正式入參樞務，這一年，瞿鴻禨已經五十二歲了。

蘇同炳在《中國近代史上的關鍵人物》一書中談及瞿鴻禨的重要性說，自光緒二十七年七月到光緒二十九年三月，當國的軍機大臣是榮祿。榮祿對於筆墨文翰並不擅長，所以，在軍機中實際擔任承旨撰敕的秉筆樞臣，是瞿鴻禨。其後雖然換了慶王奕劻「領樞」，軍機大臣又多了鹿傳霖與榮慶二人，但由於瞿鴻禨出身翰林，文筆甚好，慈禧太后又對他信任有加，所以瞿鴻禨也仍是軍機中的秉筆。此外，則因瞿鴻機以軍機大臣而兼外務部尚書之故，在「日俄戰爭」結束後主持對日交涉，為中國爭回權利甚多，亦可以稱得上是識見明敏而頗有建樹的人物。不過，這些都不足以構成他在清末政壇上成為關鍵性人物的條件。他之成為清末政壇的關鍵性人物，是由於他在清末袁世凱的勢力炙手可熱之時，敢與岑春煊聯合起來與慶、袁二人為敵，事雖不成，而其影響所及，卻是清代末年的政局演變，具有關鍵性的重要因素。

清廉自勵的瞿鴻禨當然與平庸又貪婪的奕劻作風格格不入。在朝臣之中有清流、濁流之分。清流以軍機大臣瞿鴻禨為領袖，濁流以慶親王奕劻、北洋大臣袁世凱為核心。清流與濁流的紛爭更由於袁世凱的介入而更加激化。袁世凱當時是北洋大臣兼直隸總督，有無數的公款供他慷慨地行賄朝中的高官顯宦。袁世凱本欲以籠絡奕劻之法籠絡瞿鴻禨，而瞿鴻禨拒不接受。光緒三十三年時曾任翰林院檢討的林步隨（字季武，林則徐之曾孫。又按：瞿鴻禨之子瞿宣穎說此文為他所寫，因不便用真名，故用林名發表），對此曾有記述，說：「袁督初求媚於文慎（按即瞿鴻禨），無所不至。嘗自言當修門生之敬，文慎拒之。繼又請為昆弟交，亦不納。是時，京師親貴家有婚喪，輒由北洋公所供應帳飲之費，已成事例。乙巳（光緒三十一年），文慎次子授室，援例以請，復進賀儀八百金，皆謝卻之。袁既絕意於結納，不得不謀排擠矣。」瞿澤方在〈瞿鴻禨晚年在上海〉[1]文中說：「而在瞿鴻禨也有類似的想法：奕劻和袁世凱結黨擅權，心腹黨羽，遍佈朝列，若任由他們的勢力發展下去，必定不利於清朝的社稷。當時的六位軍機大臣中，除了老不經事的鹿傳霖，其餘四人都與袁世凱連通一氣。瞿鴻禨儘管是勢單力孤的一個人，但他仍決心將奕、袁的聯合勢力逐出政壇。」

光緒三十一年八月二十六日，清廷派遣的出洋考察政治大臣五人（鎮國公載澤、戶部侍郎戴鴻慈、兵部侍郎徐世昌、湖南巡撫端方、商部右丞紹英）但因在正陽門車站遭遇革命黨人吳樾刺殺，

---

1 瞿澤方〈瞿鴻禨晚年在上海〉，《上海灘》二〇〇〇年十月號。

被迫延期。兩個月後，清廷改派山東布政使尚其亨、順天府丞李盛鐸會同鎮國公載澤、戶部侍郎戴鴻慈、湖南巡撫端方出洋。分為兩組：第一組由載澤帶領，有尚其亨、李盛鐸等人，主要考察日本、英國、法國、比利時諸國之政治；第二組由戴鴻慈、端方組成，主要考察美、德、義、奧、俄諸國之政治，其中又以英、日、德三國為考察重點，因為他們都以君主立憲而聞名的。

光緒三十二年（一九〇六）六月，出國考察的載澤等五大臣先後回國，載澤等上奏，請仿行憲政，其實慈禧所最顧慮者，是否因立憲而有所損君王統治之特權，她曾再三徵詢皇族暨滿大臣之意見，皆以日本明治維新，建立立憲政體，天皇萬世一系，神聖不可侵犯，尤足以資效法，並認為捨此不能保障皇室安全。而滿親親貴之意，謀藉改革官制之名，削減督撫之權，而收回之於中央政府也。清政府遂於同年七月決定預備仿行立憲，從官制改革入手。命載澤、那桐、戴鴻慈、徐世昌、袁世凱等人編纂官制，並命端方、張之洞、岑春煊等地方督撫派員來京與議，又派奕劻、瞿鴻禨、孫家鼐總司核定。官制改革直接關係到官員們的切身利益，有關各派均緊急動員起來。其中，北洋集團野心最大，他們不加掩飾地想統攬中樞，於是提出了一個改革方案是將內閣、軍機處、吏部、禮部、都察院、宗人府裁撤，工部與商部合併為農工商部，兵部拆分為陸軍部與海軍部，戶部更名為度支部，增置資政院、審計院、交通部。成立責任內閣，「冀以內閣代君主，可總攬大權」，並密定讓奕劻當未來的內閣總理大臣、袁世凱當副總理大臣。而載澤、榮慶、鐵良的本意是要削減督撫之權，奕劻素與袁世凱相結合，他知道裁抑督撫之權，將對於袁世凱不利，因此主張先議中央官制，而後及於地方，以此為遷延之計。

在編制館成立後，袁世凱並將自己的親信孫寶琦、楊士琦、張一麐等安插其中，張一麐在《古紅梅閣筆記》中，對此內幕曾有記載：「自預備立憲之疏上奏，先從編纂官制入手，而軒然大波起矣！先是京朝士大夫，皆以北洋權重，時有彈章，迨編纂官制局設於海淀之朗潤園，孫寶琦、楊士琦為提調，周樹模副之。編纂員十餘人，皆各部院調入者。余與金君邦平，從項城入都，故亦與焉！各員皆東西洋畢業生，抱定孟德斯鳩三權分立宗旨，立法機關即議院。資政院及各省諮議局章程，皆當時所草。（辛亥革命皆以諮議局為發端。）對於司法獨立說帖尤多，行政官以分其政權，舌劍唇槍，互不相下。官制中議裁吏、禮二部，尤中當道之忌。自都察院以至各部，或奏，或駁義，指斥倡議立憲之人，甚至謂編纂各員謀為不軌。同事某君自京來淀告余曰：外間洶洶，恐釀成大政變，至有身齎川資，預備屆時出險者，其嚴重可知。北洋舊人如唐君紹儀、梁君敦彥，力勸項城出京，乃乘彰德大操以欽派閱軍為名，自京往彰德，南北兩軍，以北洋與兩湖新軍為攻守假想敵。」可見當時情勢之緊張，袁世凱因得罪太多人，各方人馬都要將其勢力拔除。他甚至無法出京，於是只得藉彰德秋操，以為脫身之計。

九月的彰德秋操中中外軍官交流情景。

是年九月，彰德秋操，由袁世凱和鐵良充任閱操大臣。第一天操練馬隊，第二天南北兩軍「遭遇戰」，第三天考驗士兵的戰技，第四天大閱。中午大宴中外參觀賓客及兩軍將佐。彰德秋操時，袁世凱表現出的對北洋軍駕馭自如的能力和北洋軍在全國新軍中的特殊地位，讓滿清貴族再也不能坐視不管了。事後，袁世凱稱彰德秋操：「仿列邦之成規，創中國所未有」，「風聲所樹，聳動環球。」而清廷少壯派鐵良、良弼從彰德秋操中，看到北洋軍的實力，疑懼心理陡增，排斥袁世凱的心理更為急切。「成也秋操，敗也秋操」，彰德秋操不僅讓袁世凱達到了個人軍事生涯的一個高峰，也促使他迅速從這個高峰跌落下來。

香港掌故大家高伯雨說滿清新貴毓朗、鐵良、良弼認為袁世凱有曹操、王莽之心，將來羽翼既豐，必篡奪大清天下。因此在動身前往彰德時，鐵良帶了一個精於相人術的門客同往，為北洋統兵大將逐一看相，並看看袁世凱是否有「相君之背貴不可言」。他們一行九月初三出京，初五開始演習，南北新軍的將佐員弁共三萬人，段祺瑞、馮國璋、張彪、黎元洪都同聚一場，各顯身手。藏在鐵良從員中的那個看相先生，從袁世凱起以至有「北洋三傑」：「龍、虎、狗」——王士珍、段祺瑞、馮國璋，逐一相之。事後他對鐵良說：「袁宮保龍行虎步，有九五之相，他手下大將，段、馮都是貴相，在亂世都有黃袍加身的可能，主公要大加注意。」操畢，鐵良回京覆命，不到一個月清廷公佈中央官制，鐵良改授新設的陸軍部尚書，是否鐵良密奏袁世凱有「異相」，而要削減袁世凱的兵權，今不得知。但高伯雨說民國初年鐵良在天津租界當寓公，曾對其親信談及看相之事，高伯雨則聽聞自北京的老輩所言，自是當有其事。

其時慈禧也徵詢瞿鴻禨對袁世凱所提的責任內閣方案的意見，瞿鴻禨進呈說帖，稱軍機處「立法精密，實為千古所無」。並指出「今中國官民程度俱有未及，議院未能遽立，地方未能自治，而先行立憲之官制，其勢必多格」；「惟各直省地方風俗之不齊，人民知識之未濬，措手不易，格必多，有不僅如各省督撫所患人才難得、款項難籌者」。瞿鴻禨的這些話，正中慈禧下懷，袁世凱的責任內閣方案，可說胎死腹中了。汪康年的弟弟汪詒年在《汪穰卿先生傳記》中說：「三十二年丙午，議改官制，世凱奉命參與，欲乘機行責任內閣制，俾奕劻以總理大臣握行政全權。鴻禨知其意，隱沮之，言路亦陳其不便，孝欽（指：慈禧）採

王公大臣合照

前排左三：奕劻，左四：那桐。中排左二：陳璧，左三：瞿鴻禨。後排左三：盛宣懷，左七：戴鴻慈。

鴻禨之議，仍用軍機處舊制。」

同年九月二十日，新的中央官制公佈，內閣、軍機處、外務部、吏部、學部等機構仍維持原樣；太常、光祿、鴻臚三寺併入禮部；戶部與財政處合併為度支部；巡警部改為民政部；兵部與練兵處、太僕寺合併為陸軍部；組建海軍部和軍咨府，未組建以前暫由陸軍部管理；刑部改法部，專司司法；設立郵傳部管理輪船、鐵路、電線、郵政事務；理藩院更名為理藩部。以奕劻、世續、瞿鴻禨為軍機大臣；並命奕劻兼為外務部管部大臣、瞿鴻禨兼外務部尚書；溥頲為度支部尚書、溥良為禮部尚書、鐵良為陸軍部尚書、戴鴻慈為法部尚書、張百熙為郵傳部尚書、壽耆為理藩部尚書、徐世昌為民政部尚書、載振為農工商部尚書、榮慶為學部尚書、鹿傳霖為吏部尚書。新公布的官制案中，北洋主張的內閣方案並沒有通過，舊的內閣大學士依然存在，許多傳說將要裁撤的機構也依然未裁，而軍機大臣中鹿傳

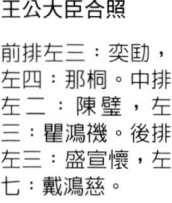

鐵良（1863-1939年），清末陸軍部大臣，民國後曾策劃復辟清室。

霖、榮慶、徐世昌、鐵良四位因改官制而變成專管一部的尚書，不再兼具軍機大臣的身份。相反地，與慶、袁敵對的軍機大臣瞿鴻禨，卻仍以軍機大臣兼任外務部尚書，不受新官制的影響，也仍然與聞樞務。這顯然表示慶、袁所主持的修訂官制案被瞿鴻禨所扼，奕劻和袁世凱在和瞿鴻禨的暗鬥中落敗了。

而這次改制，陸軍部尚書鐵良又與袁世凱爭軍權，謀奪而歸中央，使得袁世凱被迫辭去參預政務、會辦練兵事務、辦理京旗練兵、督辦電政、督辦山海關內外鐵路、督辦津鎮鐵路、督辦京漢鐵路、會議商約等八項兼差，並將所練陸軍第一、三、五、六鎮等四鎮軍權交歸陸軍部直轄（二、四鎮仍歸袁世凱統轄，是因為天津一帶尚有洋兵駐紮，未盡撤退，控制彈壓，須賴重兵）。這次政爭之激烈可知，此為袁世凱所始料未及者！

說到鐵良（一八六三——一九三八），是滿洲鑲白旗人。曾為榮祿幕僚。後任戶部、兵部侍郎。光緒二十九年（一九〇三）赴日本考察軍事，回國後任練兵大臣，協助袁世凱創設北洋六鎮新軍。「其時鐵良以手無寸柄，乃日親媚項城。項城即引為同調，急加拔擢，曾幾何時，位至卿貳。方京師練兵處設立，項城猶以鐵良為順己，而急位置之。不意鐵良既獲兵柄，乃叛項城，日與為難。」光緒三十一年（一九〇五）鐵良就任戶部尚書，隨即著手從財務上對北洋軍「鉤稽精核」，使得北洋糧餉捉襟見肘。同時，鐵良開始在軍中培養自己的勢力，他依靠留日歸來的多爾袞後代良弼聯絡士官學生，與袁世凱嫡系傾軋。不久鐵良入軍機處，升任軍機大臣。光緒三十二年官制改革，兵部、練兵處和太僕寺統一為陸軍部，鐵良離任軍機，專任陸軍部大臣。慈禧恐袁世凱尾大不掉，將北洋六鎮中的一、三、五、六鎮盡數劃歸鐵良統領，造成鐵良與袁世凱相抗的「均勢」。袁世凱隨後覲見慈禧，聯合奕劻參了鐵良一本：「若不去鐵，新政必有阻撓。」結果弄巧成拙，慈禧本來已經擬旨，不讓鐵良等「反對派」再參加御前會議，但袁世凱的表現，讓她馬上改變了主意，將此旨留中不發，袁世凱成了眾臣攻擊的對象。袁、鐵之爭，鐵良已占了上風。曾擔任鐵良幕僚的惲寶惠曾道，「鐵良敢於這樣做，仍由於宮廷之主持。慈禧太后之為人，陰鷙而多智謀，對滿漢大臣能恩威並用，權不旁落，絕非一般婦女所能及。」惟清廷仍不放心，翌年內調袁世凱為軍機大臣，論者有謂實欲取銷其兵權，但亦不盡然，其內情頗為複雜，後面再專章論列。

此次這批新官裡，計滿人七人，漢人四人，蒙古人一人，漢軍旗一人。以前各部因要平衡滿漢的緣故，每部尚書左右侍部六堂官滿漢平列，滿三漢三。而改制之後，打破滿漢界限，變成滿七漢四，蒙古漢軍旗實際常附於滿，因此實際上漢人僅佔三分之一，這也造成漢人心理上的不安與不平。旗人有猜忌之心，朝廷有收權之意，看樣子親貴用事還會不斷地增加。凡此流弊，都是始料未及的。

瞿鴻禨和奕劻同值軍機，和奕劻比起來，慈禧還是特別看重他。而瞿鴻禨也自恃簾眷，以清流自許，瞧不起也看不慣慶袁集團的貪婪機詐，自授軍機大臣後和奕劻多持異見。此次官制命下，中外盛傳中朝將仿東西各國行內閣制，但到後來軍機處一切仍照舊，無庸復改內閣，大家都以為是瞿鴻禨一人在搞鬼，又加上外務部尚書必以軍機大臣兼充，瞿鴻禨獨留在樞垣。引起慶、袁之不滿，自不在話下。林步隨在袁世凱致端方密札的跋文中（按：實際當為瞿鴻禨之子瞿兌之所寫，託名林步隨）也說：「丙午（一九〇六年）議改官制，袁入京主張最多，全案幾皆其一手起草。文慎（瞿鴻禨）與司核定，隱操可否之權，袁亦知之，曾密請先示意旨，文慎陽為推讓，袁不疑也。及奏上，竟用文慎言，不用內閣總理制，而令軍機大臣不兼部務，於是鹿傳霖、榮慶、鐵良、徐世昌一日並罷，文慎與慶王獨留。袁大驚愕，失所望，而朝列亦自此多側目，不及一年，遂不克安其位矣。文慎與袁齟齬，一在北洋創辦印花稅，一在北洋新兵歸陸軍部直轄，而官制亦其一，旨意在削袁之權也。」這也是埋下「丁未政潮」的伏筆。

「丁未政潮」最直接的導火線是東三省督撫的任命。新行省的一總督、三巡撫，據外間的傳說，也將為北洋系人物所一手包辦。這表示慶、袁派的勢力雖然在新官制案上受到了挫折，在東三省方面卻大有所獲。為了把握時機展開對慶、袁的打擊，軍機大臣瞿鴻禨寄來密信，希望岑春煊以奏請入覲為名，突然入京，以便與京中的反慶、袁力量配合，一舉攻倒奕劻，扭轉朝局。由於這一原因，岑春煊不再藉病逗留上海，表面是由上海取道長江水路前往四川履任，實際上是另有舉動。這樣，一場直接影響清末政局的「丁未政潮」，就逐漸展開了序幕。

蘇同炳在《中國近代史上的關鍵人物》書中，指出，岑春煊雖未承認這一計畫是否出於瞿鴻禨的指授，而袁世凱在光緒三十三年四月十九日寫給兩江總督端方的一封密信中，卻曾透露其事實出瞿之安排。袁信中有一段云：「大謀此來，有某樞暗許引進，預為布置臺諫。大謀發端，群伏響應，大老被困，情形甚險。」此信中的「大謀」，指春煊；「大老」，指慶王奕劻；「某樞」，即隱指瞿鴻禨而不名。由此可知，岑春煊之藉口「入覲」，突然來京，及在面對時即痛斥奕劻之貪庸誤國，都是瞿鴻禨所一手策畫，與後來之趙啟霖參段芝貴同屬有計畫之行動。

岑春煊的《樂齋漫筆》也將他和慈禧之間的對話實際的經過明白地寫出：

自是入對凡四次。太后語及時局日非，不覺淚下。余因奏言：「近年親貴專權，賄賂公行，以致中外效尤，紀綱掃地，皆由慶親王奕劻貪庸誤國，引用非人。若不力圖刷新政治，重整紀綱，臣恐人心離散之日，雖欲勉強維持，亦將挽回無術矣。」太后初聞此言，頗有怒容，云：「何致人心離散？汝有何證據，可詳細奏明。」余對曰：「天下事人同此心，事同此理。假如此間有兩御案，一好一壞，太后要好的還是要壞的？」太后言：「當然要好的。」余對曰：「此即是人之心理。臣請問：今日中國政治是好是壞？」太后言：「因不好才改良。」余曰：「改良是真的還是假的？」太后又現怒容，曰：「改良還有假的？此是何說？」余對曰：「太后固然真心改良政治，但以臣觀察，奉行之人，實有蒙蔽朝廷，不能認真改良之據。請問太后記得在岔道行宮時，蒙垂詢：『此仇如何能報？』臣當時曾奏云：『報仇必須人才，培植人才全在學校。』旋蒙簡授張百熙為管學大臣，足見太后求才之切。惟此刻距回鑾已將七載，學校課本尚未審定齊全，其他更不必問。又前奉上諭，命各省均辦警察、練新軍，詔旨一下，疆臣無不爭先舉辦。但創行新政，先須籌款，今日加稅，明日加釐，小民苦於搜括，怨聲載道。倘果真刷新政治，得財用於公家，百姓出錢，尚可原諒一二。現在不惟不刷新，反較從前更加腐敗。從前官鬻缺，尚是小的；現在內而侍郎，外而督撫，皆可用錢買得，醜聲四播，政以賄成，此臣所以說改良是假的。且太后亦知出洋學生有若干否？」太后言：「我聽說到東洋學生已有七八千，西洋尚未知悉，想必亦有幾千。」余對曰：「以臣所聞，亦是如此。古人以士為四民之首，因士心所向，民皆從之也。此去不過數年，伊等皆畢業返國，回國後眼見政治腐敗如此，彼輩必聲言改革。一倡百和，處處與政府為難，斯即人心離散之時。到此地步，臣愚實不敢言矣。」不覺失聲痛哭。太后亦哭，言：「我久不聞汝言，政事竟敗壞至此。汝問皇上，現在召見臣工，不論大小，即知縣亦常召見，均勖以激發天良，認真辦事，萬不料全無感動。」

在岑春煊的這段召見對話中，他以「政府官員名為革新政治，實則蒙蔽朝廷，並無改良實意；且以推行新政為名，增派各種苛捐雜稅，以致小民苦不堪言，而官員則反得藉機漁利；政治腐敗，達於極點，一旦民心離散，時局實在不堪設想」為言，簡單扼要地說明了以奕劻為首的中央政府，大有把清朝帶上絕路之情勢。而最後所達到的結論，當然也就非常明白：欲圖挽救，必須亟圖革新，欲求革新，必先除去既貪且庸的慶親王奕劻。但岑春煊的這番話雖能使慈禧太后悚然動容，而奕劻所恃以結歡固寵的關係畢竟十份深厚，我們在前文已多所論及，因此絕非岑春煊的三言兩語所能動搖。所以，慈禧太后與岑春煊之間，接下來就還有一段艱辛的辯難。

岑春煊的《樂齋漫筆》又接著記述此事如下：

太后云：「汝說奕劻貪，有何憑證？」余對曰：「納賄之事，惟恐不密，一予一受，豈肯以憑據示人？但曾記得臣在兩廣總督兼粵海關任內，查得新簡出使比國大臣周榮曜，係粵海關庫書，侵蝕洋藥項下公款二百餘萬，奏參革職拿辦。斯時奕劻方管外務部，周犯係伊所保，非得賄而何？」太后言：「奕劻太老實，是上人的當。」余對：「當國之人何等重要，豈可以上人之當自解？此人不去，紀綱何由整飭？」太后言：「懿親中多係少不更事，尚有何人能勝此任，汝可保奏。」余對：「此乃皇太后、皇上特簡之員，臣何敢妄保？此次蒙皇太后、皇上垂詢時政，是以披肝瀝膽，不敢一毫隱瞞。惟啟程之時，因應奏之事極多，而牽涉奕劻關係重大，不得不入京面陳，故特冒昧前來。……」

蘇同炳指出，岑春煊對奕劻的攻擊雖然並未能使奕劻倒臺，但也顯然使慈禧對奕劻的信心發生了動搖。也許，瞿鴻禨設計使岑春煊入京面對所希望達到的初步目標，亦只是如此。因為，奕劻畢竟是一株根深柢固的大樹，輕易不能拔去，必須先加搖撼鬆動，然後方能漸漸拔起。岑春煊的初步工作既有成成效，接著便可另換他人前來接力。袁世凱致端方信中所說的：「大謀發端，群伏響應，大老被困，情形甚險。」即是如此。這另外換上來接力的，即是在當時臺諫中素有敢言之稱的御史趙啟霖，所用作彈劾理由的，便是從光緒三十二年十一月間已轟動一時的，段芝貴獻楊翠喜通賄奕劻父子而得黑龍江巡撫案。趙啟霖參劾載振案，並不是一件孤立事件，是瞿鴻禨、岑春煊反慶、袁集團的一個重要步驟。因為慶、袁集團權傾朝野，並深得慈禧信任，要扳倒他們實非容易，於是瞿鴻禨、岑春煊等人決定把奕劻的貪污納賄當做突破口和攻擊的重點。而楊翠喜案就成為掀起此次政治鬥爭的最高潮。此事的顛末，已在前面各章詳述，在此不再贅述。當然慶、袁集團也不是省油的燈，他們絕對不會坐以待斃，他們要反敗為勝，於是「丁未政潮」的主戲上場了。

第十四章　丁未政潮：慶袁「逆轉勝」

「丁未政潮」是發生在光緒三十三年清廷上層的一次激烈的權利爭奪，該年屬丁未年，故稱之為「丁未政潮」。其起因是光緒三十二年的中央官制改革，北洋派本欲乘機行責任內閣制，但最終仍維持軍機制，慶、袁的提議為瞿鴻禨所扼。袁世凱不僅大失所望，又同時被削弱軍權，自是對瞿鴻禨更加銜恨。而光緒三十三年三月的楊翠喜案所引起的岑春煊的面奏、趙啟霖的彈劾及輿論的壓力，奕劻和袁世凱都知道：「瞿岑相結合，林紹年助之，均為清議所歸，非去之不能自全，力謀排去之道」。於是他們要反守為攻，展開一連串的反擊。

首先他們利用報紙上的辯白，並同時暗中派人上奏〈奏為密陳慶親王任事忠誠宅心篤實事〉一摺云：「慶親王奕劻任事忠誠、宅心篤實、識量宏達、氣度寬容，數十年閱歷甚深，又能虛衷，受言不自滿，久辦外務，熟悉洋情各國人均信其諳練約章，能固邦交，今之貴胄中尚無其比，即京外諸大臣亦罕有能及之者。……聞奕劻於酬酢之中亦頗有斟酌，尚不至因酬酢之私而扶徇誤公。本年二月間，奕劻蒙恩賜尚書臣鐵良曾贈饋萬金為賀儀，奕劻以同居京城，何來巨資呵斥擲還。即此又可見奕劻並非濫於酬酢者也。……奕劻年居七旬，素性長後久在聖明洞見之中，有時耳目未周，纔才或未能悉，當思慮偶疏，遇事或未能明決，臣亦不能為奕劻諱言，謂其限於精神、才力，則有之謂之心欺誤，又實非奕劻所敢出也。聞奕劻以流言橫生頗自危懼，而言事者揣摩風氣妄生覬覦，意謂奕劻寵眷已衰，正可乘機以攻仆之。但臣伏思現值列強窺伺，逆徒擴張，而我之親貴重臣老成夙望求如奕劻者甚難其選。」，此摺是慶袁集團的人所進，企圖為奕劻辯護，並言目前奕劻在朝中親貴中，是無人可取代的。

光緒三十三年三月二十五日，御史趙啟霖因楊翠喜案不畏權貴參了奕劻父子一本，為了平息輿論的壓力，慶親王奕劻上疏懇請開去軍機大臣要職。其奏摺稱：

> 奴才奕劻奏，為時局艱危，衰庸日迫，懇恩開去軍機大臣要差，專理部務，恭摺瀝陳，仰祈聖鑒事：
>
> 竊奴才自咸豐五年當差，效力國家，迄今五十有餘年矣。光緒十年蒙恩派充總理各國事務大臣，二十八年蒙恩在軍機大臣上行走。才輇任重，已懼弗勝。徒以數年來時局日艱，目睹我皇太后、皇上宵旰焦勞，何敢稍耽安逸。上年十二月以積勞成疾，迭蒙賞假調理，並未十分就痊，即勉強銷假入直。今年三月復蒙恩派管陸軍部事務，受恩愈重，圖報愈難。

伏思軍機處為行政之機關，實中外之樞紐，事務繁重，久在聖明洞鑒之中。（加以戎政甫興，外交棘手），即使聰明才力兼人之能，猶慮不恰，況奴才以衰庸之質，學問經濟本非所長，惟此謹慎小心，宵旦徬徨。月餘以來，竭蹶往事，左支則右絀，顧此則失彼，若再因循戀棧，必至諸務廢弛，庶政不修，（外侮內訌，乘機竊發），每念及此，寢食俱廢，一身不足惜，如大局何！下駟之乘，加鞭愈劣，蒲柳之姿，未秋而先零。效（諸）葛亮盡瘁之忠，師姬旦流言之懼，惟有仰懇天恩，開去軍機大臣要差，俾得專心辦理部務，奴才幸甚，大局幸甚。

所有懇恩開去軍機大臣要差，專理部務各緣由，理合恭摺瀝陳。伏乞皇太后、皇上聖鑒訓示。謹奏。

奕劻此摺呼應〈奏為密陳慶親王任事忠誠宅心篤實事〉一摺，可以明顯看出奕劻實際上是一種以退為進的策略，所謂「積勞成疾」完全是言不由衷的欺人之談，其真實用意是在對慈禧進行試探。

先試探慈禧並沒有要動奕劻的意思，然後他們定下了作戰計畫，慶袁的本意是要除去反對派的首領瞿鴻禨，但瞿鴻禨當時在慈禧面前簾眷甚隆，一時之間還甚難搖撼，於是決定先從其同黨的岑春煊先下手，用盡辦法讓他排擠出京，以打擊和孤立瞿鴻禨的勢力。岑春煊的

周馥（1837-1921年）。曾任山東巡撫、兩江總督兼南洋大臣，後任兩廣總督。

彈劾朱寶奎看起來固然大快人心，實際則犯了輕躁妄動之大病。岑春煊的放言無忌，使朝野頻生波瀾，慈禧因而漸有「不耐」之意。於是奕、袁趁機施展謀略，這是一條苦肉計，就是犧牲袁世凱的兒女親家兩廣總督周馥來攻打岑春煊，他們讓周馥發來一個電報，說廣東「亂黨」鬧事，愈形猖獗；目前除了盡力防範之外，還得加意安撫會黨，以免相互勾結，蔓延而成不可收拾之禍。然後四月十六日奕劻向慈禧「獨對」時（所謂「獨對」，乃是領軍機大臣的特權，即在軍機全班叫起之後，獨自一人留下來單獨奏對之意。軍機全班進見，所談論的事有全體軍機大臣同時聽聞，若是獨對，就無法知道所談何事了。且依常例而言，獨對所奏，必係絕對機密之事。），極力誇大兩廣軍情，聲稱革命黨尤多，恐非周馥才力所能制，論知兵與威望，非岑春煊不能平定。慈禧曰：岑春煊是廣西人，照例是不能補授兩廣的。奕劻曰：不錯，他曾於光緒二十九年署理粵督，現在雖然補授，不合成規，但時局非常，不能拘於那些成例了。於是慈禧下諭：「岑春煊著補授兩廣總督」。任郵傳部尚書僅只二十五天的岑春煊被排擠出京了。岑春煊錯愕莫名，隨即上摺，託病不願赴任。清廷再諭云：「岑春煊奏，懇請收回成命，另簡賢員一摺。岑春煊病尚未痊，朝廷亦甚廑念。唯廣東地方緊要，現在廉欽等處均有土匪滋事，潮州府屬之饒平縣境，竟有聚眾戕官重案，周馥恐難勝任，非得威望素著，情勢熟悉之人，不足以資鎮懾。該督向來辦事認真，不辭勞怨，前往該省籌防一切，深合機宜，是以特加簡畀；務當迅速赴任，通籌佈置；安良除暴，消患未萌。該督世受國恩，當此時事艱難，自應力圖報稱，勉副朝廷眷懷南服，綏靖巖疆之意，毋得再行固辭。」岑春煊知京城已不容他存身，又不願忍氣赴粵，只有再施故技，以養病為名先到上海。

奕劻在與慈禧的一番獨對之後就決定了岑春煊之外調，可知此番獨對中的談話內容對當時政局有決定性之影響力量。此事本出於慶袁的密謀，外間雖能揣知其情，但初無佐驗，但丁未四月十九日也就是岑春煊由郵傳部尚書奉旨外調兩廣總督的第三天。袁世凱曾致端方有一密札，並囑咐端方閱後即當「付丙」（燒掉），沒想到端方是金石文物收藏家，自然沒將這珍貴文物燒掉，而也沒想到四年後也就是宣統三年（一九一一）十一月二十七日端方署理四川總督，因保路運動被殺，這封密札不知何時從端方家中流出市面，後為章士釗所得，一九三七年掌故家徐一士就在天津《國聞周報》公布此密札，為有關此次政潮極可珍貴之史料，袁世凱的陰謀，和盤托出，遂成千古信讞矣。原信云：

午橋四弟大人閣下，上中兩旬間，奉讀三月廿五日，四月初八日（並抄件）兩次惠函，拜聆種切。大謀此來，有某樞暗許引進，預為布置臺諫。大謀發端，群伏響應。大老被困，情形甚險，幸大老平時厚道，頗得多助，得出此內外夾攻之厄。伯軒、菊人甚出力，上怒乃解，而聯合防堵，果泉亦有力焉！十六日大老獨對，始定議遣出，上先擬遣，次日即發表。公舉蘇盦本意，大老亦在上前說明，頗以為然。但大謀既去，位置蘇公，必又將鬆一步。為蘇計，大可趁此北來，在部浮沉數月，以明心跡，為將來大用地步。大謀不肯去，十六日亦曾議及，當有對待之術。伊眷漸輕，勢大衰，無能為也。不如不來為愈也。舉武進、鄭、張，上均不以為然，人得藉口，謂其推翻大老，排斥北洋，為歸政計。因而大中傷，武進供給，亦有人言及，恐從此黃鶴一去矣！兄久有去志，甚願大謀或武進來代，但大局攸關，受國厚恩，何敢任其敗壞也。育公始頗受疑，此次全開差缺，由於某樞耍弄，現已釋然。默揣情形，大老決不能動，同班中或不甚穩耳！人心太險，真可怕也！大老心地厚道，事理明白，閱歷既久，聲望遠著，如推翻之，何人代替？當今無第二，兩宮聖明，必可鑒及。若輩何不自量耶？匆匆此復，敬請臺安。祈即付丙！如小兄名心心頓首。四月十九日。

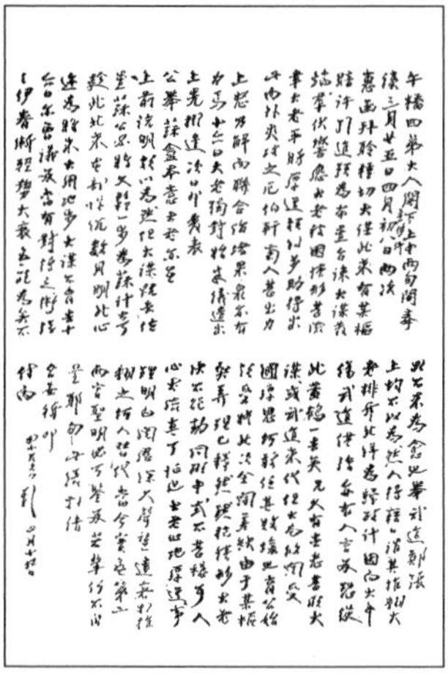

袁世凱致端方密札。

袁世凱此一密札，因事關機密，信中有些稱為用隱語，有些人名用字號，需做一注釋。端方字午橋，時任兩江總督。「大謀」為岑春煊，「大老」為奕劻，「某樞」指瞿鴻禨，軍機處頗似宋朝的樞密院，故稱中樞。「伯軒」，乃滿人世續，時官東閣大學士兼軍機大臣；「菊人」即徐世昌，時為東三省總督；「果泉」為滿人誠勳，時官吉林副都統；「武進」即盛宣懷，「鄭」即鄭孝胥，「張」則張謇，當時均有新黨之稱。育公謂載振（字育周）。

奕劻被攻危急，端賴世續、徐世昌等人為之陳說而得解，袁世凱要奕劻反守為攻，誣稱岑春煊與康黨合謀，來京聯絡瞿鴻禨，企圖使慈禧歸政於光緒皇帝。奕劻利用獨對的機會，並通過各種方式對慈禧施加影響，終於於四月十七日把岑春煊擠出北京。歷史學者沈雲龍說：「此札可見奕、袁傾軋瞿、岑，佈置之周密，設詞之工巧，手段之狠辣，無怪瞿、岑非其敵手，即明察如慈禧，亦墮其彀中矣！」

袁世凱的密札中說：「同班中或不甚穩」，其實已經預告了瞿鴻禨不久即將滾蛋了，這是他們計畫中的第二步棋。於是袁世凱以重金買通了史官惲毓鼎。

惲毓鼎（一八六二—一九一八），字薇孫，號澄齋，河北大興人，祖籍江蘇常州。惲氏幼年喪父，多半時間生活在江南水鄉。光緒八年赴京趕考，中壬午科順天鄉試舉人，時年僅二十歲。光緒十五年春，惲毓鼎又在京參加會試，以二甲第二十九名中進士。接著參加朝考，榮獲一等，選庶起士，次年散館授職編修。歷任日講起居注官，翰林院侍講，國史館協修、纂修、總纂、提調，文淵閣校理，咸安宮總裁，侍讀學士，國史館總纂，憲政研究所總辦等職，擔任晚清宮廷史官十多年之久。自光緒二十三年（一八九七）八月十八日起直到宣統三年（一九一一）辭官為止，起居注這個職務惲毓鼎一直沒有放棄。這個工作是值班時要站在皇帝的身邊，記錄著皇帝的一言一行，重大歷史事件的發生，起居注官一般都在現場，他們的見證往往是第一手材料。惲毓鼎一生行事，影響最大的是彈劾瞿鴻禨和彈劾岑春煊事件。在不到兩個月的時間內，連續扳倒兩大重臣，使他名聞朝野。實際上，在這兩起事件中，惲毓鼎只是受人指使，扮演了上層政治鬥爭中的小棋子角色。

據馬敘倫《石屋餘瀋》云：「善化瞿子玖鴻禨提督河南學政，斥項城不與補縣學生，袁瞿之隙，實始於此，其後善化當國，得孝欽歡，項城欲排之而不得也。會善化以其先人遺冊進孝欽，求得御筆，入謝，得獨對。孝欽語之云：『奕劻即慶親王，軍機首席也。聲名頗不好，當令出軍機；但奕劻將賜六十壽，須少留其面子，待過其壽日耳。』善化本與慶邸不睦，聞之甚喜，歸述於夫人，仍誡勿洩，而夫人偶漏其語。錢塘汪穰卿丈康年，善化門生也，其夫人極好事，出入善化之門，因得聞之，語穰丈，穰丈表之於《京報》。慶邸知之大懼，謀於項城，項城告英吉利國公使朱爾典，令其夫人入覲，伺間啟白：『慶親王在軍機辦事甚好，何以將令出軍機？』孝欽云：『無之。』夫人因引《京報》言為證，孝欽悟由善化洩之，已怒矣。項城復召泗城楊士琦草奏劾善化，其由僅八字云：『交通報館，結托外人。』密繕封之，並封銀票一萬元，持與大興惲毓鼎，語之云：『封不得啟。若欲一萬元，即便上之。』薇孫受銀，如語上其封。善化即日奉旨驅逐回籍。」類似的情形，胡思敬的《國聞備乘》、劉成禺的《世載堂雜憶》都有記載，只是詳略有別。《國聞備乘》云：楊士琦「察廷臣中唯翰林侍讀學士惲毓鼎熱中而不甚得志，密召而告之曰：『頃承慶邸意，擬一參摺，公如願上，某省藩司可得也』毓鼎許諾，即奔赴頤和園上之，實不知其所參何人也。」

學者孔祥吉指出[1]惲毓鼎長期擔任起居注官，由其《澄齋日記》觀察，他原先對當時奕劻之受賄，袁世凱之跋扈，以及朝政之腐朽均深惡痛絕。可是自從丁未四月十二日惲毓鼎

1 孔祥吉、村田雄二郎〈大火焚燒後遺留的珍貴史料〉，收入佐藤鐵治郎著《一個日本記者筆下的袁世凱》一書，天津古籍出版社，二〇〇五年。

作為直隸官員的代表，赴天津與袁世凱交涉津鎮鐵路事宜後，其立場即發生一百八十度的轉變。原因蓋是袁世凱利用這個千載難逢的機會，以重金買通了能言善辯卻又缺乏氣節的惲毓鼎。關於這樁骯髒交易的細節，惲氏在日記中是諱莫如深的。但是，至為明顯的是，在他回京之後不久，即積極籌畫糾劾奕劻在軍機處的政敵樞臣瞿鴻禨的奏摺，於光緒三十三年五月初六日遞出遞上一摺一片，但惲氏摺片遞上後均「未發下」，其內容如何，大家始終未得其詳。

後來大家的說法，都是根據《清德宗實錄》中記載說惲氏給瞿鴻禨安上了四條罪狀：一暗通報館（指《京報》），二授意言官（指趙啟霖），三陰結外援（指《泰晤士報》），四分佈黨羽（指汪康年及彈劾奕劻之臺諫等）。於是，硃諭：「瞿鴻禨久任樞垣，應如何竭忠報稱？頻年屢被參劾，朝廷曲予優容，猶復不知戒慎。所稱竊權結黨，保守祿位各節，姑免深究。余肇康前在江西按察使任內，因案獲咎，為時未久，雖經法部保授丞參，該大臣身任樞臣並未據實奏陳，顯係有心迴護，實屬徇私溺職。法部左參議余肇康，著即行革職；瞿鴻禨著開缺回籍，以示薄懲，所參事件，交孫家鼐、鐵良查覆。」

但真正原因不能公開示人，所以在孫家鼐和鐵良的奏疏上陳之後，表面上的理由也已站不住腳，於是奕劻和袁世凱只好另編一套說詞來向社會輿論做交代。那就是徐彬彬、徐一士兄弟的《凌霄一士隨筆》所說的：「會鴻禨獨對時，后言及奕劻，謂『他是我一手提拔起來的。這幾年我看他也足了，也可叫他休息休息罷。』蓋其時后實不慊於奕劻，鴻禨因對以『太后聖明，如罷其政權，正所以保全其晚節』。后謂：『予自有辦法，汝姑待之。』鴻禨喜甚，退而以告汪康年，謂奕劻行即罷政矣。康年轉告其友倫敦《泰晤士報》訪員高某，高遽發電報告。駐京美國公使接倫敦電知其訊，屬某妻謁后探虛實。后愕然曰：『無之。』因詢此說何來，答謂倫敦《泰晤士報》所載之北京電也。后仍謂此謠言，請勿信。美使夫人即去，后思此惟對鴻禨言之，必所洩漏。因怒甚，自語曰：『瞿鴻禨混帳！』奕劻女隨侍宮中，聞其語，密告奕劻。奕劻商之袁世凱，世凱謂后方怒鴻禨，機不可失，宜亟圖之。於是翰林院侍讀學士惲毓鼎糾劾奏鴻禨之疏上。（一說：康年之知西后將罷奕劻，非直接聞諸鴻禨。蓋鴻禨退朝後，語其妻，適康年妻來謁鴻禨妻，在室內聞之，歸告康年。）」。

關於此一說法，林步隨在袁世凱致端方密札的跋文中（按：實際當為瞿鴻禨之子瞿兌之所寫，託名林步隨）曾亦指出其中之虛偽不實。他說：「說者多謂汪舍人（按：汪康年）洩漏文慎（按：瞿鴻禨）奏對之語以致禍，其實當丁未春夏之交，慶王眷已稍衰，觀西林（按：岑春煊）之留京，載振之開缺，朝士已微知之，無待於洩漏。此蓋若輩中傷之計已售，特假某詞臣（按：惲毓鼎）一疏，摭暗通報館一事，以為發難之端耳。文慎忠謹素著，得君最專，豈有倚信七年之久，忽因漏一言而獲罪？況文慎之與慶王不協，上意亦非不知之耶？」。又徐彬彬在《凌霄漢閣筆記》中談及此事認為，丁未惲毓鼎劾瞿暗通報館，授意言官，陰結外援，分布黨羽，得旨：「久任樞垣，應如何竭忠報稱，頻年屢被參劾，朝廷曲予寬容，猶復不知戒慎。」云云。是不慎者鴻禨由被放也，在經過了十年之後，瞿鴻禨以清室遺臣的身份病死上海，宣統小朝廷卻對他十分軫悼，恤贈之外，更賜謚曰「文慎」。瞿鴻禨出身翰林，依照清代謚法，上一字依例可以得「文」。至於下面一字，則所選擇的往往最足以表示其人一生言行事功之特徵。瞿鴻禨生前屢被斥為「不慎」，而此時竟得「慎」字，豈不表示瞿鴻禨一生即是以慎密小心得慈禧之信任的嗎？準此而言，宣統謚瞿鴻禨為「文慎」，看來還真像是特意為他當年的罷黜案雪冤洗謗，藉以彰顯奕劻、袁世凱之陰謀陷害。瞿鴻禨死後有知，真應該感謝宣統對他的這番知遇。此皆不啻特為翻案也。

其實瞿鴻禨被罷黜的真正原因，乃是奕劻在一次「獨對」中，向慈禧分析瞿鴻禨與新派人物，甚至康梁門徒往來（戊戌政變前，瞿鴻禨曾保舉康有為）袁世凱在致端方密札所說的「意在復翻戊戌前案，排去北洋，謀歸政」，即要慈禧歸政於光緒皇帝，「其詞危聳，且依約附會，頗有跡象，最足中太后之忌」。這是慈禧所絕不能容忍之事。

惲毓鼎這件被慈禧扣壓下來的「留中」密摺，經過一百多年後學者孔祥吉才在檔案中看到[2]，其原文如下：

2　孔祥吉〈惲毓鼎與丁未政潮內幕〉，《南方周末》二〇一四年一月九日。

竊維中外臣工放一官，司一職，雖有劣跡，關係猶輕。惟樞輔重臣，贊助無才，居心叵測，誤國蠹政，實為法所難寬。伏查軍機大臣協辦大學士瞿鴻機，名望素輕，蒙皇太后、皇上聖恩拔至政地（指朝廷），宜如何開誠佈公，以報殊遇。乃七載以來，於時事毫無補救，而反懷私挾詐，翻覆不忠，屢被糾彈，巧謀益固，不能不為聖主言之。

瞿鴻機平日與京報館主事往來甚密，通國皆知。朝廷縝密之謀，暗通消息，往往事未宣佈，而報紙先已流傳，其心所欲言，則授意言官奏陳，瞿鴻機竊權而為之主。外城總廳丞朱啟鈐與瞿鴻機至戚，以一縣丞不數年而躋三品。余肇康於刑律素未嫻習，且因案降調未久。瞿鴻機與為兒女親家，托法部保授右丞。去歲張百熙奉嚴旨申飭，瞿鴻機對人言：上意甚怒，無力挽回。及張百熙病危，瞿鴻機前往慰問，則謂：身後飾終（謂人死時給予尊榮）之典一人任之，必使應有盡有。怨歸君父，恩則歸己。大臣用心，豈宜如是。聞之士大夫群謂，其陰結外援，分佈黨羽，為保守祿位之計，言之鑿鑿，必非無因。似此鬼蜮之行，豈可久居政地？

臣受恩深重，不敢畏避權勢，緘默不言。可否立予罷斥之處，出自聖裁，非臣所能擅議。謹具摺糾參，伏乞皇太后、皇上聖鑒。

惲毓鼎並且準備了一份極為惡毒的附片，專門彈劾「候補五品京官曾廣銓、內閣中書汪康年，勾結路透電洋員」，為害朝廷，「請飭民政部迅予處置」。

孔祥吉認為惲氏提到的朱啟鈐、余肇康以及「京報館主事」汪康年與瞿鴻禨關係密切，多年前已如此，並非新聞。此摺最值得注意的是，瞿氏在張百熙病危時之言論。瞿氏作為軍機重臣，公然將好處留給自己，怨恨推給朝廷，這些話很容易激起慈禧之反感。瞿鴻禨當然不會料到，他在張百熙病床前的言論，會被人打了小報告。張百熙是丁未年二月十八日去世的。瞿鴻禨的言論，除少數家人外，他人無從知曉。但袁世凱與張百熙乃兒女姻親，自然容易得此中消息。

瞿鴻禨被罷黜後，袁世凱還貓哭耗子假惺惺地致函慰問瞿鴻禨，云：「宦海波深，石尤風起，以傅巖之霖雨，為泰岱之閒雲，在朝廷援責備賢者之條，放歸田里；在執事本當富貴浮雲之素，養望江湖。有溫公獨樂之園，不驚寵辱；但謝傅東山之墅，悉慰生靈。雖鵬路以暫紓，終鶴書以再召。弟投身政界，蒿目時艱，讀芝焚蕙歎之篇，欷歔不絕；感覆雨翻雲之局，攻錯誰資？敢問起居，藉鳴結轖。」

此函為張一麐代擬，時張在北洋幕府，為袁世凱所倚重，原稿收入《心太平室集》中。信中將瞿鴻禨比作司馬光與謝安，不但在身分上恭維得恰到好處，而且司馬光再度入朝，謝安東山復起，扣足了「終鶴書以再召」這句話，用典貼切，善慰善禱，是封極為漂亮的四六文章。殊不知這一切美麗的話語，背後都是袁世凱所為，「那堪翻雨覆雲手」，當瞿鴻禨接到此信函，不知情何以堪！

岑春煊離京赴滬之後，就聽到瞿鴻禨被罷黜的消息後，仰天長歎，但又無可奈何，他在《樂齋漫筆》中說：「抵滬之明日，聞瞿相鴻禨得罪，知朝局大變，慶已盡去其逼，益無忌憚。余以邊帥孤立，不去何為，歸隱之志遂決。」《樂齋漫筆》是他晚年所寫，當時或許還沒有歸隱之意。於是他只得打點行裝，擬前往廣州就任。但還沒等他動身，七月初四日朝廷有旨，說兩廣總督岑春煊久病未痊，員缺未便久懸，將他開缺，以便養病。同日，又調軍機大臣林紹年為河南巡撫。這一連串事件的發生，完全是袁世凱在幕後為慶親王策劃的。他們先把岑春煊逐出朝廷，但仍然不放心，因為岑的「慈眷」未衰，難保不會重入朝廷，而且廣東又是一個重要省份，岑在廣州無異是南天王，日後結交黨羽，終成心腹之患。於是慶、袁抓住慈禧仇恨康梁的心理，偽造岑春煊與康有為的合影，呈送慈禧。劉厚生在《張謇傳記》中就說：「至於偽造康有為和岑春煊合拍的照片，依我所知是在上海所辦的，承辦此事的人就是蔡乃煌。主使的人無疑是端方。」端方是袁世凱的兒女親家，費行簡撰《慈禧傳信錄》亦謂「方（端方）乃以密札達樞廷，稱春煊近方與梁啟超接晤，有所規劃，以二人合拍影相附之。后覽相片無訛，默對至時許，歎曰：『春煊亦通黨負我，天下事真不可逆料矣！雖

端方（1861-1911年），清末政治家、金石學家、收藏家。

然，彼負我，我不負彼，可准其退休。』於是傳旨准春煊開缺調養。而相片實方以二人片合攝之，以誣春煊，后不及知也。」

岑春煊的開缺是由於端方偽造了岑春煊與梁啟超之合影，激怒慈禧所導致，這是史學界長期流行的說法。丁未政潮已經過去一百多年了，假照片說口耳相傳，經久不衰。但從惲毓鼎的《澄齋日記》，七月初一、初二、初四三天的日記，可看出不尋常的跡象。

「七月初一，……九點鐘到館，未初歸寓，閉戶自繕封奏，劾粵督岑春煊不奉朝旨，逗留上海，勾結康有為、梁啟超、麥孟華，留之寓中，密謀掀翻朝局，情跡可疑，請密旨查辦。康、梁皆自日本來，日本日以排滿革命之說煽惑我留學生，使其內亂祖國，為漁翁取鷸蚌之計，近又迫韓皇內禪，攘其主權，狡狠實甚，余懼岑借日本以傾朝局，則中國危亡。不得不據實告變，冀朝廷密為之備也。蔡伯浩、顧亞蘧來，久談。夜雷雨。」

「初二，呈遞奏摺，六點鐘自家起，七點二刻至宮門外，詣法部大理院公所，與兩署值日諸公暢談。九點鐘事下乃行，到家略眠。……傍晚探聽知摺留上，未發樞臣閱；但諭令發密電召湖廣總督張之洞迅速來京，面詢要事。」

「初四，……奉上諭：兩廣總督岑春煊著開缺養病，以示體恤。張安帥升粵督，林贊虞侍郎由樞輔出為河南巡撫。兩月中，毓鼎所上兩疏，皆立見施行，又皆重大之舉，聖明過聽，益當勉自收斂，以避嫌忌之乘。」

學者郭衛東認為[3]岑氏落職，主要不是由於奕劻的獨對，也不是由於端方的糾彈；更不是由於陳少白的謀傾和張之洞的參劾。而是由於惲毓鼎的彈章所致。惲毓鼎是丁未政潮中北洋派最重要的槍手，清廉派的兩員主帥瞿鴻禨、岑春煊都是由他一人劾罷。值得注意的是，日記中記述奏疏擬寫時，用的是「自繕」二字，「繕」者，抄寫也，是否這份封奏也同彈劾瞿鴻禨的那份一樣，由北洋黨徒先擬好，再交給惲繕寫上奏，此點待考。從日記的字意看，

3 郭衛東〈論丁未政潮〉，《近代史研究》五十三卷五期，一九八九年十月三十一日。

有此可能。

而學者孔祥吉也認為[4]，岑春煊倒臺之真正原因，並非由於假照片，而是惲氏上書。清檔記載，惲氏在劾倒瞿鴻禨之後，於丁未七月初二再次遞密摺，其文曰：

為疆臣勾通逋賊，情跡可疑，恭摺密陳，仰祈聖鑒事。竊見兩廣督臣岑春煊，自今年五月奉旨簡任粵督，到滬即託病稽留，一再乞假，臣始尚疑其借病規避也。乃都人士有從上海來者，咸謂康有為、梁啟超現已到滬，與岑春煊時相過往。岑春煊留之寓中，又證以所見各處函電，均確鑿可憑。臣又訪得岑春煊幕中有粵人麥孟華。麥孟華為庚子「富有票」（指自立會發行「富有票」招徠會眾事）逆首，曾經湖廣督臣張之洞奏拿在案。岑春煊去年在滬，即引為心腹，旋復薦之浙江撫臣張曾敭，冀與聯絡一氣，幸張曾敭察其心地不純，登時拒絕。岑春煊乃復置之幕府，所有密謀秘計，惟麥孟華之言是從。岑春煊本係戊戌年保國會領袖，然朝廷倚畀甚隆，不應再有異志，乃逗留不前，反與康有為、梁啟超、麥孟華諸逆密相勾結，臣不知其是何居心。況復驕蹇不臣，兇橫素著，謗書盈篋，無待臣言，擬懇宸斷獨伸，將岑春煊先行開缺，一面電諭

4 孔祥吉〈惲毓鼎與丁未政潮內幕〉，《南方周末》二〇一四年一月九日。

兩江督臣端方、湖廣督臣張之洞，詳細密查，妥謀解散之方，密籌處置之法，並敕下浙江撫臣張曾敭，查明麥孟華何日到浙，何日離浙，據實密復，再行請旨辦理。軍機大臣中如有曾經岑春煊保薦者，諭令勿得洩漏，事機萬急，安危所爭，間不容髮，若到任後始行查辦，則有兵權財權在手，又有凶逆為之主謀，不可復制矣。

學者孔祥吉認為，清檔與惲氏日記均明確指出，是惲毓鼎的奏章，劾倒了岑春煊，絲毫沒有提到梁啟超或康有為與岑春煊合影的假照片一事。倘若袁、端真有假照片進呈，按理說，惲氏不會獨貪此功。徐一士所述，端方進岑春煊與梁啟超合影劾倒岑春煊的掌故，在清檔中無法證實，顯然是坊間流傳的野史，實在不足為憑。

其實早在五月二十八日「給事中」（「給事中」可直接面聖彈劾百官，是謂封駁。）陳慶桂就上奏彈劾岑春煊，摺中稱：「……今復特簡南行，又敢在滬逗留托病乞假，窺其用心，不知朝廷畀以何等官爵，何等省份，岑春煊始覺心滿意足，不再要求，君父之前且敢如此，則其如何虐待廣東百姓，不問而可知矣。臣屢接廣東紳商來書，謂岑春煊恃恩遇正隆，在任樗蒲酗酒，肆口漫罵，委用私人，徒逞威福，言之切齒。其最足駭人聽聞者，則曰貪，曰暴，最足令人髮指者，則曰昏，曰欺。……岑春煊外托悻直，內蘊奸邪，戊戌之初，逆首康有為在京倡設保國會，是時岑春煊以大員弟子，候補京堂，首先附和，甘充會黨領袖，猶得諉之，逆跡未彰，至康逆最悍之黨曰麥孟華，係庚子富有票逆首，經湖廣總督張之洞奏明密拿有案，岑春煊去年在滬，引為心腹，所有密謀秘計，皆歸麥孟華主持，並將麥孟華薦之浙江撫臣張曾敭，期於聯絡煽惑，幸張曾敭察其心術不正，旋即拒絕。岑春煊現在上海，仍復延置幕府，日使汲引諸無賴以為輔助，欺罔之咎孰甚於斯。」

郭衛東認為[5]「為什麼陳慶桂摺從岑與康梁勾結立論未能起到效用，而惲摺卻打動了慈禧？閱讀《澄齋日記》可以得知，惲摺具有『新意』，其高明之處在於，大力強調了康梁的國際背景，大肆鋪排了康梁與日本的關係。惲彈劾岑主要是兩點：內結康梁，外『借日本以傾朝局』。筆者認為，後一點才是導致慈禧對岑專寵徹底動搖的主因，而恰恰是這一點，卻為以往所有的有關著述均未道及。甲午以降，日本成為中國最大的威脅國，又慣於採用離間派系，多頭支援，乘隙楔入的手法。康梁長期留居日本，同日本朝野均有接觸，早為慈禧所知曉，而岑又竟敢勾結康梁。惲毓鼎把各種關係聯綴一線的點撥，大大提醒了慈禧。更令人驚心的是，六月十一日剛發生了日本迫使朝鮮國王『內禪』退位的事件，這又觸及了慈禧長期以來所最擔心的外國勢力強迫其歸政光緒的痛點。凡此種種，都不能不使慈禧感到驚恐不安。對近代中國的統治者來說，列強的支援與否是生死攸關的事。慈禧最害怕也是最忌恨

5 郭衛東〈論丁未政潮〉，《近代史研究》五十三卷五期，一九八九年十月三十一日。

的，是臣子們擅自『陰結外援』，瞿鴻禨因此而下臺，岑春煊自然也難逃厄運。」

自三月廿一日岑春煊補授郵傳部尚書開始，瞿鴻禨和岑春煊所發動的倒慶計畫似乎頗見成功；但不過只隔了二十多天，情勢就頓起變化。先是岑春煊被擯出外，繼則瞿鴻禨被參奪職，再過了兩個月，岑春煊的兩廣總督也被拿掉了，被視為瞿黨的軍機大臣林紹年也被逐出樞廷，改調河南巡撫。在這三個月來的升沉變化之中，慶、袁的地位鞏固如故，站在瞿、岑一方面倒慶倒袁的人物，則或斥或革，或調外，或放廢，可謂清除殆盡。

岑春煊自兩廣總督開缺後，即在上海做寓公，經常與優伶娼妓相狎，以遣無聊，蓋岑春煊出身貴冑，頗有東山絲竹之豪情勝慨，但袁世凱對之仍難放其心，陰使上海道蔡乃煌密詗察之，見無隙可乘，復散布流言以傾陷之，甚至偽造岑春煊與浙江巡撫增子固（韞）的手書，勸其舉大事，增子固審知為詐，將書封示岑春煊，詭謀才未得遂。至光緒、慈禧相繼逝世，時值國喪，岑春煊在滬仍不廢遊宴，蔡乃煌復上書訐參，中有「身在江湖，心依魏闕，必效陶公之運甓，忍師謝傳之圍棋？況國䘏方新，人言可畏！」蓋清例在國喪中，歌舞遊宴，皆可獲罪也。

直至辛亥武昌起義後之二日，岑春煊與袁世凱同時起用為川督及鄂督。岑春煊既被任命，曾一度懇辭，未蒙應允。急裝上路，行之漢皋，晤已革職鄂督瑞澂，議論剿撫不合，而又聞川道阻梗，不得西進，乃折而東歸。袁世凱則自鄂督內召入京授以內閣總理，更與以全權，遣使南下與民黨議和，而民黨堅必清帝遜位而後可。岑春煊被廢已久，對清室本無好感，既見大勢已去，覺長此以往終必日趨沒落，非智者之所為，於是附和民黨，馳電入奏，籲請共和。宮廷之間，岑袁並重，觀隆裕后之亟命清帝遜位，固為議和專史唐紹儀之日為革命黨鋪張揚厲有以促成；而岑春煊之一電，亦未嘗無力焉。

既而袁世凱為總統，岑春煊則仍作寓公，岑春煊如欲追隨遺老，則先前曾請清廷遜位，當不為若輩所容；如欲策劃反袁，則已無尺土寸階，發難無從。岑春煊不免為之進退維谷焉。熟思之，唯有變計事袁，徐圖藉手而已。袁世凱則以昔日同為北面事主，今也我作主人，岑春煊本無多大權謀，亦無如何實力，初不必重視，亦無庸敵視，於是即起岑春煊為福建鎮撫使。岑春煊亦樂從，化敵為友於一轉移間，其事可令人玩味者矣。但兩人爾虞我詐，各懷鬼胎，欲求精誠合作，自屬難能，甚且最終誓不兩立，直至袁世凱暴斃新華宮，此已不屬本書範圍，故不詳述。

曾經身為柄國大臣，瞿鴻禨這位風節峻厲，操守廉潔，完全不與晚清腐敗政風同流合污的人，在政爭中慘敗，被逐出朝廷。下野後的瞿鴻禨整天不是一個人賦閒，就是和同時的遺老們組織詩社。一群遺老，酬唱舊體詩，念念不忘故君，經常是涕淚橫流，痛心疾首。到臨死之時瞿鴻禨還有詩志感，云：

臣罪邱山負至尊，捫心豈獨畏人言？
愚忠未效青蒲益，曲貸猶深羽扇恩。
十駕蹇蹄羞峻阪，九關孤夢隔重閽。
偶遊轂外初衣遂，息盡塵機老灌園。

在詩中，這位大清朝的老臣彷彿又回到了宮廷，又侍候在了慈禧太后的身邊；他又看到了太后寢宮專用的地席，以他不可多得的樞密近臣的身份，像太后使用的羽扇一樣陪侍在身邊；他自謙地說，他已經是一匹病足的老馬了，他在職時對國家的政治較少裨益，因此他自覺對太后和皇上負有重若邱山之罪；然而他捫心自問他不怕別人對他所做的攻訐，因為他對太后和皇上自始至終是忠心耿耿的！現在他老了，老得只能做一個賦閒的園丁了。如果還能有機會侍候太后和皇上該有多好啊！我就算一個老邁的園丁吧，可也能為國家盡綿薄之力啊！

第十五章　餘波蕩漾：袁世凱內調與開缺

慈禧太后更事既多，慮患亦較深，對於袁世凱究不敢深信其為人，況以一漢大臣手握重兵，近在肘腋，一旦尾大不掉，變起倉卒，將無任何人可以抵禦，於是用迅雷不及掩耳之手段，諭將近畿各鎮統歸陸軍部直轄，袁世凱亦知兵權太重，致招疑忌，表面毫無異議，僅於遵旨移交時，附片奏請將二、四兩鎮仍暫歸直隸總督就近指揮調遣，慈禧亦慮操之過急，恐生他變，令皇帝於原片尾硃批，二、四兩鎮暫歸該督指揮調遣。這是丁未政潮前袁世凱被削權的景況。

而在丁未政潮風浪中，袁世凱用盡心計，終於「逆轉勝」打垮瞿鴻禨、岑春煊等人，但他也顯得精疲力盡。於是五月間開始請假，隨後又於七月初再度續假。但在不久之後，袁世凱卻被內調到中央了。學者侯宜杰在《袁世凱一生》書中說：「一個接著一個的彈劾警告，使得慈禧疑慮叢生，決心把袁調離北洋。八月二十四日（農曆七月十六日），清廷電召袁入京陛見。三十日（農曆七月二十二日），袁進京。慈禧賞假、賜食、召見後，九月四日（農曆七月二十七日）即令免去其直隸總督兼北洋大臣職，調任為外務部尚書兼軍機大臣，剝奪了他對北洋軍隊的直接指揮權。同時被任命為軍機大臣的還有湖廣總督張之洞。軍機大臣的地位比總督高，然而卻無總督那樣的實權。慈禧如此安排，意在陽為尊崇，陰實裁抑，且使他們互相牽制，容易駕馭。」也就是史學界一般認為「明升暗降」或「杯酒釋兵權」之說。

但學者謝未淵的文章[1]卻提出不同的看法。她主要根據《辛亥革命前後——盛宣懷檔案資料選輯之一》中的「齊東野語」來解讀的。「齊東野語」是盛宣懷在京城的密探陶湘發給盛宣懷的密報。陶湘（一八七一——一九四〇），字蘭泉，號涉園，江蘇武進人。光緒二十八年（一九〇二）年到北京，曾任蘆漢鐵路北路養路處機器廠總辦、蘆漢鐵路全路行車副監督等，是盛宣懷的親信。

在改革官制前後，盛宣懷正值丁憂，繼在上海參加修訂商約談判。為了掌握情況，他指使得力親信陶湘，在北京刺探官場和宮廷內幕，準備待機而動。「齊東野語」指出，其實袁世凱在官制改革之時，就想進入中央。其云：「項城之入內，上年（光緒三十二年）七月即蓄此心。後經慈聖嫌其露跋扈痕跡，善化（瞿鴻禨）趁此施削壓手段，項城抑鬱半載，竭意恭維喬梓（載振），至善化將斥之先，泗州（楊士琦）力勸其速進，雪公（袁世凱）以時非其時。而言路有知其線索者，相約論劾……原摺行至，雪公氣沮。適有皖變，陳侍御相劾於後，竟

1 謝未淵〈再論丁未年袁世凱「內調」〉，《華中師範大學研究生學報》第十八卷第四期，二〇一一年十二月。

牽泗州，計六月內紛紛謠諑，內容寂然，而於雪公終多不洽。雪公甚機警，一天見天水（趙秉鈞）摺後，即行具摺請假，並有申言告退之意，所以假滿後又請續假。」到光緒三十三年七月，「初二日下午，內廷忽傳言，初一夜電燈出險，召慶、世及電燈總辦入內。其實並非關電燈事……後來但知慈聖議政府，領袖首舉岑，慈搖首；繼言雪公，慈又默然；終言曲江（張之洞），慈脫口而言曰：『此人大可。』又云：『甚妥。』即時延召曲江。雪公聞此，意大不適。豈知曲江早有消息，深懼入內棘手，且不肯脫離漢皋，一面遲遲乎行，一面拉雪公。領袖（奕劻）知曲江亦屬意於雪公，即趁機復保雪公。上雖雅不欲雪公，然揆情勢，雪公亦難安置，且見曲江並不踴躍上前，或恐其力有未逮，遂於十六召雪公。然自初六至十五日，此十日中頗費躊躇也。都人士群謂雪公必不入京。至初十等日，漸有議之者，至十六日，即有廷諭。」

接到諭旨僅僅六天，袁世凱就起程入京；而相較於張之洞他早於袁世凱十三天便接到進京諭旨，卻到一個多月後的八月八日清廷還再催促他趕快上京，兩相比較可看出兩人不同的意願。

七月二十七日清廷頒諭任命袁世凱為外務部尚書兼會辦大臣，並與張之洞一齊任軍機大臣。袁世凱於次日遞摺謝恩，懇請收回成命。略謂：

光緒三十三年七月二十七日奉上諭，袁世凱著補外務部尚書，軍機大臣，惟樞府為政令從出之區，外部為交涉總匯之地，必須才識敏贍，熟諳治體，洞悉邦交，方足以仰贊萬機，旁聯與國。微臣才慮粗疏，智計短淺，近年來屢嬰疾病，精力日遜，尤易健忘。且臣向服外官，雖蒙恩曾補侍郎，仍係在外治兵，並未到部，京曹故實，素未諳習，何況樞要巨任，國際重責，萃於臣身，詎能擔荷。請收回成命。

袁世凱上摺請「收回成命」，論者多以為袁世凱窺破了清廷的「明升暗降」陰謀，所以再三力辭，不願入值軍機。謝未淵的看法是：「其實袁世凱『醉翁之意不在酒』他只是借上辭摺之機揣摩上意。其動機有二：一是心虛。袁世凱知道，自己內調並非一帆風順、水到渠成，在一定程度上還是機緣巧合，當時都中很多人都覺得他不可能進入中央，當內調諭旨下達的時候，袁世凱在高興之餘仍然有些擔心，害怕朝廷會突然改變主意，因此上摺試探，以求心安。二是探詢下任直隸總督的人選。袁世凱雖進入中央，但是他在中央的勢力太小，親信僅楊士琦和唐紹儀兩人，將來行事未必自如。於是袁世凱便和奕劻商量，安排由時任山東巡撫也是自己親信的楊士驤來繼任直隸總督之位以為後援。然而，當時卻有傳言稱清廷將調兩江總督來繼任直隸總督之位，這讓袁世凱十分擔心，於是上摺試探。按照清廷慣例，辭摺上去，必蒙召見，那麼屆時袁世凱就可以知道慈禧太后的想法，而且一旦有所變故，他還可以當面及時挽轉。」

確實袁世凱在直隸總督任內因經手款項，為數極巨，且有種種不可告人之開支，非由親信之人接手，不能代為消弭，遂密商之山東巡撫楊士驤，楊士驤是楊士琦的哥哥，兄弟兩人都是袁世凱的親信。楊士驤的陳臬開藩而躐躋封圻，可說是完全受袁世凱的提拔。因此他雖然明知接任直隸總督，袁世凱的爛攤子不易料理，但事到其間無可推諉，又因機會難得，遂答應袁世凱。

而袁世凱上的辭摺馬上被駁回：「現在時事多艱，該尚書向來辦事認真，不辭勞怨，自應勉為其難。所請收回成命，自毋庸議，勿再固辭。欽此。」而楊士驤也被任命為直隸總督接替袁世凱的位置，而楊士驤山東巡撫則由吳廷斌接任。慈禧在「丁未政潮」後為補充軍機大臣的空缺，她心中最理想的人選是張之洞而非袁世凱，只是老謀深算的張之洞不願入京，稱病請假拖延，最後已無法推脫，乃拉上袁世凱一同入京，此時奕劻在旁積極鼓動，慈禧經過長達十天的考量，才調袁世凱入京。袁世凱乃與張之洞同拜軍機大臣之命，亦以表示內外互通，並非對袁世凱一人。而袁世凱在天津之威福自恣，張之洞在鄂之起居無節，因樞廷規制森嚴，至此，皆俯首而就羈勒，按時入值，罔敢遲誤。

張一麐《古紅梅閣筆記》筆記云：「光緒季年，朝政杌隉，滿漢之見亙於中，革命之聲騰於外，預備立憲之招牌既掛，實行無期，請願者踵至，樞府舊人不足以應付危局，乃有

張之洞（1837-1909年），清末知名政治家，為洋務派的代表人物。

命北洋大臣袁世凱，兩湖總督張之洞同入軍機之舉。袁張初入京，深相結納。南皮與同僚為詩鐘，得蛟斷二字，有『射虎斬蛟三害去，房謀杜斷兩心同』句，即引為兩人同心之慶。但南皮主張緩進，項城主張急進，微有不同。」

張之洞以翰苑歷任封疆，任鄂督尤久，舉辦新政，為時所稱，其資望實出袁世凱之上。在光緒二十八年（一九〇二）九月間兩江總督劉坤一在任病歿，朝廷一時找不到合適的人選，乃以湖廣總督張之洞署理兩江總督，十月初九日接印視事。其時袁世凱正回籍葬母，十月二十一日取道信陽到漢口，代理湖廣總督的端方接袁世凱到武昌看鐵廠、看槍炮廠，禮數周至。袁世凱卻藐之，而對張之洞的「總文案」鄭孝胥稱讚張之洞在湖北「規畫之宏達」，揚言「當今唯吾與南皮兩人，差能擔當大事」。十月二十八日乘輪由漢口到南京拜訪張之洞，張之洞設宴款待。酒喝到一半，張之洞已經趴在桌上進入夢鄉。袁世凱等了一會兒，起席不辭而別。清制，凡總督進出轅門，照例鳴炮，俗名「放銃」，袁身為直隸總督兼北洋大臣，自當鳴炮禮送。炮聲一響，將張之洞驚醒，他自知失禮，急忙趕到下關，相見各致歉忱，申約後期而別。

在許同莘編的《張文襄公年譜》中對此事隱約其詞云：「袁世凱督部回籍營葬，事畢，由汴過漢，赴滬北上。二十八日，道出下關，登岸，公（指張之洞）請稍留，不得。設筵款待，不終席而行，至江干，挽留不及。」何以「不終席而行」，何以到岸邊又挽留不及，其中必有緣故，許同莘後來在張之洞幕府充文案，或知其詳而不欲筆之於書，為已故府主諱耶？而由袁世凱授意門客沈祖憲、吳闓生所寫的欽定傳記《容庵弟子記》則隻字不提此事，當是可以理解的。而李伯元的《南亭筆記》雖言之鑿鑿，但與事實不盡相符，只能以小說視之。

梁啟超在光緒二十九年的《新民叢報》對此事有文評論道：「……夫張之待袁，為敬乎？為慢乎？以南洋大臣款北洋大臣之重客，而居然睡熟，則其慢之意可知也。張何為而慢袁？張任粵督時，袁僅一同知，袁以後輩突居上游，張自負老輩，或隱然示之以老督撫之氣派，旋繼之以優禮，其玩弄袁之狀，袁其能終忍之乎？……」梁任公認為張之洞光緒十年就已當到兩廣總督，那時袁世凱還只是一個五品同知，在朝鮮吳長慶軍中「會辦營務處」。連個「學」都沒有「進」過的乳臭小兒，現在居然成了疆臣領袖！最可氣的是，直隸總督兼北洋大臣袁世凱是實授，而兩江總督南洋大臣張之洞反是暫局！這豈不是笑話？但以張的齒德俱尊，與後生小子爭功名，說出去會叫人看不起，因此暗中給袁世凱「示威」一下。

但光緒二十九年五六月間，張之洞過保定，據徐樹錚給馬通伯信云：「……親見項城（袁世凱）率將吏以百數，飭儀肅對，萬態竦約，滿坐屏息，無敢稍解，而公欹案垂首，若寐若寤，呼吸之際，似齁齁然隱鼾動矣。……」世人泰半又疑張之洞偃蹇作態，徐樹錚甚至說：「項城每與僚佐憶之，猶為耿耿也。」但說張之洞是故慢以取嫌，則必不如此。實在是張之洞的日常生活，與眾不同，他自以為一天當兩天用。他這一天當兩天，即以午未之交為分界。大致每天黃昏是他的早晨，起床就看公事，見賓客，到午夜進餐，食畢歸寢，往往只是和衣打盹，冬夏都用藤椅，不過冬天加個火爐，這樣睡到凌晨五六點鐘又醒了，辦事見客，直到日中歇手吃飯，飯罷復睡，終年如是。而南京保定兩次宴會，都是在午未之交，是他精神格外不濟之時，頹而不能興矣，並非是有心輕慢，更不是梁任公所說的以倨傲鮮腆之老態凌折同僚。何況光緒三十三年丁未以後，張之洞與袁世凱同入軍機，張之洞極心折袁世凱，一時號為廉（頗）藺（相如）也。張袁何足比廉藺？黃秋岳在《花隨人聖庵摭憶》書中認為此亦善頌之詞耳，張甚似王導，袁則似桓溫也。而對於張之洞的生活習慣，黃秋岳亦云「以名士而為達官，既為達官，而仍不脫名士習氣，律己簡慢，待物宏獎」。可謂知言。

張一麐所說的「二人同心，深相結納」者，亦殊不盡然！根據許同莘編的《張文襄公年譜》云：「之洞於光緒丁未八月初五日至京，寓畿輔先哲祠，冬寒，入值不便，袁宮保方寓東安門外北洋公所：言公有所別院在錫拉胡同，地近可居，乃移寓錫拉胡同。一日，袁見客自外省來者，問謁張中堂否？曰：未見公，不敢往。曰：信然！昨見門簿，猶無汝名也。」蓋袁世凱對張之洞，陽示尊崇，陰實忌之，甚且其來往賓客，亦以特務偵察，內心忮刻而圭角不露，袁世凱之猜疑成性，於此可見一端。

光緒三十四年農曆八月二十日（九月十五日），袁世凱過五十虛歲大壽，京城的王公貴族，外省的督撫大員紛紛恭獻壽禮，北京琉璃廠的喜壽幛子、大紅的灑金的屏聯一時全部售罄，風光之極的是慈禧太后賜予手書「養壽」二字。關於這次慶典，袁世凱本人沒有留下記載，他後來寫了不少回憶錄的兒女們似乎也忘了這件事。但一個外國人沃爾特・凱・禧在明（Walter Hillier），他曾任英國駐北京公使館秘書、駐朝鮮總領事、倫敦皇家學院漢文教授，卻恭逢其盛，他吃驚地寫信把此事告訴了另一個外國人，他是《泰晤士報》駐中國的首席記者莫理循（George Ernest Morrison），這封信的內容：「我遺憾的是你今天不在此地，未能得見一幕最令人難忘的場面，依我看來，若不是裝點袁世凱在北京官場中的門面，定然是炫耀他的權勢。我委實從未見過這樣的盛會，我相信如果你當時在場，你會覺得很值得把這個場面用特電拍給《泰晤士報》。很難估計到場的確切人數，但是，你聽我說說這番盛況，你就會對身穿朝服的高官顯貴到場人數之多，大致有個瞭解，前院和內院走廊以及寬敞的袁府的各個客廳全都密密麻麻擠滿了官員，北京的權貴無一不在。他府上的正廳前庭搭起席棚，這是（使）除開正在演戲的一座戲臺外，來賓們只能勉強有個立足之地。我滿有把握地相信，包括隨從和小官在內，我在場時估計有一千人，而今明兩天都接待來賓，來袁府給袁世凱拜壽的官員總數之多不難想見。袁府所在的通往東華門的那條大街上停滿了兩輪篷車和四輪馬車，軍隊沿街放崗。我走過那裡時正巧碰見一長列黃色肩輿抬著皇太后、皇帝和皇后賞賜的各色禮品來到袁府。袁在正門前跪迎由鼓樂隊伴送來的這批御賜禮品，然後就安放在袁府正廳盡頭處事先鋪好黃綾子的臺桌上，袁向這批御賜禮品行三跪九叩的大禮，行跪拜禮時臺桌兩旁侍立著長長一列官員。我認為沒有任何一個中國官員過五十大壽時曾有過比這更盛大的場面，依我看來，說袁是目前朝廷寵信的大臣這就是最令人信服的證據。我再說一個細節，袁府上所有的廊院以及許多廳堂內都掛滿了官員們從全國各地送來的壽幛。袁的官星能高照到多久，當然無法預言，但是，目睹今天這個場面的任何人都不能不相信他現在是朝廷寵信的重臣。」[2]

在盈門的賀客之中，之前已參劾過袁世凱，且素不與袁世凱通刺的御史江春霖亦施施然來到袁府為袁世凱祝壽，「人咸異之」，以為江春霖欲與袁世凱修好。

2 《回頭看中國》安子登著，九州出版社，二〇一三年十一月第一版。

但沒有人會猜到江春霖此來的目的。九月初九日，江春霖上〈劾軍機大臣袁世凱權勢太重疏〉，他將自己在袁世凱生日宴會上的所見寫在了這份參摺中：

奏為樞臣權勢太重，列款上陳，恭祈聖鑒事。竊臣謹按《尚書・太甲篇》云：「臣罔以寵利居成功。」《洪範篇》云：「臣之有作福作威，其害於家，凶於而國。」《春秋傳》云：「保君之祿，是以聚黨，有黨而爭命。」自古權奸竊弄，始未嘗不以忠順結主知，洎乎威名日盛，疑忌交乘，騎虎既已難下，跋扈遂至不臣。豈盡其本心然哉？利之所在，勢之所趨，而一時銜恩進款之士，又相與翼佐而擁戴之。即欲終守臣節而不能耳。此雨雪之有取於見睍，而履霜堅冰，聖人所為，謹防其漸也。臣於軍機大臣外務部尚書袁世凱權勢太重，前在直督任內，已屢言之，均皆奉旨留中不發。上月世凱生日，又荷渥賞壽物，恩禮逾常，大小臣工獻頌貢諛，以百千計。臣雖愚戇，亦知誦「鼎鐺有耳」之言，而緘口結舌矣。顧念梅福以南昌故尉而上書，朱雲以槐里故令而折檻，彼皆身無言責，猶且慷慨納忠，矧臣備位諫垣，何能嘿爾而息？不避冒瀆，謹就耳目所及，再為我皇太后、皇上列款陳之。

親藩之重，冠絕百僚。向時親王書款，皆稱某王，無稱名者。至結拜兄弟，則更未之前聞矣。乃世凱壽辰，慶親王奕劻去爵署名為祝，貝子載振則稱世凱為四哥，而自稱四弟，對聯兩合，為眾目所共瞻。薰灼一時，幾炙手之可熱。此交通親貴權勢之重一也；都察院糾察行政，非政府所得過問。乃前聞中外條陳盈積累尺，都御史張英麟等已擬封進，徒因世凱一言而止。條奏有無違礙，外間故不得知。憲綱竟聽指揮，下此又誰敢議，此把持臺諫，權勢之重二也；薦賢為國，非以為私。桃李公門，古人弗受。而世凱前後之所保舉，莫不執贄而稱門生。但舉顯者而言，內則有民政部侍郎趙秉鈞，農工部侍郎楊士琦，外務部侍郎梁敦彥，右丞梁如浩，大理院正卿定成，順天府府尹凌福彭之徒；外則有直隸總督楊士驤，出使大臣唐紹儀，吉林巡撫陳昭常，安徽巡撫朱家寶之屬，薦躋通顯，或有合於同升，認作師生，謂無私其孰信？此引進私屬，權勢之重三也；安徽巡撫馮煦之開缺，河南巡撫林紹年之調倉場，皆奉上諭，外議謂世凱以不附己擠之。初未敢執以為據，而代馮煦之朱家寶，為其門下，代林紹年之吳重熹，為其世交，則滋人疑竇。他如三省總督徐世昌，兩江總督端方，江西巡撫馮汝騤，山東巡撫袁樹勳，或譜兄，或契友，或親家，或宗姓，綜計直省大吏多半與之有連。同寅協恭，固屬誼所應爾；聯盟樹黨，不知意欲何為？此糾結疆臣，權勢之重四也；北洋新軍，為直省冠。世凱既入軍機，又恐兵權削奪，於是引其門生楊士驤代為直督，諸事不得自專，悉皆受其節制，名曰開府，實則傳法沙門護法善神而已。戰功卓著之臣，投諸閒散，奉令維謹之輩，寄以干城。此遙執兵柄，權勢之重五也；科舉遞減之奏，世凱本與張之洞同之。繼而請裁科舉，專辦學堂，意在杜絕歧趨，建議未為不是。乃無何，而舉貢之保送，優撥之加額，又請自世凱，倒之顛之，反之覆之，新學喜於速化，既群奉為祖師；舊學得乞末光，亦共推為恩主。此陰收士心，權勢之重六也；善則歸君，過則歸己，伊古良弼，罔或不然。國會發自世凱，既而滋用不靖，意在緩開。謂宜以一身當眾難之衡可也，乃世凱之阻都察院代奏，則以朝廷不欲為辭，己實黨魁，而被四海以橫流之禍；身為壅蔽，反誣九重以愎諫之名。此歸過聖朝，權勢之重七也；度德量力，外交固貴和平；仗義執言，公法盡堪理論。世凱自任外部以來，遇事多占失著，蘇杭甬鐵路借款，經三省紳商合力抗拒，英人聞已降心矣。卒以郵傳部口口向借了之。假強敵之威以施壓力，飾睦鄰之說用蓋奸謀。此潛市外國，權勢之重八也；俄日戰爭，聲明中立，乃國家萬不得已之事，豈臣子所宜邀賞之時。世凱乃鋪張颺厲，臚列多人，角逐坐視兩雄。本無功之可紀，異常保至三百，猶謂賞不酬勞。盧未逐爰免，鼠能變虎，此僭濫軍賞，權勢之重九也。州縣逃缺，雖由吏部，而飭赴與否，權則在於督撫。數載未到官，數月即撤任，黜陟只須四字考語耳，無所妨於吏治也，世凱既聯督撫為黨，又欲增重其權，遂請諭旨概歸外補，公費有加，部臣誘於利而不能正。道府照舊，科道塞其口而不復言。此破壞選法，權勢之重十也；為政不用子弟為卿，富貴且譏其壟斷，世凱之子克定，年未三十，即以候補道營入農工商部，旋由右參議歷署左右丞，是己方柄用，子弟已為卿矣。壟斷為何如耶？用人正當破格，內舉固不避親，藉勢而得美官，受爵究嫌不讓，此驟貴驕子，權勢之重十一也；鴉片之禁，詔令綦嚴，親王不以廢法，學士因而罷官，亦既風行雷厲矣。乃臣聞江蘇一省嗜好者多被咨回。世凱族姓十餘，稽查者不敢過問。副都御史陳名侃得人私書，當眾言之鑿鑿。辦理未公，雖不由於囑托，氣焰可畏，亦略足以見端。此遠庇同宗，權勢之重十二也。夫王莽謙恭下士，周公恐懼流言，人固難知，知人亦良不易！臣何敢遽指袁世凱為奸邪，第就臣列款觀之，其心即使無他，而其蹟要難共諒。歷考史策所載，權臣大者貽憂君國，小者禍及身家，窺竊神器之逆賊，且置勿論。即功在社稷，如漢之霍光，唐之李德裕，明之張居正等，其以權寵太盛，滅族破家者何可勝道！則不獨為國家計，宜少裁抑，即欲使世凱子孫長守富貴，亦不可無善處之道也。臣起家寒素，既絕黨援，並無恩怨，祇以時間阽危，恐致焦頭爛額之傷，不得不獻曲突徙薪之策。敢懇聖明宣示臣章，俾自申辯。語如涉虛，請治臣罪，以為誣謗大臣者戒。倘以臣言尚近情理，亦當鑒古來權臣禍敗，為世凱善全始終。昔東漢二袁四世三公，一敗塗地，國既不振，家亦遂亡，以彼例此，尤為至近。縷縷血誠，無任激切。伏乞皇太后、皇上聖鑒訓示。

這是歷史上討袁世凱的第一篇檄文，在這份洋洋兩千餘字的劾疏中，江春霖以事實揭發了袁世凱的十二條罪狀：第一條，交通親貴。袁世凱結交權貴，敢與親王貝子平起平坐，稱兄道弟，可見其氣勢何等囂張。第二條，把持臺諫。當御史張英麟等打算把一些奏章上呈時，因為袁世凱一句話而終止。第三條，引進私屬。袁世凱舉薦提拔的人大多都是他的親屬、屬下。第四條，糾結疆臣。顯然是要在地方上聯盟樹黨。第五條，遙執兵柄。以親信楊士驤代為直隸總督，完全受其掌控。第六條，陰收士心。取消科舉之議，並非真正推行新學，而是「陰收士心」。第七條，歸過聖朝。古代賢良的輔臣，都是代皇上承擔錯誤的。而袁世凱卻把自己的錯誤歸罪於皇上。第八條，潛市外國。常借用強敵之威，對國人施加壓力，又用睦鄰之說掩蓋其「奸謀」。第九條，濫發軍賞。袁世凱卻利用俄日戰爭，圈定保舉、獎賞多人，使不少小人得志。第十條，破壞選法。袁世凱就破壞了官員的任用制度。第十一條，驟貴嬌子。袁世凱的長子袁克定，年紀還不到三十，就以候補道進入農工商部，之後又成為右參議，歷署左右丞。第十二條，遠庇同宗。清代禁止官員吸食。在江蘇袁世凱族姓十幾個人，吸食鴉片，稽查者不敢過問。

江春霖的同鄉後輩江庸（一八七五—一九六〇）在《趨庭隨筆》中說：「莆田江春霖，杏村，於光緒三十四年八月軍機大臣外務部尚書袁世凱五十生辰，江與袁向不通刺，是日忽親往祝壽，人咸異之。旋上疏論袁權勢之重十有二，其曰親藩之重，冠絕百僚。向時親

載灃（1883-1951年），後改名載靜雲；清攝政王，末代皇帝溥儀生父。

王書款，皆稱某王，無稱名者。至結拜兄弟，則更未之前聞矣。乃世凱壽辰，慶親王奕劻去爵署名為祝，貝子載振則稱世凱為四哥，而自稱四弟，對聯兩合，為眾目所共瞻。薰灼一時，幾炙手之可熱。此交通親貴權勢之重。……」此指袁世凱與親貴勾結，居然和載振結拜兄弟。而奕劻送壽聯署款時，去爵稱名（即不書慶親王，而只書奕劻），殊乖體制。

江春霖在劾疏中，證明其勢力太重，預言其後果不堪設想。他寫道：「自古權奸竊弄，始未嘗不以忠順結主知，洎乎威名日盛，疑忌交乘，騎虎既已難下，跋扈遂至不臣。」江春霖提出應對袁世凱的權勢予以裁抑，否則國既不振，家亦遂亡。江春霖此疏證據確鑿，言辭懇切，光緒帝「見疏痛哭流涕」，但因畏懼慈禧太后而留中不敢發。慈禧太后雖然未給袁世凱處分，但在召見時卻把他嚴厲訓斥了一番。遭到訓斥的袁世凱害怕異常，以致心神不寧，在致家人的信中表示，自己出宮時「驚皇失足，從殿階墜地，跌傷右腿」。

慈禧、光緒先後於光緒三十四年的十月間崩逝，末代皇帝溥儀即位，載灃父以子貴，為監國攝政王，傳統的說法是載灃遵光緒帝遺意，實欲殺袁世凱以報戊戌之怨。而劉厚生的《張謇傳記》則認為罷斥袁世凱的目的，絕非僅僅報復戊戌之怨，是皇族親貴肅親王善耆、鎮國公載澤、貝勒載濤、載洵、毓朗他們打算收回袁世凱的兵權歸滿人統轄。據說載灃殺袁世凱的計劃早已準備停當了，諭旨也用藍筆寫好了（因慈禧、光緒死不足百日，不准動硃筆），並決定由溥偉「用咸豐皇帝賜給他祖父的白虹刀執行」，但學者李永勝認為[3]「載灃可能會有殺袁之心，但不可能把殺袁問題拿到朝堂上討論。載灃當時找不到令人信服的殺袁理由，無故殺人無法應對朝野輿論和列強壓力。因為事涉帝后是非，載灃根本不能去翻戊戌年袁世凱告密舊案並以此為由懲治袁。」而學者駱寶善[4]卻從史官惲毓鼎寫給時任兩江總督端方的一封密信證實殺袁的可能，他把原信隱語改用白話節述如下：袁世凱得罪這件事，外間大都不知其真相。光緒帝龍馭上賓，頗有歷史上「紅丸案」之疑，就像所傳梁冀勾結中常侍害漢質帝那樣，隆裕太后奉光緒之衣帶詔，要她除袁世凱以報仇。載灃亦參與了這一密謀。當天罷斥袁世凱的詔書本有「跋扈不臣，萬難姑容」八字，以革職流放處理，只是單獨與世續商議詔書的起草事宜時，世續力為解脫，才改為現在的文字。張之洞第二次入對，力

3 李永勝〈攝政王載灃罷免袁世凱事件新論〉，《歷史研究》，二〇一三年第二期。

4 《駱寶善評點袁世凱函牘》駱寶善評點，長沙市：嶽麓書社，二〇〇五年出版。

陳袁世凱之才可用，棄之可惜。載灃說：「我知其有才，但我不忍用他。如果用他，我無顏見西太后於地下。」張之洞不敢再為袁辯解，只是說：「袁本有去志，可否因而准許他退休。」載灃很不高興地說：「你不要再說了，奉行詔書就是了。」袁世凱得到罷官詔書後，袁克定異常擔心，對乃父說：「這是要像爾朱榮那樣被殺的。」袁世凱大懼，當晚逃去天津躲藏，以備發現變故可外逃。其時，世續正好去袁府慰撫袁世凱，看門人說袁病了不讓進門。世續硬闖進袁宅。看門人無奈，說了實話。世續大驚說，這才真是加速大禍臨頭呢！趕緊用電話催促袁世凱還朝，並說決無再加嚴懲之後命。袁世凱即於第二天早晨回京。四日後，挈眷回籍去了。

論者說賴奕劻及張之洞力保，袁世凱才免殺身之禍，《張文襄公年譜》記此云：「先是，監國攝政王承太后命，飭軍機擬旨，禍且不測。公反覆開陳，始命回籍養疴。」據說當時張之洞覺得溥儀「冲齡踐祚，而皇太后啟殺黜陟之漸，此端一開，為患不細。」向載灃反覆陳說。對此學者李永勝認為「袁世凱長子袁克定對禧在明（Walter Hillier）說，張之洞沒有參與罷袁陰謀，且對罷袁感到突然，請載灃徵求奕劻意見後再作決定，被載灃拒絕。袁世凱另一個兒子袁克文認為，進讒言罷袁，『決非之洞所忍為』。據《泰晤士報》駐京記者報導，張之洞曾公開承認與袁世凱存在政見分歧，但同時宣稱他對袁的不幸遭遇深表同情。張之洞與袁世凱在中美互派大使問題上確實有嚴重的分歧，但並不能表明他希望袁下臺。」[5]

因此學者李永勝總結袁世凱被罷黜的原因，說：「袁私自策劃中外互派大使，不讓載灃、張之洞等人預聞其事。當唐紹儀致電清政府，請求對中美互派大使一事給予指示時，袁世凱才將問題提交朝廷進行討論，並堅決主張中美互派大使。袁世凱在派駐大使問題上擅作主張引起載灃警覺。爭奪財政權和擅自策劃中外互派大使二事，在載灃看來，是袁世凱擅權跋扈的具體表現，加劇了載灃對袁世凱的惡感和戒心。言官江春霖、趙炳麟、陳田上奏彈劾袁世凱權高震主，要求對袁世凱加以懲戒，深合載灃心理，為載灃罷袁提供了適當的理由。因此，載灃抓住這一有利時機罷袁回籍。」[6]

因此光緒三十四年十二月十一日，以皇帝名義，下旨云：「軍機大臣外務部尚書袁世凱，夙承先朝屢加擢用，朕御極復加懋賞，正以其才可用，俾効馳驅。不意世凱現患足疾，步履維艱，難勝職任。袁世凱著即開缺，回籍養痾，以示體恤之至意。」此距光緒帝死後才四十天。這諭旨說得「理不直，氣不壯」，顯係經過修改，而前不久跌傷導致的「足疾」竟成為載灃將其開缺的藉口，一般軍機大臣即引疾告歸，例得慰留，何況足疾非重病，又本未稱病耶。可見袁世凱實乃被迫而未嘗有去意也。此時距江春霖上次摺參袁世凱列舉十二項

5 李永勝〈攝政王載灃罷免袁世凱事件新論〉，《歷史研究》，二〇一三年第二期。
6 李永勝〈攝政王載灃罷免袁世凱事件新論〉，《歷史研究》，二〇一三年第二期。

「權勢之重」僅三個月，而距十二月初七日江春霖再上奏摺，提醒載灃「大政親裁，以嚴防事權旁落之漸」，也不過只四天光景。

罷官的詔書下達後，袁世凱深懼後面還有更嚴厲的處罰，於是他微服乘火車去天津，尋求直隸總督楊士驤的幫助。而據楊璞山（楊士驤之子）說當天諭旨下之後，袁世凱竟倉皇失措，竟個人秘密赴津，下車後，由其戚何仲瑾陪至英租界利順德飯店歇腳，即囑咐楊士驤到飯店相晤，楊實不便前往，遂遣其長子璞山代詢袁之意見，袁告以欲乘船到日本暫避，璞山回署報告，楊士驤命其再往袁世凱處，略謂上諭係令太老師（楊士驤已拜袁世凱為師生）回籍，且在百日孝內，忽脫縞素來津，倘為監國所知，再有電諭前來作嚴厲之處置，應如何辦，赴日一節，萬不可行，最好請太老師立即乘火車回京，明晨進內謝恩，即赴西車站回豫，（袁世凱之洹上村房屋，尚未竣工，須先往衛輝暫住），切不可在津停留，已密令京奉路局備專車，升火待發，即請與小門生（璞山自稱）同乘馬車至車站，秘密登車，袁世凱沉思有頃，遂如所說登車，楊已命京奉路局總辦伴送至京，並送回錫拉胡同寓所。

當袁世凱襆被出京時，門生故吏，送者絕少！僅嚴修送至保定，蔡儒楷伴至彰德而已。昔日大權在握時，冠蓋雲集，前呼後擁；而如今門前冷落，令人不禁唏噓！

第十六章　聲色晚清：聽戲、麻將及詩鐘

瞿鴻禨之子瞿宣穎（兌之）在《杶廬所聞錄》有云：「光緒初年以至中葉，翁文恭（同龢）、潘文勤（祖蔭）等扢揚風雅，寶竹坡（廷）、陳弢菴（寶琛）等砥礪名節，京曹人才號為最盛。風會所趨，雖手無斧柯，亦儼然負朝野之望。此輩取逕不同，而不事王侯，高尚其事，超然塵壒之表則約略相似。一自光宣之交，外省奔競之習輸入京師，侈然以聲色貨利相尚，而前輩淳雅之風氣，幾於掃地矣。……」

以聲色貨利相尚，造成鑽營奔競之風。這與晚清時廢科舉、行新政有極大的關係。由於科舉制度既廢，只要你朝中有人，根本不用像以前一樣講究出身舉人、進士、翰林，更不用問年資，甚至還可以花點錢買個官做做。胡思敬的《國聞備乘》中的〈道員詭遇〉一節云：「是時事例大減，由俊秀徑捐道員只二千餘金，中外顯宦大半因之以起。段芝貴由試用道得巡撫，趙秉鈞由試用道得侍郎，劉式訓、胡惟德、黃誥由試用道得出使大臣，盧靖、方旭由試用道得提學使，劉世珩、施肇基由試用道得參議，陳昭常、姚錫光由試用道得左右丞，張德彝由試用道得都統，吳煦由試用道得提法使，朱啟鈐、榮勳由試用道得廳丞，劉永慶、

慈禧（1835-1908年），那拉氏，孝欽顯皇后。咸豐帝的妃子，同治帝之母，為同治、光緒年間，中國的實際統治者。

李準由試用道得提督，黃忠潔、徐紹楨由試用道得總兵。」像段芝貴、趙秉鈞、朱啟鈐、施肇基等人後來都成為北洋政府中的要員，他們都因為有直隸總督袁世凱為奧援而得以當官。而袁世凱又結合慶親王奕劻，貪官和野心家大顯身手，因此晚清之時京官朝士奔競鑽營，靡然成風。

清末舉人，由內閣中書改任商部主事，後來兩度擔任北洋政府財政部次長的楊壽枏在《覺花寮雜記》中就說：「辛丑以後，舉行新政，外務、民政、農工商，郵傳各部次第增設，升轉既速，祿糈亦優。於是貴介之子憑藉門蔭，新學之士游揚聲譽，一經調部，無異登仙。鑽營之竇既開，結納之風日盛，苞苴狼籍，裘馬輕肥，流品雜而吏道污，京曹風氣乃一變矣。有人改成語曰：『勵精圖亂，發憤為雌，下詔罪人，破格用我』，雖戲語亦切中當日之病。」

清廷的腐敗、奢靡是全面性的。我們試從慈禧太后及王公親貴的聽戲、麻將等方面，去看晚清的「聲色貨利」之風。

在專制時代，最高統治者的喜好往往決定一個時代的風尚或某些事物的興衰。古有楚王好細腰，宮女多餓死；近有慈禧太后嗜戲如命，直接推動了京劇的大繁榮、大發展。京劇能有後來的地位及影響力，慈禧是功不可沒的。當年的京劇名鬚生孫菊仙說：「老佛爺（慈禧太后）非常懂行，別說文戲唱錯了她聽得出來，武戲少打幾下、少翻一下，她都瞧得出。」誰都知道，她在宮中所點唱的，必定是各伶拿手好戲。而且光緒帝受其薰陶，對於文武各劇，亦頗研究有素，「南府」（由於慈禧太后喜看京劇，除傳外戲班入宮供奉唱戲，宮內也設有戲班，即「南府戲班」。演員全由太監擔任，邀請京劇名角入宮當教練。）還有他的御製腔。清朝在道光以前，清主咸習武藝，故有道光皇帝在宮門射擊林清之舉。降及咸豐、同治、光緒三朝，清主皆耽於安樂，廢武事，而獨精於戲劇，良可慨也！

清宮常用的戲臺凡四個，頤和園建成後數年，慈禧太后又在仁壽殿之北，舊為怡春堂原址，築一大型舞臺，改名德和園。其戲臺之大，為清宮各戲臺之冠。宮中演戲，每逢初一、十五各演一天，端午、七夕、中秋各演三天，新年期間，自除夕起到正月十六止，演足十七天。舊曆十月初十是慈禧太后生日，稱為「萬壽」，從生日前三天起，連演七天的戲。萬壽節賞大臣入座聽戲，是一榮典，受此殊遇的大臣，死後還可在訃文中寫明「賞入座聽戲」

（用紅色印出），以為光寵。

當時「總管太監」小德張[1]說：「我管上了南府戲班後，老祖宗每天除讓我傳旨內廷戲班演戲，還要傳外班名角入宮承差，都必須我親自點驗。凡是入宮唱戲有特殊武工或者唱工好的，我就盡量挑選。光我看過還不行，當時能入宮承差的演戲角色，必須老祖宗也看過後，由她親自挑選出來的傑出人材，如楊月樓、楊小樓、譚鑫培、王瑤卿、陳德麟、王長林、李順亭、傅小山、麻穆子、郎德山、楊小朵、梅巧玲、張黑、陸華雲、王楞仙、德君如、龔雲甫、孫怡雲、楊隆壽、楊長喜等，生、旦、淨、末、丑樣樣齊備。這些人，老祖宗有時讓單獨挑唱，也有時和內戲班合演，比著唱。如果得到老祖宗的賞識，可得鉅額賞金。入宮承差一天，可得賞金百兩、五十兩，逢年過節更可得加倍賞賜。有的還被聘為南府戲班的教練，一登龍門，身價十倍。」

小德張又說：「一天，正演《盜仙草》，飾白蛇的小太監踩著蹺打出手的時候，踢槍踢過了勁，正要掉在臺上時，我這個飾鹿童的一個跟斗翻過去，用兩隻腳把槍給挑起來了。『老祖宗』看到後，大為喜歡，並誇獎今天差當得好，賞了全班五百兩銀子。因為我不是正式應工武生，大夥兒平時也不注意，可是今天我給圓了場。下了場全把我圍上說：『沒有你

1 張仲忱〈我的祖父小德張〉，香港《大成》雜誌，九十六期，一九八一年十一月一日出版。

這一招，全得開鍋爛！』這齣戲是外請教師楊隆壽教的，他比誰都喜歡。當時，他就和管戲班的說：『小德張夠個戲料子，好好地栽培他，錯不了。』我除白天當差外，夜間練私功。每天只睡三幾個小時，就這樣苦練了三年，學會了武小生的全套跟斗，我的腿練得跟麵條一樣，伸腿過頸（朝天蹬），起霸過眉，穿上厚底靴子也能翻鏇子，楊小樓的『七步到』，『臺口』我也能做到。最後能翻『三張半』，就是三張桌子疊在一起，加上一把椅子，站在椅子上，全套紮靠從上往下翻。元寶踝子，後腰著地，翻不好就摔個半死。」

小德張再說：「老祖宗每到夏天，必在頤和園內避暑，也是每天看戲。除在樂壽堂大戲臺外，有時在昆明湖上搭戲臺演戲。她繞彎乘坐肩輿，指定到某處，某處當時就得開戲。如果耽誤啦，她就認為傳旨太監傳不清楚，許多太監都要受連累，馬上受到杖刑的處罰，天天有人挨打，許多人都怕傳這項旨意。有一天老祖宗傳楊小樓入宮候旨演戲，當時接旨的正是我，我叫我的徒弟張奎去告訴楊小樓，老佛爺傳旨到『畫中遊』，鑾駕到時楊小樓的《鐵籠山》一定上場，不能誤了差。張奎這小子馬上跪下說：『老爺，你叫別人傳旨吧！小猴子（楊小樓）正在他乾爹常四老爺那兒抽大煙啦！現在老祖宗已經起駕啦！他還沒有扮戲裝，鑾駕再有十分鐘就到畫中遊了，這個差非誤不可，不知有多少人又得挨打，還是您老人家親自去吧！』我一聽馬上到常四老爺處去找楊小樓，進了院我就大聲喊他：『小猴子，雜種×的，你還不趕緊快點，要是給我誤了戲，我非打你不可！』楊小樓聽我傳旨找他，馬上拿著大煙槍跑出來說：『張老爺，你別著急，我要是給您誤了差，你打我八十竿子好啦！』說完我走了。楊小樓立刻自己勾臉，有人幫他穿靴子，紮靠勒頭。說話間，鑾駕到了，馬上傳開戲。《四擊頭》姜維起霸上了場，這個差事算沒誤，小太監躲過了一頓暴打。從這以後老祖宗總讓我傳戲，一次也沒有誤過。楊小樓更加得到老祖宗的賞識，得的賞金無數。還把他的女兒傳到宮中來玩，那時她才十幾歲，很聰明、伶俐，老祖宗挺喜歡她。但好景不長，老祖宗有一次正『減鑾』（宮內大便坐屎盆叫『減鑾』），小樓之女站在旁邊陪著，聞到臭味聳了聳鼻子，老祖宗看見啦，馬上傳旨把她逐出了宮。此後，再傳楊小樓演戲也少了。直到庚子年，八國聯軍進京，兩宮西幸，西安回鑾後才接著傳他的戲。」

昔年在大內賞聽戲，坐臺兩旁，遮藍龍黃布幔，只可看臺上，不能看殿上慈禧太后設座之殿廊，由兩旁柱上掛紗帳，隔絕內外，太后在殿上一人獨坐明處，命婦侍立左右。陪太后聽戲，雖然有面子，但是苦差，尤其是滿州命婦，侍立在旁七、八小時，最難忍耐，所以一接到「請柬」，就設法生病來避過一劫。凡入座聽戲的人，不論什麼大官，一律不能高座堂皇，只許坐在大紅墊子上，盤起雙腳。等到一齣戲演完了，自有太監領他出外邊休息一下。慈禧太后獨自一人坐在寶座上，如果在頤和園，則坐在正對戲臺的頤樂殿門的木炕上，皇帝則坐在門外的左窗臺處，后妃等人則坐在右窗臺處。東西兩邊走廊，用木障分成十二廂，是王公大臣聽戲的地方。

陳夔龍（一八五七—一九四八），清末封疆大員，歷任順天府尹、漕運總督、河南巡撫、江蘇巡撫、四川總督、湖廣總督，宣統元年（一九〇九年）任直隸總督兼北洋大臣。曾有兩次蒙賞聽戲，其《夢蕉亭雜記》中的〈萬壽節觀戲〉有詳細記載云：

……余以外吏兩次入京陛見，均值慶辰，恭逢巨典，耳聆仙樂，不可謂非榮幸。癸卯（光緒二十九年）六月，以汴撫入京，適值德宗景皇帝萬壽。在頤和園隨班行朝賀禮。先期傳令入坐聽戲。上駐蹕頤和園，即於園中德和園排演。臺凡三層樓，北向，規制崇閎。兩宮正殿坐，南向。東西各楹，諸王公大臣以次坐。凡近支王、貝勒、貝子、公、滿漢一品大臣，暨內廷行走者均預；在外將軍、督撫、提鎮適在京者亦預。其京中一品之各旗都統，及二品滿漢侍郎，均不得列入。東第一間，近支王公，次軍機大臣、大學士、各部尚書、都察院左都御史等。西第一間，御前大臣，次內務府大臣，南書房、上書房翰林。將軍、督撫、提鎮之在京者，居於西末一間。此其大較也。計獲親盛典者，約五十餘人。由內務府大臣即時傳單知會，共湊集銀二千兩，為賞犒內監之需，人約派五、六十金，繳呈御覽後分給。辰九鐘，諸臣先到，各依次跪。少焉，樂作。內監傳呼：「駕到。」皇上在慈聖輿前步行，后妃、公主、福晉等隨輿後。慈聖下輿，升殿坐。諸臣行三叩首禮。傳命脫補褂，去朝珠，賞賚雪藕、冰桃、瓜果等物，人各一黃龍盒。由內監親齎呈，慈聖一一過目，始依次遞交。各敬謹領訖，行一叩首禮謝恩。內監承旨，命張大幕二：一由北而東；一由北而西，名曰隔坐。三面各不相見。僅見者，臺上歌舞耳。諸臣可於其時休息談論，各適其適。兩宮體恤臣僚，無所不至。余居西第六間，同坐者，為湖廣總督張文襄公之洞、安徽巡撫誠中丞勳。維時正演《吳越春秋》范蠡獻西施故事。當范蠡造太宰嚭府第時，投刺二次，司閽不之理；嗣用門敬二千金，閽者即為轉達。閱至此，文襄忽失聲狂笑曰：「大惡作劇，直是今日京師現形記耳！」聲振殿角，余亟以他語與周旋，免再發言，致徹天聽。時交午正，內監傳呼：「賜宴。」宴設於仁壽殿東偏殿，凡八席，諸臣隨意飲啖。大官廚瓊漿玉粒，非復人間風味也。酉正撤幕，各大臣仍須衣冠如禮。未幾，樂止。復朝北行三叩首禮，各趨出。翼日，亦如之。又四年丁未（光緒三十三年），升任川督，十月到京，恭遇慈聖萬壽。先期賞紫禁城騎馬，賞西苑門內騎馬，賞坐船隻賜墊，並賞初九、初十、十一三日聽戲（慈聖萬壽戲三日）。時交冬至，即在西苑舉行慶典。於豐澤園左另製戲座，廣設帷幕，規制較淀園（頤和園）為狹，以其可禦嚴寒也。……

陪慈禧太后聽戲是大臣的苦差，因為入座聽戲至少要六個鐘頭，多則八個鐘頭，大臣多數是年紀大的，還有些年高體弱，藉福壽膏提神的大員就不得不多花金錢來解決煙癮了。香港掌故大家高伯雨就說，某年因邊疆問題，召固原提督雷正綰入京備問，恰遇慈禧太后生日，雷正綰的煙癮極大，每隔一個鐘頭就要躺下來吞雲吐霧一番。他接到「入座聽戲」的通傳，便請教老行尊規矩，知道一坐就七、八個鐘頭，嚇到面如土色，這不是要他的命嗎？打仗雖危險，但主將未必會中砲火，然而安坐在戲園而活活被鴉片制死命，就有危險了。後來有人教他求就於太監，言明每小時遞茶一杯，和以煙泡，以八小時計，每杯一千兩銀子，聽戲三日，共犒賞二萬四千兩，戲票之貴，可謂破世界紀錄矣。太監這樣敲詐，是看官員缺分肥瘠而分別的，雷提督是一品大員，帶兵十多年，扣尅口糧已成巨富，區區二萬四千兩，就算是孝敬慈禧太后為變相之壽禮吧。

後來成為袁世凱的女婿的薛觀瀾也說：「在大內傳差戲目與時刻皆屬預定，不得差一分一秒，戲少則佔時二十六刻十分（六時四十分），戲多則佔時四十刻十分（十時十分）。例如光緒三十四年八月初十日，慈禧太后在南海最後一次傳差，重要戲目如下：（一）、《福祿壽》（一刻）；（二）、李連仲《五人義》（三刻五分）；（三）、陳德霖《昭君出塞》（二刻）；（四）、龔雲甫、郎德山《天齊廟》（四刻）；（五）、王鳳卿《文昭關》（二刻）；（六）、王瑤卿、張文斌《探親相罵》（一刻五分）；（七）、楊小樓《金錢豹》（三刻五分）；（八）、侯俊山、錢金福《八大鎚》（五刻）；（九）、楊朵仙、朱素雲

《查頭關》（二刻）；（十）、楊小樓《長坂坡》（五刻）；（十一）、譚鑫培《珠簾寨》（七刻）；（十二）、《萬壽無疆》（二刻）。共需四十刻十分（十時十分）。」又說：「西后聽戲時最嚴格，若有錯誤，必遭責罰。但老譚（譚鑫培）若有錯誤，西后常一笑置之。凡譚迷都知道，譚唱《武家坡》，常將「夫債呢」念成「妻債呢」。又唱《連營寨》常念「陸遜拜孫權為帥」。又老譚亦是西后政治上之工具之一，譬如《黃鶴樓》演得特別多，一則光緒善演此劇，二則西后愛看譚飾劉備，一種沒有出息的樣子。又在西后與恭親王作對時，譚演《打嚴嵩》特別多，西后就把恭王看做嚴嵩，以消悶氣。又西后愛看《連營寨》，一則欣賞反調的動聽，再則以光緒帝看做倒楣的劉備。西后最愛聽的戲是《珠簾寨》，此因劇中的二清皇娘穿旗裝，正是西后的寫照。《天雷報》乃是清宮演得最多的一齣，戊戌（光緒二十四）年三月十五、四月一日、四月十一日曾連演三天，因為光緒就是張繼保的化身。昔日鮑黑子（桂山）因扮張繼保，做得太好，曾被重責四十板，這也是打給光緒帝看的，打了之後，西后又重賞鮑黑子十兩銀子。」

「上有好者，下必甚焉」。像當時被稱為「大榮（榮慶）、小那（那桐）、端老四（端方）」的那桐，可說是光宣間的權臣之一。他留有《那桐日記》凡三十五年有餘，約八十多萬字，其中記載家居生活、飲宴應酬、戲曲曲藝，極為詳盡。那桐在金魚胡同和西堂子胡同之間，東臨米市大街的宅園中還建有戲臺，人們稱為「那家花園」。據其次孫張壽崧〈那家花園往事瑣談〉[2]一文描述：「正廳東頭中間那間，以四根柱子為四角，建了一座木結構方形戲臺。臺高約四尺，臺座構造簡單，只是起幾道牙子成須彌座式，周圍圍以欄杆。臺頂的木天花板雕的是「卍」字不到頭花樣，周圍三面懸有下垂欄杆，與戲臺上的欄杆相對。臺上後方裝有十幾扇隔扇，把前後臺分開。戲臺東南角凸出一塊小方臺，是文武場面坐席，也圍以木欄杆。所有戲臺和廳內的內檐裝修全是黃楊木本色的，既古色古香，又十分明淨。」

而學者佟悅統計《那桐日記》說[3]：「取其日記隨意翻檢，每月少則幾次，多則一二十次，數十年不曾間斷。日記中載觀劇聽曲之事頗多，所涉戲班即有三慶、同春、四喜、玉成、榮椿、丹桂、寶勝和、小洪奎、義順和、義勝和、福壽、四義、太平和、同慶、長春等多個，劇（曲）種按其所記有京劇、西腔、梆子、高腔、影戲、大臺宮戲（木偶）、八角鼓、什不閒、清音、評書，甚至還有日本和西洋戲劇。其觀劇場所，一是社會上的營業性演出劇院，一般場合與朋友、家人一同看戲時多在這種場所。有時還在與諸同僚好友聚餐後到附近的劇場看戲。如光緒十六至十九年間，那桐就經常與人相約在同興樓、泰豐樓兩飯庄吃飯後，一同觀看同春、四喜、春臺等戲班在附近的演出。第二類演出場所則是在那桐自家或他

2 張壽嵩〈那家花園往事瑣談〉，《天津文史資料選輯》，第四十四輯。天津人民出版社，一九八八年七月。

3 佟悅〈《那桐日記》中清末京旗滿俗拾零〉，《滿族研究》，二〇〇八年第二期。

人府宅中，一般均逢其家有喜壽事之日，儀式結束後請諸親友一同觀劇，即所謂『堂會』，也成為慶典組成部分之一。當時的京城滿族人中，名角的演出是十分有吸引力的，據日記所載，這種堂會一般都要持續到子時以後。」

當時王府裡差不多全有戲臺，而且有的是自置戲班，最早的要數四大徽班裡的和春班，所以它雖然常在外邊出演，可是以應王府的傳差戲為主要差事，後來親王府，恭親王府、醇親王府都有自己成立的戲班。到了清末，一般親貴，且多能自己上臺爨演，如肅王、濤貝勒能演武生戲，倫貝子能唱青衣，倜將軍藝事最精，稱得起文武崑亂不擋，大家高興的時候，在府裡就可以演一臺戲。除此還有各式各樣的「堂會」，最常見的是團拜戲，各省有各省同鄉的團拜，各鄉會試，有各科同年的團拜。新年過後，大家想個法子，湊些公份，在一處聚會一下，吃一頓飯，看一天戲，既可促膝談心，又可縱情娛樂。這些團拜的舉行，總是在各大會館，或各大飯莊舉行，當然是以有戲臺的為限。在前清的時候，宣武門外後孫公園的安徽會館，虎坊橋的湖廣會館，西柳樹井的越中先賢祠，以及崇文門外的浙慈會館，都是常演戲的地方。而許多飯莊，大部分是應喜慶堂會，備辦整桌的酒席，很少人去零吃小酌的。

瞿宣穎在《杶廬所聞錄》還說到當時奢侈浮華之風，當時各部中的郎中、員外郎、主事，整天所忙碌奔走的，一是聽戲，二是上菜館，三是打麻將。他說：「汪穰卿（康年）筆記載，閩京官四人為食魚翅之會，費至數百金。有為詩嘲京官者曰：『六街如砥電鐙紅，徹夜輪蹄西復東。天樂看完看慶樂，惠豐吃完吃同豐。頭銜強半郎員主，談助無非白發中。除卻早衙簽卯字，閒來只是逛胡同。』」當時的這首詩真是道盡了這些京官的日常生活，其中「天樂」和「慶樂」，都是當時的戲園子，「惠豐」和「同豐」，則是菜館的名字。而「白發中」是指麻將牌中的白板、發財、紅中而言。吃喝玩樂，聲色犬馬，窮奢極侈的享樂，你說這個國家能不走向滅亡之途嗎？

提到麻將，究竟起於何時，也和鴉片一樣，言人人殊。但鴉片一名「罌粟」，最早見於《維摩經》。隋唐時，中國已經有了這個東西。麻將的歷史，則無此斑斑可考的證據，陳定山的《春申舊聞》中說：「麻將原有人說叫『馬將』，就由北宋的馬弔遞變而來。也有人說麻將，原本是葉子戲，始於南宋賈似道，後來才改為竹牌的。這兩說，都似是而非。『馬弔』李易安有『譜』是用骰子擲出色來，再用注碼在圖上競賽的。大意類似於我們幼年時玩的西湖圖、升官圖，與麻將全不相干。葉子戲一名『遊十湖』，據說是南宋賈似道發明的，但他的賭具是用三十六張『牌九』牌，去掉重複，各衍為四張，用紙糊成葉子，四人成局而三人打牌，一人做夢。此一遊戲，衍變而為紹興的『王湖』，蘇州的『同期』，長江一帶的『豆餅』、『花湖』。而與麻將的筒、索、萬、東、南、西、北、中、發、白，亦全無關係。」

史上第一本麻將譜《繪圖麻雀牌譜》的作者沈一帆指「麻雀之始……不過三十餘年」。

該牌譜成書於一九一四年，亦即作者認為麻將始於光緒六年（一八八〇）前後。清末曾任教於南洋公學（今上海交通大學）的許指嚴於《十葉野聞》亦說，在北京，麻將於光緒末葉，甲午戰爭結束（即一八九四年）後才逐漸流行，至光緒二十六年（一九〇〇）大盛。徐珂的《清稗類鈔》同樣指麻將於光緒、宣統年間才盛行，不過他說麻將由太平軍發明，時間比起上述首則麻將牌具記錄早了起碼十年，但仍屬十九世紀後半。由此種種，可推測麻將始於晚清，是相當近代的遊戲。

《春申舊聞》又說：「據寧波人說，麻將是原始於寧波沿海的漁民。漁民出海，每日在驚濤駭浪中，無可消遣，乃將他們的『籌碼』來做賭博，原始只有兩顆『骰子』（一名將軍），是賭具，而筒、索、萬則是一種漁船上記數的竹簽。漁民打魚，論筒計算，打滿一筒，交存紀綱，便給他『一筒』的竹簽，以為記數。一筒魚錢，值是一百文錢，打滿十筒，便給他『一索』的記數籌碼，一索便是一貫，也叫一吊。我們幼年時所見的麻將牌，『筒子』刻著圓形，與現在的無甚分別。『索子』則確是刻著一吊錢的花紋，推而至於九索，也是九吊錢的樣子。而一吊的形狀，太不雅觀，由『吊』而想到『雀』，於是將一吊刻成麻雀。打麻將原叫『打麻雀』。張宗昌還有『雀吃餅』的趣事稱為。『打麻將』三字還是近二十年來才普遍的。所以『筒子』只有九個。因為准十便成了一吊了，由一吊推至九吊，進十則成了一萬，由一萬再推而至於九萬，則為滿貫，所以和大牌稱為滿貫，便是這個起因。

不過，船上的原始玩法，並不和現在的麻將一樣。筒、索、萬是各人的賠本（上岸各漁戶憑籌碼向牙行領錢），而賭具僅是兩粒（將鶵）（案：此兩種是江南的大賭，極有可觀，此風至今不衰）。各人踏在船頭，把他們所有的籌碼（筒、索、萬）取出來『推花』，堆到彼此財力平均時，然後擲骰，比較輸贏。全憑兩顆骰子，命運決於俄頃。這種賭法，逐漸上了岸，但是漁戶的賭，是一種水手的賭，太粗豪了。岸上人家沒有這類勇氣，卻有巧思，才把那筒、索、萬的籌碼改成賭具，而又採取了『葉子』的形式，將它每一名色，仿照葉子戲增為四張。又把長形的竹牌截短，而成為現在流行的竹牌形式，漸漸流行都市，才給它加上竹背牙面的考究裝潢，而形成了今日流行的所謂『麻將』。」

故宮博物院清史權威朱家溍（一九一四—二〇〇三），他的高祖朱鳳標是清代道光年間的進士，曾任戶部尚書、順天府鄉試副主考，官居一品。朱家溍在文物收藏與鑒定方面的造詣堪與張伯駒比肩。他曾經訪問過一個老太監，關於慈禧太后飲食起居的瑣事。太監說慈禧太后「除了國家大事，還有不少禮兒，膳下工夫就該傳戲了。大概天天吃完飯，也有在屋裡瞧瞧書的時候，或是鬥牌、擲骰子，再不就靠靠閉著眼聽太監念古詩、念閒書，聽著聽著也許就睡著了。」問道：「鬥牌、擲骰子都是什麼人陪著？」太監回答：「有時候皇后、主位們陪著，有時候四格格們陪著，也有總管首領們陪著的時候。不管是誰陪，都是站著。」

慈禧晚年在宮中幾乎沒有任何的娛樂活動，於是就喜歡上打麻將，奕劻也對慈禧太后投其所好，立即派遣自己的福晉還有女兒入宮陪慈禧太后打麻將。胡思敬《國聞備乘》中有〈叉麻雀〉云：「麻雀之風，起自寧波沿海一帶，後漸染於各省。近數年來，京師遍地皆是。薪俸既豐，司員衙散，輒相聚開賭，以此為日行常課，肅親王善耆、貝子載振皆以叉麻雀自豪。孝欽（案：即慈禧太后，「孝欽」為其死後之謚號）晚年，宮中無事，亦頗好此戲。奕劻遣兩女入侍，日挾金數千與博，輒佯負，往往空手而歸，內監、宮婢各有賞犒，每月非數萬金不足供揮霍。又自西巡以後，貢獻之風日盛，奕劻所獻尤多。孝欽亦頗諒之，嘗語人曰：「奕劻死要錢，實負我。我不難去奕劻，但奕劻既去，宗室中又誰可用者？」蓋奕劻貪婪之名，上下皆直言不諱，言路以是參之，宜孝欽付之一笑也。然孝欽既知其弊，不急罷貢獻，猶縱兩格格入宮，以博弈戲弄為事，則未免累於嗜好矣。」

慈禧打麻將每打必贏是有原因的，原來奕劻的兩個格格為討慈禧歡心，暗中拜託站在慈禧背後觀牌的兩位宮女，看慈禧需要什麼牌而向她們打手勢，她們就裝作無意打出那些牌，讓慈禧胡牌。因此慈禧不僅贏了錢，兩位格格更是對她「技藝超群」的牌技讚不絕口，她不高興也難。但兩位格格也是別有所圖的，她們趁著慈禧開心，立刻跪地叩頭請求老佛爺賞賜她們的親朋好友一個肥缺。正在興頭上的慈禧，通常就爽快地答應了。這手段比賄賂、送禮要高明許多，這是奕劻高明的「政治麻將」之手法。

而奕劻之子載振也是麻將高手，當他在當農工部尚書時，許多人也陪他打「政治麻將」以博取他的歡心，而鑽營門路的。胡思敬的《國聞備乘》中也有記載云：「商部既設，小人皆由是取徑而入，不獨墮壞朝綱也。蓋全國之權寄於奕劻，奕劻之權又寄於載振，載振又轉寄權於商部二三宵小之手。京朝議論紛紛，皆稱商部為『小政府』。其時任丞參者，左丞徐世昌、唐紹儀、陳璧不一年即升侍郎，先後為本部尚書；右丞楊士琦、唐文治旋升本部侍郎，參議沈雲沛旋升吏部侍郎，其餘侯補丞參司員，起家至大官者不可縷數。吾鄉巨富稱蕭、周，其子弟入京求官，為小人所誘。蕭敷訓報效十萬金，辦萬牲園，徒得京堂虛銜；周維藩日陪載振鬥馬弔，輸至十餘萬，但派會計司行走而已。傾資經營仕宦，蓋亦有巧拙鈍捷之分，非皆操券而獲也。」其中「馬弔」在這裡就是指「麻將」，周維藩陪他打「政治麻將」一輸十餘萬金，才得到「會計司行走」的職位。當然還有其他人因陪他打麻將而獲得高位者。

晚清民初大詞人況周頤在《眉廬叢話》書中亦云：「有清之將亡也，叉雀之嬉成為風氣，無賢愚貴賤，捨此末由推襟抱，類性情，而其流弊所極，乃不止敗身謀，或因而誤國計。相傳青島地方，淪棄於德，其原因則一局之誤也。當時青島守臣文武大員各一：文為山東道員蔣某，武則總兵章高元也。歲在丁酉，蔣以闔差調省，高元實專防務。某日日中，炮臺上守兵，偶以遠鏡瞭望海中，忽見外國兵艦一艘鼓浪而來，亟審睇之，則更有數艘，銜尾繼至，急報高元。高元有雀癖，方與幕僚數人合局，聞報夷然曰：『彼自遊弋，偶經此耳，胡張皇為？』俄而船已下碇，辨為德國旗幟，移時即有照會抵高元署，勒令於二十四點鐘內，撤兵離境，讓出全島。高元方專一於雀，無暇他顧，得照會，竟姑置几上，其鎮靜情形，視謝安方圍棋得驛書時，殆有甚焉。彼特看畢無喜色，此則並不拆視也。久之，一幕客觀局者，取牘欲啟封，高元尚尼之，而牌已出矣。幕客則極口狂呼怪事。高元聞變，推案起，倉皇下令開隊，則敵兵已布通衢踞藥庫矣。將士皆挾空槍，無子藥。既不能戰，詣德將辯論，亦無效，遂被幽署中。於是德人不折一矢而青島非復中國有矣。事後，高元疊電總署，謂被德人誘登兵艦，威脅萬端，始終不屈，皆矯飾文過之辭耳。嗟乎，青島迄今再易主矣。吾中國亦陵谷變遷，而唯看竹之風，日盛一日。尤足異者，舊人號稱操雅，亦復未能免俗。群居終日，無復氣類之區別，則此風伊於胡底也。俯仰陳跡，感慨繫之矣。」

馮煦（一八四二—一九二七），字夢華，號蒿庵，晚號蒿叟，有江南才子之稱。光緒三十二年（一九〇六）任安徽巡撫，居官頗有政聲。辛亥革命後，寓居上海，以遺老自居。馮煦工詩、詞、駢文，尤以詞名，著有《蒿庵類稿》等。其《蒿叟隨筆》中有云：「若今之麻雀，則光緒中葉自上而下，靡然成風。昔黃仲弢前輩酷嗜之，幾不可一日無此君。其提學湖北時，張文襄方督兩湖。前輩娶文襄兄女，日則相從為詩鐘，又以其隙為麻雀。前輩本仲宣體弱，竟以是戕其生。」黃仲弢是黃紹箕（一八五四—一九〇八），其父為黃體芳，同治二年會元，兵部侍郎及左副都御史，為「翰林四諫」之一，被稱為清流領袖。黃紹箕是光緒六年進士，選庶起士，授編修，光緒二十四年（一八九八）授翰林院侍讀學士，以湖廣總督張之洞所著《勸學篇》進呈，奉命飭下各省督撫學政，廣為刊行。黃紹箕是張之洞侄女婿。馮煦說黃紹箕因喜做詩鐘及打麻將，辛勞過度以致喪命。因此他說：「方是時也，京外袞袞諸公，上者為詩鐘，次者為麻雀，而政事之善敗，人材之良窳，民生之枯菀，舉之不屑之意也。曾不二十年，而國不國矣。予亦有二語曰：『麻雀詩鐘，亡清之宗。』」

馮煦雖不無憤激之言，但晚清社會風氣委靡頹唐，官場中醉生夢死，可見一斑。然而馮煦的本意，並非指詩鐘真的導致亡國，他言外之意在藉此批評張之洞晚年的毫無作為罷了。但張之洞之喜好詩鐘，卻是事實。馮煦就說：「詩鐘者，拈不相累之二字嵌之七字句中，以工巧無痕者為上。文襄每午夜則集幕中文士以為常課，鉤心鬥角，各出其奇，得一佳聯則互相欣賞，若不知所任為何職，所鎮為何地也。」

詩鐘其實是文人的一種文字遊戲，但有人說：「詩鐘雖小道之一，然能於極無情處，妙運匠心，製有情的語句，甚至想入非非，化腐朽為神奇，而又純任自為，天衣無縫，讀者拍案叫絕，不知作者已嘔出心血幾許，此中甘苦，非深於此道者不能知，知亦不能盡也。」詩鐘作時燃香限時，以一線繫錢於刻限之處，迨線燒斷而錢落，墜入銅盤，鏗然發聲，如撞鐘示警，即須交卷，故曰詩鐘。是用七律的聯句方式，或嵌字，或分詠，總之，以絕不相類的兩個字，或絕不相類的兩件事，使它對偶起來，具天然巧合，銖兩悉稱之妙，那是非有八叉七步的敏捷詩才不能應付裕如，恰到好處的。

晚清李岳瑞在《春冰室野乘》中說：「詩鐘之作，近世極盛，有籠紗、嵌珠兩格。籠紗者，取絕不相干之兩事，以上下句分詠之者也。嵌珠者，任取兩字，平仄各一，分嵌於第幾字者也。籠紗易穩而難工，嵌珠難穩而易工。近時多尚嵌珠，鄙意頗不喜之。」

其中籠紗格，就是把絕不相類的兩件事物使它對偶起來，傳誦一時的，如楊貴妃，煤，上句詠楊貴妃，下句詠煤，云：「秋宵牛女長生殿，故國君王萬歲山。」又史記，白糖云：「傳世文章無礙腐，媚人口舌只須甜。」更進一步，如新嫁娘，二月，集成句云：「洞房昨夜停紅燭，深巷明朝賣杏花。」一為朱慶餘詩，一為陸放翁詩，可謂妙手偶得。

而嵌珠格則是將指定之兩字分嵌在每句之第一字者曰鳳頂格（簡稱一唱），如拈「梅，散」二字，成為詩鐘云：「梅子詞成青玉案，散仙詞詠白香山。」在第二字者曰燕頷格（簡稱二唱），如拈「琴，殿」云：「綺琴夜奏求凰曲，鏡殿春嬉控鶴監。」在第三字者曰鳶肩格（簡稱三唱），如拈「虎，吳」云：「山擁虎門雄百粵，天開吳會控三江。」在第四字者曰蜂腰格（簡稱四唱），如拈「江，白」云：「孤鶴橫江過赤壁，群鵝籠白寫黃庭。」在第五字者曰鶴膝格（簡稱五唱），如拈「言，燕」云：「白簡霜飛言路肅，烏衣日落燕樑空。」在第六字者曰鳧脛格（簡稱六唱），如拈「君，巧」云：「愛蓮作社思君子，插竹成有『詩鐘僥倖十三元』云云。而龍陽易中實為昔年湘社俊侶，與樊山工力悉敵，比亦盍簪京赴春明，翊贊餘閒，尤多雅集。吟壇甲乙，膺首選者十有三，樊老殊自喜，貽書滬上舊遊，以前諸聯，則瞠乎後矣。」

況周頤在《眉廬叢話》書中亦云：「詩鐘之作，晚近極盛，樊樊山一代宗工，比應召云：『隔院秋千雜絲竹，東華塵土夢觚稜。』嗜痂者以為後一聯感喟蒼涼，別有懷抱。然視拙作『臭、珠』云：『臭如蘭惠交如水，珠辟塵埃玉辟寒。』又『千、土』二字用蜂腰格大令用虎頭格，嵌『臭、珠』二字云：『臭逐不妨來海上，珠還何日返天南？』皆佳句也。甚，庾信南來感慨多。』陳少蘅大令云：『天上人間今夜月，北征南下隔年霜。』又陳堝伯欲傾松作柱，禪心未定絮沾泥。』用鳶肩格，嵌『人、南』二字，晴皋云：『杜陵人日淒涼滿鬢羞將菊亂簪。』自然名雋，較虞尤勝。又用燕頷格嵌『屋、心』二字，伯瀾云：『老屋晴皋大令云：『臣門冷落容羅雀，滿地淒涼怕聽鵑。』陳伯瀾刺史云：『臣心常與葵同向，『臣門車馬登龍日，滿屋圖書伏蠹年。』虞固閩人，所作均以工整勝，此其一斑也。又況

李岳瑞並舉例說明：「一日拈得『臣、滿』二字，用嵌珠中之虎頭格，虞和甫觀察云：

等等。

名列三山玉室中。」此為正格，另外還有別格如魁斗格、蟬聯格、鼎峙格、鴻爪格、雙鉤格

籬倩巧兒。」在第七字者曰雁足格（簡稱七唱），如拈「蘗，中」云：「賦傳七夕銀臺蘗，

國，猶角逐於鐘聲燭影間矣。」他說詩鐘斷句，分事對、言對二門，而言對又分各格：

「虞、畫」（鳶肩）云：「戈倚虞淵回赤日，詩留畫壁唱黃河。」

「步、虛」（蜂腰）云：「地窮亥步跡難遍，賦就子虛才必奇。」

「亭、古」（鶴膝）云：「字老老聃亭毒義，緯傳孫轂古微書。」

「海、年」（鷺脛）云：「紅淚珠明滄海月，黃昏人約去年花。」

「客、星」（雁足）云：「綠纈仙薌來園客，紅竊蟠桃笑歲星。」

「馬、房」（魁斗）云：「馬史文章邁班固，犧經術數出京房。」

晚清外侮日亟、國勢凌夷，然上自慈禧太后、王公貴胄，以至朝中士大夫，卻整日沈迷於歌舞升平、酒食徵逐及麻將聲中，令人不禁感慨「商女不知亡國恨，隔江猶唱後庭花」！

第十七章　瀛臺落日：袁世凱復起與滿清滅亡

袁世凱的「養壽園」。

袁世凱被勒令「開缺回籍養疴」，他雖心意難平但又不能不韜光養晦，他深知在此極端頹勢之下，非有絕大特殊之機會，斷無再起之望。於是，回到彰德，在洹上村建起了一座別墅，名為「養壽園」，是由徐世昌題額的。園內的謙益堂的「謙益」兩字，是慈禧太后御題以賜袁的，袁便以此為堂名。堂聯：「聖明酬答期兒輩，風月婆娑讓老夫。」則為袁自題。他杜門謝客，且集句以榜其亭曰：「君恩夠向魚樵說；身世無如屠釣寬。」然而，袁世凱並非真的看破紅塵了。事實上，他不甘心就此作別政壇。在隱居的日子裡，他曾寫下這樣的詩句：「樓小能容膝，簷高老樹齊。開軒平北

亭聯：「君恩夠向魚樵說；身世無如屠釣寬」。

斗，翻覺太行低。」還有一首是在漁船上寫的：「百年心事總悠悠，壯志當時苦未酬，野老心中負兵甲，釣翁眼底小王侯。」其抱負和野心昭然若揭。但善於作偽的袁世凱卻把自己頭戴斗笠，孤舟獨釣的照片，寄給《東方雜誌》廣為散發，把自己閒雲野鶴的田園詩收為《圭塘倡和詩》刊行中州，這一切都是為掩人耳目。

《袁世凱軼事》書中說：「袁自歸田後，與朝貴往來不絕，而慶親王尤其所媚事者也。時王為軍機大臣首領，朝廷事無大小必咨之而後行。屢思為袁言於攝政王俾再起用，然攝政王知袁一出，必不利於皇室，隆裕太后尤惡之，故袁伏處河南彰德三年餘，絕無出山之望。而其雄心不死，常卑詞厚幣以結老慶，又令徐世昌、蔭昌等為之疏通。遇有達官貴人往來於京漢鐵道者。袁必令其長子克定至車站迎送，故官僚派中人多譽之。」袁克定成了他在京城的聯絡人，隨時給身處洹上的袁世凱送情報。袁世凱「耳聰目明」，有的機密還沒到紫禁城呢，他就先看到了。他的女兒袁靜雪後來曾這

袁世凱寄給《東方雜誌》他自己頭戴斗笠，孤舟獨釣的照片。

樣描述他的那段生活：「事實上，他也的確不是一位逃避紅塵、淡泊名利的隱士。他雖身居鄉村，卻時常有一些朝野要人來看望他。他每天上午要用兩個小時來處理從各方面發來的信件和電報，從而能夠更迅速地和各方面加強聯繫。他向各方面伸出了觸角，等待著再起的時機。」

載灃攝政王監國，袁世凱被逐。徐世昌與袁世凱本同一系，照理也該失勢，可是徐世昌靠著運用手腕權術，善於應付，居然於宣統元年（一九〇九）正月，內召入關，任郵傳部尚書，徐世昌因此有說「我今生入玉門關，不能不佩閏生（陸宗輿字）之有先知。」於此可以知道當年陸宗輿曾替徐世昌詳密籌劃，故徐世昌能夠在危疑震撼的風浪中，不特穩如泰山，沒有動搖，反而回朝居高位，徐世昌之運用權術，躊躇滿志，可見一斑。袁世凱雖然退隱彰德洹上，但仍與徐世昌暗通款曲，於年終及三節，對徐世昌及奕劻，節禮仍舊照送，且視往日為倍豐！宣統二年（一九一〇）七月徐世昌再入軍機，在朝中充任袁世凱的耳目，於載灃及親貴人物的一舉一動，觀察得更為明白清楚。凡此，對於袁世凱的將來出處，自然可有充分籌畫計議的機會。

宣統三年辛亥（一九一一）八月十九日（陽曆十月十日），革命黨人在武昌起義，祖臂一呼，響應者十餘省。清廷倉皇失措於八月二十一日，攝政王載灃命陸軍大臣廕昌，親督北洋新兵，南下戡亂。廕昌並無駕馭北洋新軍之能力，其人又貪生怕死，至漢口劉家廟，兵不用命。海軍司令薩鎮冰，頓兵九江，觀望不進。舉朝人心惶惶，莫知為計。有人向載灃劃策，可效咸同故事，重用漢人平亂。載灃善之，惟環顧現任大員中，均庸才無可任者，已渺無曾國藩、胡林翼其人；乃思起廢員之威望素著，不次擢用，倚之以辦鄂事。廢員中人望所屬，以袁世凱、岑春煊兩人為最，若論舊部眾多，袁世凱優於岑春煊遠甚。載灃不能決。徐世昌見機會難逢，立先馳書報袁世凱，並派乃弟徐世章，星夜赴彰德告袁世凱曰：「此絕大機會，失此，則君將永廢，當另有他人代立勳名於天下也。」袁世凱即託世章攜金票十萬入都，重賂奕劻，以求保薦。

據張國淦的《辛亥革命史料》當時任慶親王內閣閣丞的華世奎後來對張國淦（時為統計局副局長）說：「武昌事起，舉朝惶惶，慶（奕劻）等連日已私電致袁，並派員至彰德秘密商議大計，信使絡繹，他們本無應變之才，都認為非袁不能平定，且是袁出山一絕好機會。乃於二十三日，由慶提議起用袁，那（那桐）、徐（徐世昌）和之，攝政（載灃）不語片刻。慶言：

『此種非常局面，本人年老，絕對不能承擔，袁有氣魄，北洋軍隊，都是他一手編練，若令其赴鄂剿辦，必操勝算，否則畏葸遷延，不堪設想，且東交民巷亦盛傳非袁不能收拾，故本人如此主張。』澤公（載澤）等初頗反對，鑑於大勢如此，後亦不甚堅持。攝政言：『你能擔保沒有別的問題嗎？慶言：『這個不消說的』，攝政蹙眉言：『你們既這樣主張，姑且照你們的辦。』又對慶等說：『但是你們不能卸責。』於是發表袁為湖廣總督。」

當時禁衛軍統領良弼，在滿人中最具才幹，見時機垂危，曾向載灃進言袁世凱斷不可用。用袁世凱即使能平革命軍，亦係拒虎引狼之策。為今之計，速召廕昌回京坐鎮，調禁衛軍赴前線，禁衛軍人數近兩萬，且豢養多年，保可一戰。另起用岑春煊督鄂，調其廣西舊部龍濟光、陸榮廷兩鎮兵，北上入鄂，南北夾擊，武漢指日可復。既克武漢，藉此聲威，何難蕩平各省。載灃即召內閣總協理大臣，告以良弼議，奕劻與徐世昌均失色。蓋奕劻與岑春煊交惡甚深，聞其起用，極惶急而憒。徐世昌則一意袒袁世凱，亦忌岑春煊之英銳。兩人同奏，良弼之策不可用，禁軍拱衛京師及大內，調赴前線，則京城空虛，設有緩急，為害非小。計宜以川事付岑春煊，以鄂事付袁世凱。後朝議遂定，於是八月二十三日召袁世凱之旨既下，云：「內閣奉上諭，湖廣總督著袁世凱補授，並著辦剿撫事宜。四川總督著岑春煊補授，並督辦剿撫事宜。均著迅速赴任，毋庸來京陛見。該督等世受國恩，當此事機緊迫，自當力顧大局，勉任其難，毋得固辭，以副委任。」

近人陶菊隱著《袁世凱竊國記》（即《六君子傳》）書中說：「八月二十一日（舊曆），清廷命陸軍大臣廕昌督師南下，袁暗中發了一聲冷笑。不久，馮國璋過彰德請訓，袁授以『慢慢走，等等看』六字要訣，廕乃深感尾大不掉之苦，遲遲不敢出發。慶親王乘機入奏，請起用袁世凱會同廕昌調遣各軍，清廷乃於二十三日授為湖廣總督。袁以『足疾未痊，難肩重任』卻之。慶親王叫徐世昌於二十九日微服到彰德探詢袁的意思，袁說：『要我幹呢，未嘗不可；要我幹得好，須聽我的。』徐跑回北京，假裝一副不樂意的表情說：『不成不成。我們叫廕督師快赴前線吧，沒有他不見得不能打仗。』他把袁的條件說出：要總攬兵權，要召開國會，要組織責任內閣，要寬容革命黨及武漢起事人物。袁的用意是：利用革命黨對付清朝，再留著清朝對付革命黨，造成『洹上釣徒』的第三者地位：『清朝一天不答應，我就一天不出山。』徐的用意是，叫廕昌到前線碰碰釘子，不愁清朝不乖乖鑽入袁的天門陣。清廷已採取懷柔政策，但是袁的條件太苛，乃促廕昌出馬一試。自八月下旬至九月初，廕的號令不行，在孝感急得滿頭大汗，同時南方各省紛紛獨立，清廷慌了手腳，不得不接受袁的一劑苦藥，於九月初六日解除廕昌督師職務，第一軍交馮國璋總統，第二軍交段祺瑞總統，命袁以欽差大臣節制水陸各軍。」書中說袁世凱認為清廷最終必有求於他，他要待機向清廷開條件的，這難免有些小說的筆法。

其實袁世凱當天就做了決定，應詔要出山。次日並覆信奕劻，表明應詔的態度。再次日上〈謝恩摺〉，同時還附了一個〈應行籌辦各事清摺〉，交由阮忠樞帶回京師。只是這個〈應行籌辦各事清摺〉，至今未見諸國內外公私收藏者的公布，但他在同年八月二十七日給他的表弟張鎮芳（張伯駒的父親）的信中說：「……另又開具節略八條，大意謂無兵無餉，赤手空拳，何能辦事。擬就直隸續備、後備軍調集萬餘人，編練二十四五營，帶往湖北，以備剿撫之用。又擬請度支部先籌撥三四百萬金備作軍餉及各項急需。並請軍咨府、陸軍部不可繩以文法，遙為牽制等語。……」信中所提的「節略八條」就是袁世凱在八月二十六日向清廷提出〈應行籌辦各事清摺〉的條件。李劍農在《戊戌以後三十年中國政治史》中說，清廷起復詔命下後，袁世凱「便以『足疾未痊』四字力辭，不肯出山。」「徐世昌見他不出，便微服出京親往彰德勸駕。……袁便以徐世昌、奕劻為介，提出六個重要的條件來，非清廷悉行允諾，決不出山。其條件如下：一、明年即開國會；二、組織責任內閣；三、寬容參與此事變的人；四、解除黨禁；五、須委以指揮水陸各軍及關於軍隊編制的全權；六、須以十分充足的軍費。」李劍農的「復出六條件」說，常為後來許多著述所引用，但這卻是純屬臆測虛構之說，上引陶菊隱的說法，亦可做如是觀。學者駱寶善[1]就說：「袁已有八要求提出，

1 《駱寶善評點袁世凱函牘》駱寶善評點，長沙市：嶽麓書社，二〇〇五年出版。

清廷已經照准，而且是首先電知奕劻、徐世昌。袁氏無必要與可能再通過奕、徐提出六條件。袁世凱串通徐世昌炮製出山六條件之說，純屬向壁造虛。當武昌起義初起，朝廷尚著意於軍事解決，政治解決方案尚未提到議事日程。而且袁世凱還在爭取『不為遙制』而不可得，以一個剛剛起復的外任罪臣，就張牙舞爪，明目張膽地干預中央朝政，伸手軍政全權，這自然是老於謀略權術的袁世凱所不取。」

於是袁世凱於九月十一日赴孝感視師，但仍謙辭新職。當時各省響應革命軍，紛紛宣佈獨立，清廷知事態嚴重，乃下詔准許革命黨人依法組黨，釋放汪精衛、黃復生、羅世勛，以緩和革命空氣；並命資政院起草憲法，九月十三日公布憲法信條十九條。依照該信條第八項：「內閣總理大臣，應由國會選舉，皇族不得為總理及國務大臣。」於是奕劻、載澤、載洵、載濤及肅王等均辭。皇族內閣倒，資政院遂公舉袁世凱為總理大臣。當時資政院出席者一百六十八人，袁世凱得票一百一十六，另岑春煊得三十三票，薩鎮冰十一票，良弼亦得五票。袁世凱當選之次日，徐世昌忽邀袁幕中有力人物趙秉鈞、沈家本等至袁邸，議組閣事。其閣員為梁敦彥長外交、趙秉鈞長民政、王士珍長陸軍、嚴範孫長度支（但嚴堅決拒絕）、楊士琦長郵傳，分任要津，皆袁世凱親信也。九月二十三日袁世凱至京，組成新閣，九月二十八日成立新內閣。十月十六日清廷就下一道諭旨，叫攝政王載灃不必管理政事，諭旨措辭頗為有趣，云：「據監國攝政王面奏：自攝政以來，於今三載，用人行政，多拂輿情，立憲徒託空言，弊退歸藩邸之命。弊蠹因而叢積，馴致人心瓦解，國勢土崩，以一人措施失當，而令全國生靈橫罹慘禍。痛心疾首，追悔已遲。……泣請辭退監國攝政王之位，不再干預政事。……自應俯如所請。……仍以醇親王退歸藩邸，不再預政，著賞給歲俸銀五萬兩，由皇室經費項下支出。嗣後用人行政，均責成內閣總理大臣各國務大臣擔承責任。所有頒布詔旨，應請蓋用御寶，並覲見典禮，予率同皇帝將事。……」從此袁世凱就一手接過了大權，攝政王黯然下臺了。學者沈雲龍說：「載灃以攝政王而罷黜世凱，僅及三載，世凱再起，遂以內閣總理大臣而逼退載灃，所謂即以其人之道還治其人之身。豈僅私人之恩怨分明，而清室覆亡之加速，亦繫乎此一轉移之間。」陳夔龍的《夢蕉亭雜記》亦言之：「當其奉命督師也，徘徊於豫、楚之間，不能直入鄂境，卒以夤緣組閣，遄回京師，大權獨握，修前日之怨，力排監國去之，政由己出，東朝但司用璽而已。」從此袁世凱大權在握，愛新覺羅氏之孤兒（溥儀）寡婦（隆裕），惟有俯首聽其擺布矣！

胡漢民的自傳談到袁世凱曾私見汪精衛而輸誠於革命黨之事，據汪精衛的姪兒汪希文（汪兆鏞之子）[2]說，在革命黨中之要人，第一個和袁世凱相見而訂交做朋友的是汪精衛（兆銘）。汪精衛於宣統三年九月十六日出獄時，袁世凱仍在河南原籍，尚未到京。袁世凱請其

[2] 汪希文〈袁世凱、汪精衛一段因緣〉，收入《我與江霞公太史父女——汪希文回憶錄》，獨立作家（秀威資訊）出版，二〇一四年十月。

親信梁士詒，他是汪精衛長兄汪兆鏞的鄉榜同年，以年誼、鄉誼的關係，特赴泰安棧訪候汪精衛，交換國事意見。袁世凱的長子袁克定亦在北京，經梁士詒之介紹，兩人很談得來，於是袁世凱函其子偕汪精衛同到洹上相晤，據汪精衛事後對汪希文談及，他初次到洹上與袁世凱相見，他伸開右手，是準備與袁握手為禮，不意袁氏不慣如此，卻笑著向精衛深深做了一揖，精衛還以一揖，分賓主而坐。袁謂：「素來仰慕閣下是海內大文豪，今獲相見，深感欣幸。」繼稱：「銀錠橋的壯舉，可與漢朝開國功臣張良博浪之一擊，後先媲美。」高帽送完一頂，又送一頂。此時的袁世凱，似已企圖自己作開國皇帝，而望汪精衛做他的張良了。此時革命黨人希望利用老袁擁有的兵力，推倒滿清；老袁亦想利用革命軍的聲勢，裏應外合，壓迫清帝退位。利害趨勢相同，兩人意見甚為投機。是夜汪氏宿於洹上，與老袁深談至四鼓方就寢，侍坐者僅袁克定一人。翌晨起來，袁、汪互訂合作密約，老袁仍命克定伴送精衛秘密回北京。

汪希文又說：「汪精衛在天津，暗中派遣同志赴上海，將會晤袁世凱的經過，秘密通知革命黨諸同志。時在農曆十月，國父孫先生尚在歐洲，未曾返抵國門，一切革命大計，皆由黃克強（興）主持。克強極贊成精衛的活動，願與袁世凱呼應合作。南北雙方，遂有了默契。北軍馮國璋曾率重兵南下，攻陷漢陽與漢口，渡江便是武昌。湖北督都黎元洪大懼，計畫撤退至岳州。黃克強乃電責精衛，質詢袁氏。汪精衛接電後，立即囑袁克定告知老袁，急令馮國璋停止再進攻，否則取消合作之約。老袁立予接受，馮國璋之北軍，與武昌革命軍，隔江停戰，於是發動南北議和。」

南北議和，南北各派代表五人，北方以唐紹儀為首席，南方以伍廷芳為首席，在上海開會。其主要者在促使清室退位，如袁世凱能贊成共和，即以總統一職相酬。孫中山於辛亥十一月十三日（即民國元年元旦）就任臨時大總統之前，曾致電袁世凱謂：「公方以旋乾轉坤自任，即知億兆屬望，而目前之地位，尚不能不引嫌自避，故文雖暫時承乏，而虛位以待之心，終可大白於將來。望早定大計，以慰四萬萬人之渴望。」這表示總統之位絕對可以讓袁。但南北議和的過程卻經過許多艱難波折，其原因為何？掌故大家高伯雨說：「就是袁與民軍方面，精神上有一個大相異之點。在民軍方面，雖然早已默許袁為將來共和政府的總統，但是共和政府的基礎，是要建立在民權兩字上面。袁世凱雖然沒有把清室放在心裡，但是他心裡所希望的共和，是總統大權的共和。除了取得總統的地位以外，還要把共和政府的一切大權攬入總統手中，要做一個與皇帝相似的總統。因此，民軍所希望的和議結果，是由清廷將一切大權交還民國；而袁世凱所希望的，是由清帝將一切大權轉讓於他個人。有此根本相歧之點，所以和議的經過就很難了。」[3]

3 高伯雨（筆名林熙）〈惜陰堂革命策源記〉，香港《大人》雜誌第二十期，一九七一年十二月十五日出版。

革命黨中一般激烈份子，以袁世凱似忠於清室，深惡之，於是有黃之萌、楊雨昌、張光培於民國元月十六日有刺袁之舉，被捕就義。時良弼暗中亦組織衛國團，即後來之宗社黨，亦派死士伺袁。良弼在滿人中不失為「鐵中錚錚，庸中佼佼。」而革命黨之彭家珍本欲狙袁，為袁所捕，遂為袁所收用。一月二十六日夜，彭家珍攜帶炸彈和手槍到金臺旅館，持崇恭的名片入住，並稱有緊急軍情要去見良弼，後換乘該旅館的馬車到良弼在大紅羅廠的新住宅，得知良弼尚未回家，便乘馬車準備前往善耆府，適逢良弼自外歸家，彭家珍遂用炸彈將良弼炸成重傷，自己當場死亡。兩日之後，良弼因傷重亦死。良弼臨死前一夕，已援筆題絕命詞十四字曰：「大廈而今已不支，慷慨成仁萬事畢。」蓋以抗清民族英雄張蒼水（煌言，一六二〇—一六六四）自況，故特用其成句。死訊一傳，不惟清廷痛惜之，滿族痛惜之，即漢人亦有為之慨嘆者。但也因此王公親貴，莫不人人自危，爭以私產存入外國銀行，且紛紛出京求托庇於天津租界，或青島大連等租界。

張國淦在《辛亥革命史料》中說袁世凱本其雄心，又善利用時機，一方面挾北方勢力與南方接洽；一方面借南方勢力，以脅制北方。他說：「項城初意，以為南方易與，頗側重南方，及南方選舉總統後，恍然終是兩家，不願南方勢力增長，如果國民大會成立，終將為其挾持，不能擺脫。乃決計專從清室著手，首先脅迫親貴、王公，進而脅迫清帝，又進而恫嚇皇太后，並忖度其心理，誘餌之以優待條件，達到自行頒佈退位，以全權組織臨時政府。

如此，則袁政府係由清室遞嬗而來。」這是袁世凱的居心，而隆裕太后也中了袁世凱的「優待」之計，她只要保存她與溥儀的生命財產，並享有「帝號」的尊榮，於願已足。

於是袁世凱乃命段祺瑞等四十七將領連名電請清帝退位，並嗾使署郵傳部副大臣梁士詒、民政部大臣趙秉鈞、外務部次官胡維德、郵傳部大臣楊士琦及蔭昌等從事「逼宮」。於是二月一日召開御前會議，決定下詔退位，據尚秉和（一八七〇——一九五〇）的《辛壬春秋》書中所記：「太后哽咽流涕，各王公大臣亦皆痛哭失聲，久之，太后謂皇帝曰：爾之所以得有今日者，皆袁大臣之力，即敕皇帝降御座致謝袁大臣，袁大臣惶恐頓首謝辭，伏地泣下，不能仰視。」其描述頗極文人形容之筆，或不免於失實也。

一九一二年二月十二日，清廷隆裕太后攜小皇帝溥儀，在養心殿召開了最後一次御前會議。在凝重壓抑的氣氛中，隆裕神態黯然地宣讀了宣統皇帝退位詔書：「朕欽奉隆裕皇太后懿旨，前因民軍起事，各省響應，九夏沸騰，生靈塗炭，特命袁世凱遣員與民軍討論大局，議開國會，公決政體。兩月以來，尚無確當辦法，南北暌隔，彼此相持，商輟於途，士露於野。徒以國體一日不決，故民生一日不安，今全國人民心理多傾向共和，南中各省既倡議於前，北方諸將亦主張於後，人心所向，天命可知。予亦何忍以一姓之尊榮，拂萬民之好惡，是用外觀大勢，內審輿情，特率皇帝將統治權公諸全國，定為共和立憲國體，近慰海內厭亂望治之心，遠協古聖天下為公之義。袁世凱前經資政院選舉為總理大臣，當茲新舊代謝之際，宜有南北統一之方，即由袁世凱以全權組織臨時共和政府，與民軍協商統一辦法，總期人民安堵，海內又安，仍合滿、漢、蒙、回、藏五族完全領土，為一大中華民國，予與皇帝得以退處寬閒優遊歲月，長受國民之優禮，親見郅治之告成，豈不懿歟！」

其中「即由袁世凱以全權組織臨時共和政府，與民軍協商統一辦法」之句，乃為袁世凱所加，歷史學者沈雲龍認為其用意在於顯示其政權乃取之於清廷，而非得之於民軍。孫中山初頗責其不當，而袁世凱則諉之清廷，且以其為遺言之性質，無再起死回生使之更正之理。袁世凱實是故弄狡獪，於是他乃由清朝的內閣總理大臣，一變而為民國政府的大總統。

因此有論者說：「辛亥之役，使清廷從良弼議，則革命成功，或無如是之速；而袁世凱亦不能坐收漁人之利也。而慶王與徐世昌又皆甘為袁用，遂令絕世梟雄，得以肆志。終又試毒螫於民國。故袁之出，誠清室之不幸，若謂即民國之利，亦非篤論。」但無疑地在歷史的無情腳步聲中，瀛臺落日，中國歷史上的最後一個封建王朝——大清帝國，就這樣走完了它的旅程。而退位詔書的頒佈不僅標誌著清王朝的滅亡，也標誌著延續兩千多年的封建帝制的終結。

餘韻　再唱〈楊花曲〉

歌伶楊翠喜成了「丁未政潮」的導火線，當時有人這樣評論說：「以翠喜一身，時而臺榭，時而官府，時而姬，時而伶，時而妾，時而婢，極卻曲迷離之況……以一女優，而於一代興亡史上居然佔有位置，而牽動一時之政局者，當數楊翠喜矣。」是的，「丁未政潮」讓楊翠喜迅速名聞全國。鄧之誠先生在〈書楊翠喜案〉一文中也說：「楊翠喜尋常里巷中人，非有傾國之貌；因緣時會，亦得掛彈章，騰萬口。衰世乏才，乘時擅權者，率不能高於此輩，良可慨也。」

對於楊翠喜案，在當時真是轟動一時，除了詩詞之外，甚至還搬演成戲劇。其中以刊在《民權素》（一九一四年四月二十五日創刊於上海）署名「老衡」的敘事長詩，最為可觀，堪稱「詩史」之作。「老衡」者是名詩人張瑞璣也。

張瑞璣（一八七二－一九二八），字衡玉，號羊患窟野人，晚年人皆以「老衡」稱之，山西趙城人。光緒二十九年（一九〇三）年中進士，先後在陝西韓城、興平、長安、臨潼、咸寧五個縣任知縣，光緒末年加入同盟會，並創辦《興平報》、《帝洲報》、《龍門報》和

《木鐸公報》等進步報刊。辛亥革命後，先後任陝西民軍政府顧問、山西省革命政府財政司司長、國會參議院議員、黎元洪總統顧問、孫中山的非常國會議員、陝西劃界大使等職。段琪瑞執政時被聘為參議員。「豪於文，廉於吏，不避權貴，敢作敢為」，是晚清以後有影響的知識份子。張瑞璣堪稱詩詞大家，當時詩人能與之比肩者，並無幾人。他以長詩〈楊花曲〉實記楊翠喜事，將醜聞宣揚天下，矛頭直指最高統治者。詩中所表現的浩然正氣，至今讀來令人鼓舞。

〈楊花曲〉詠楊翠喜也

東風吹綠滿天津，楊花輕薄逐遊人。
落絮沾泥飛不起，化作美人薄命身。
美人嬌小綰雙螺，青瞳流轉剪秋波。
真娘能作柘枝舞，阿軟工為水調歌。
王孫年少天潢譜，信陵門第子鸞府。
拍板按歌本祖傳，東皇部下風流主。
春風獵色打花圍，小隊青衣擁馬飛。

西邸賓朋皆肉相，津門草木生光輝。
招集梨園歌菊部，河山落日任歌舞。
臺上風吹玉女簫，筵前雨點花奴鼓。
杯盤狼籍夜沉沉，絲竹淒涼亡國音。
不下銅駝臥棘淚，還存金屋貯嬌心。
開簾驚睹芙蓉面，一串珠喉太婉轉。
鶯聲字字攝生魂，更飛眉語送流盼。
河間王邸列群芳，家卉爭似野花香。
枝頭梅子髻頭杏，紅絲月老費商量。
座中共敘舊苗裔，手合名花開並蒂。
親代天孫籌聘錢，焜耀粧奩媵玉幣。
香車寶馬配雙鬟，比肩親載玉人還。
北里爭誇鄭舉舉，東朝共識唐安安。
消瘦章臺一枝柳，人天好事感良友。
崑崙肝膽押衙心，酬恩豈在謝媒酒。
阿翁隻手攬朝綱，親草詔書代玉皇。

白山黑水新開府，頭街一旦生光芒。
天語飛傳萬眾駭，遼東節度須錢買。
方將富貴依冰山，不信風波起孽海。
多事青驄趙御史，彈章再拜奏天子。
太息深宮拊玉牀，預人家事竟如此。
朝廷家法本疏寬，堯母仁慈左右難。
白髮龍鍾老宰相，護持親貴費周旋。
海棠春雨泣殘紅，夜半甘泉別小東。
苦憐白象真無罪，強說玉珠未入宮。
冰人失計抱冤痛，金錢十萬成何用。
恩重護分碧玉釵，功名片刻黃粱夢。
舊聞便殿議儲君，青鳥報恒本有因。
誤說佞夫能立國，誰知子楚非傳人。
宦海情天多歧路，君臣同被美人誤。
楊花依舊隨風飛，蕩作游絲綰不住。

民國時期的段芝貴。

一九一二年初，張瑞璣還有義正辭嚴致袁世凱兩書：〈致內閣總理袁項城書〉和〈再上內閣袁總理書〉。前者是繼罵盧永祥和晉撫張錫鑾之後，追根溯源直罵到袁氏頭上，說他「梟則梟矣，雄則未也。」不過跟三國時袁術一樣「塚中枯骨」而已。後者則是孫中山先生表示只要清帝退位，宣佈共和，他即解職，把大總統們讓給袁氏。袁世凱欣欣然。當時在趙城家中的張瑞璣聞知後，當即寫信直截了當地說：「未所謂大總統者，全國人民所公認，非一人一家之私物也，一二人不能私舉，亦不能私與之也。……孫君人望新所歸，天下翕然，公舉為大總統可之，不能以總統私與人。」接著，從膽識、器量、品格、才略諸方面將袁世凱同孫中山先生一一比較，最後說：「執事果不自量靦顏而據上座，瑞璣無力與爭，然期期以為不可也。」充分表現了一位正義正直之士的品格和膽氣，永令後世欽敬。

楊翠喜案後，載振主動辭官，對於段芝貴而言，晚清那段歷史只是拉開了他政治生涯的序幕，真正串演角色是在辛亥革命以後。袁世凱當上了大總統，段芝貴受勳封爵。楊翠喜雖為天津鹽商王益孫的小妾，卻把那可憐兮兮的王益孫丟在家裡，常常到京城溜達，成了段芝貴時常帶在身邊的女人。她在盛宴上演出，廣受歡迎，臺下叫好聲一片。她混跡上流社會中，既時髦，又出盡風頭。後來，她還成了袁世凱最寵愛的小妾的小姐妹，可以自由出入袁世凱的新華宮。袁世凱復辟帝制，楊翠喜也跟著舉行義演，為袁世凱歌功頌德。及至復辟失敗，段芝貴背叛了袁世凱，楊翠喜遭到拋棄。而且，也遭到所有政界人士的嫌惡。沒有朋友再願意和她交往。楊翠喜的名字似乎沒有人在提起，聽說不足三十歲就香消玉殞，離開人間了。

這使我想起另一則故事，同樣在光緒末年，當時士林捧妓之風日盛，上海名妓中名氣最響有所謂「四大金剛」者，曰：林黛玉、陸蘭芬、張書玉、金小寶。何以稱為「四大金剛」呢？一說是繼當時歡場的「如來三寶」之吳新寶、黃銀寶、何雙寶而起。又一說是當年上海娛樂場所較少，較有名的主要有張園、愚園。愚園地處僻遠，張園地處鬧市，故時髦倌人都雲集在張園。園中有所謂「安塏第」者，屋殊軒爽，啜茗尤宜。一時花界翹楚，如陸蘭芬、金小寶、張書玉、林黛玉諸名妓，每日必至，在安塏第門首各據一案。《官場現形記》作者南亭亭長李伯元見之，曰：「此『四大金剛』也。」以四美各據一方，有如名剎之四大金剛保護山門也。李伯元更於其所主編之《遊戲報》上表揚之，於是哄動社會。

「四大金剛」中林黛玉善於談論，陸蘭芬擅長唱崑曲，金小寶擅長丹青，張書玉善於修飾。其中以陸蘭芬長得最美，當時滬上很多洋人亦傾倒其石榴裙下，都稱她為「東方標準美人」，並為其攝影寄往歐洲刊於畫報之上，出足鋒頭。但儘管如此，此四人還是風塵俗物，是無法和明末秦淮名妓柳如是、顧橫波、董小宛、李香君等量齊觀的。舊日上海小說家孫玉聲（海上漱石生），家中薄有資財，年少時，常出入北里，與「四大金剛」及其後之名妓，皆相熟。他晚年所著之《退醒廬筆記》中，便有「天香閣韻事」一則云：「逮後，陸蘭芬以瘵疾卒，張書玉不知所終，林黛玉屢家屢出，不齒於人，惟金小寶矢志從良，其人頗足為花叢模楷，故至今恆為人所稱道。」

當時另一小說家吳沃堯（我佛山人）的《趼廛隨筆》亦載有「四大金剛小傳」，其中寫金小寶云：「金小寶來自七里山塘，蓋燈船妓也，與林、陸並稱，憨態可掬，後適馬氏，未幾下堂去，擁資頗厚。……已而赴蘇，云將入學堂讀書也。未幾復來滬，居於逢吉里之對門，榜其門曰曹第……而金小寶於四人中為稍稚，時人許之為雋品。」金小寶身材嬌小玲瓏，面容清秀可人，因家道中落而做姑蘇歌妓，名噪吳中，十八歲隨母抵滬，十九歲時，李伯元在《遊戲報》開花榜，金小寶獲第二名，列為「四大金剛」之一。

「補白大王」鄭逸梅說：「前輩孫漱石先生，老於歡場，常稱金小寶為『花叢模範』，是彼姝不同尋常脂粉可知。小寶生平，有二事足資我人之敬仰。其一慧眼識士，其二畫蘭行善。」其中《退醒廬筆記》述小寶畫蘭事甚詳。謂：「小寶能畫蘭，九畹幽姿，芳生筆底，得者皆珍逾拱璧。題款字亦頗極娟秀。推以觴政之暇，素不輕易下筆。某歲因個中人議辦花塚，購地於靜安寺路，為曲院諸殘花埋香之所。經領袖者會議集資，小寶慨然以畫蘭百箑自任，潤資不限，由客自給，悉充花塚費用之需，一時獲資甚巨。所繪箑下款皆書『天香閣主』，其時小寶居惠秀里，顏妝閣曰『天香』，故以是署名也。」但《趼廛隨筆》卻說：「所居曰天香閣，或云能作墨蘭，狎客所持素箑，多小寶款，然終未見其對客揮毫，不如李蘋香之能詩，信而有徵也。」是吳沃堯懷疑金小寶不能作畫，然而會寫兩筆畫，並非難事，至於畫得好不好又另當別論。何況當時風氣，伶人妓女也有好附庸風雅的，請人代筆作詩寫畫，亦是常見之事，實無庸深究的。

至於金小寶的「慧眼識士」，實有大書特書之必要。「四大金剛」中，金小寶不僅晚福好，而且文化水平也比其他三「金剛」高得多。如果不是她的文化水平高，也許就不會「慧眼」識英雄，選中一個後來大有前途的金龜婿了。

金小寶雖身在勾欄，卻有志於學，曾在上海的城東女學唸書，其時人稱「江南劉三」的劉季平的夫人陸靈素也在該校就讀，陸靈素之二哥陸守經，正在校中當教員。陸守經字達權，江蘇清埔人。其兄陸士諤為民國年間蜚聲滬上的「上海十大名醫」，又是清末民初最多產的小說家，著有小說達百餘部。陸守經原在南洋公學讀書，後來轉到復旦公學，畢業後，曾在商務印書館當過短期編輯，又在城東女學任教，金小寶就是他的學生。那時上海的風氣逐漸開通，但師生戀還未十分流行，金小寶是校裡名花，對男女關係較開通，她見陸老師學問好，人又長得英俊，對他很有好感，又覺得他屈為小學教員，沒有什麼出頭之日，因此對他產生了憐才之心。過了些時候，兩人比較熟了，金小寶就問陸老師，既然有大志，才學又好，為什麼不去日本留學？當時的留學生很吃香，社會上稱留學英美者為「鍍金」，留學法德者為「鍍銀」，日本留學生也有一「鍍」，「鍍」的卻是不值錢的「銅」。然而有「鍍」勝於無「鍍」，鍍過之後，不論金銀銅鐵，都比人高出一等，易於找到好的出路。

陸守經原是一介寒士，雖有大志，奈留學日本也要花一筆錢的，他怎敢有此念頭。陸便把此意對她說了。金小寶大概也和紅拂女那樣，對他有託終身之意，便透過陸靈素表示，她可以資助留學費用。陸守經沒有接受她的好意，不知是為了避嫌疑，或瞧不起她的出身，他轉往別所女學教書去了。老師轉校，金小寶也追隨到了老師任教的學校，她又再進一步向老師陳說。陸守經感其意，師生從此戀愛起來，不久就論婚嫁了。婚後，夫婦一同去日本，陸守經在日本習速成法政，時間極短，撈到一個資格，就往美國入威斯康辛大學學政治，一九一四年獲政治學博士。回國後，入司法部任職科員。綜計他在外國留學五六年，費用相當可觀，據說完全出諸金小寶的私蓄。不久後，陸守經又升了官，被派往廈門鼓浪嶼會審公堂為委員，一九一六年調任上海市審判廳廳長，一直做到一九二〇年七月，何豐林出任淞滬護軍使，羅致他為公署秘書長，這是陸守經在宦途最得意的時候，他在上海成為名流，就在此時，而金小寶亦一變而為活躍於滬濱社交場合之陸夫人矣。

此時「四大金剛」早已成為過往的人物，代之而興的是由選票選出來的「花國大總統」。一九一八年初，選出花國大總統冠芳、副總統菊第、貝錦，國務總理蓮英。第二年花國選舉，選出花國大總統徐第、副總統王寶玉、寶琴，國務總理笑意。華燈初上，這群鶯鶯燕燕依然活躍於上海四馬路一帶。金小寶幸而從良較早，有個好歸宿，四馬路的姊妹，有不少人還懷念她，稱讚她有眼光，嫁到一個淞滬特區的第二號人物。一九二四年九月，浙江督軍盧永祥與江蘇督軍齊燮元為爭奪上海，在宜興、長興地區爆發了蘇浙戰爭（又稱齊盧之戰），盧永祥兵敗下野，何豐林連帶也要走人，陸守經的秘書長也丟了。但後來陸守經又任交通部駐滬電料處處長、交通部秘書、軍政部僉事等要職。一九三四年間陸守經還在北平掛牌做律師。而金小寶可謂慧眼識英雄，為北里姊妹爭一口氣，因此人們說「四大金剛」中，只有金小寶修成正果。

「四大金剛」的金小寶，能從名妓而成為官夫人，而楊翠喜卻是如此遭遇，相較之下，令人不勝唏噓！

後記

蔡登山

我寫書很少有前言或後記的，因為我總是認為該說的話在內文中已經說了，其餘的就是「多餘的話」了。但這書較為特別，不得不多說兩句。我之所以會寫這本書還起源於二〇一三年六月初認識柯基生醫師，當時我要寫姚靈犀的文章，專程去拜訪他，他給我看他所蒐藏的姚靈犀的著作，包括從未出版過的詩詞手稿，也給我看他所蒐藏的中國各地的「金蓮」繡花鞋。最後還給我看了楊翠喜的珍貴照片。

對於楊翠喜和「丁未政潮」我曾寫過文章，對於晚清的政局也多少有所涉獵，但要寫成專書，就要詳讀更多的史料。正史在這方面提到的並不多，屬於官方說法。還好在晚清各家筆記中記載不少，但這類記載也同時犯了一個嚴重的弊病，那就是游談之雄，好為捕風捉影之說，故事隨意出入，資其裝點。因此我在書中花了不少篇幅追本溯源並詳加考辨，其目的無他，在求「逼近」歷史真實。

歷史是一條長河，陳陳相因，互為因果。但有時你也可「唯取一瓢飲」，就如同歷史學家黃仁宇寫《萬曆十五年》一樣，我寫這書其實集中在寫「光緒三十三年」（丁未）。歷史有其必然，也有其偶然。沒想到的是楊翠喜一介女流卻是引爆這「丁未政潮」的導火線。貪污、賄賂；金錢、性；買官、結派；政爭、淫樂……層出不窮，是世紀末的頹敗。難怪三、四載後，大清帝國終至覆亡。

我採用類似紀錄片的方式，分章來敘說這段歷史事件，不是小說，但寫出許多具體而微的事實。我總認為歷史的真實是在細節，過去的許多史實總是被粗枝大葉的處理，沒有細節其實也就得不到真實的感受。當然這要感謝許多歷史學者查考出新的文獻，例如清宮的許多原本「留中不發」的檔案，還有最近陸續出版的種種日記，如惲毓鼎日記、那桐日記、徐世昌日記等等，讓我們更瞭解許多事件的來龍去脈。

晚清時已經有大量的照片出現，從照片中去解讀歷史事件，尤其是更具體而具說服力。今年（二〇一五）八月我就在上海圖書館聽歷史學者姜鳴先生，從清朝的老照片中去解讀歷史，深感震撼。於是在本書中我請柯基生醫師寫了〈一代名伶〉、〈絕世金蓮〉兩章，從照片中去解讀楊翠喜，柯基生醫師是國際上研究金蓮小腳的專家，自有其精闢的論點，同時也蒙他不吝地將其珍藏數十年的楊翠喜照片首度公開，誠意可感。為此我也努力尋找書中出現的人物的照片數十幅，這將為此書增添其可讀性，讓您真的目睹觸摸到這段歷史。

僅綴數言，權當後記。

二〇一五年十一月六日

參考書目

*部份書籍在註解中已載明了詳細資料者，不再重複列在此書目中。

《清代聲色志》，進步書局編輯，上海：文明書局，一九二二年。
《春中舊聞》，陳定山著，台北：世界文物出版社，一九六七年。
《諫書稀庵筆記》，陳恒慶著，台北：文海出版社，一九六九年。
《小說考證續編》，蔣瑞藻著，上海：商務印書館，一九二四年。
《古春風樓瑣記》，高拜石著，台北：台灣新生報，一九七九年。
《弘一大師年譜》，林子青著，台北：新文豐出版公司印行，一九七四年。
《李叔同影事》，金梅著，天津：百花文藝出版社，二〇〇五年。
《歌舞春秋》，張謬子（聊止）著，北京：學苑出版社，二〇〇八年。
《洪憲紀事詩本事簿注》，劉成禺著，台北：新興書局，一九八四年。
《花隨人聖盦摭憶》（全編本），黃秋岳（濬）著，台北：聯經出版公司，一九七九年。
《嚴修日記》，嚴修著，天津：天津古籍出版社，二〇一二年。
《凌霄漢閣筆記》，徐彬彬著，台北：獨立作家（秀威資訊），二〇一六年。
《夢蕉亭雜記》，陳夔龍著，北京：中華書局，二〇〇七年。
《徐世昌與韜養齋日記・戊戌篇》，北京出版社編，北京：北京出版社，二〇一四年。

《近代名人小傳》，費行簡（沃丘仲子）撰，台北：文海出版社，一九六七年。
《一士談薈》，徐一士著，太原市：山西古籍出版社，一九九六年。
《施肇基早年回憶錄》，施肇基著，台北：傳記文學出版社，一九六七年。
《聽雨樓隨筆》，高伯雨著，香港：牛津大學出版社，二〇一二年。
《春冰室野乘》，李岳瑞著，太原：山西古籍出版社，一九九五年。
《那桐日記》，那桐著，北京：新華出版社，二〇〇六年。
《凌霄一士隨筆》，徐彬彬、徐一士著，太原市：山西古籍出版社，一九九七年。
《慈禧傳信錄》，費行簡（沃丘仲子）撰，台北：廣文書局，一九八〇年。
《汪穰卿筆記》，汪康年著，上海：上海書店，一九九七年。
《國聞備乘》，胡思敬著，上海：上海書店，一九九七年。
《十葉野聞》，許指嚴著，太原：山西古籍出版社，一九九五年。
《清稗瑣綴》，北京：北京古籍出版社，一九九九年。
《中國近代史上的關鍵人物》（新校本），蘇同炳著，台北：要有光（秀威資訊），二〇一三年。
《張謇傳記》，劉厚生編著，上海：上海書店，一九八五年。
《袁世凱軼事》，佚名著，沈雲龍主編，台北：文海出版社，一九六六年。
《清宮二年記》，德齡公主著，《清宮瑣記》裕容齡著，合刊為《在太后身邊的日子》，北京：紫禁城出版社，二〇〇九年。
《紫禁城的黃昏》（*Twilight in the Forbidden City*），〔英〕莊士敦（Reginald Fleming Johnston）著，高伯雨譯寫，香港：牛津大學出版社，二〇一二年。
《惲毓鼎澄齋日記》，惲毓鼎著，史曉風整理，杭州：浙江古籍出版社，二〇〇四年。
《忘山廬日記》，孫寶瑄著，上海：上海古籍出版社，一九八三年。

《異辭錄》，劉體仁著，太原：山西古籍出版社，一九九六年。
《世載堂雜憶》（全編本），劉成禺著，蔡登山輯，台北：秀威資訊，二〇一〇年。
《樂齋漫筆》，岑春煊著，台北：文海出版社，一九七一年。
《中國近百年政治史》，李劍農著，台北：台灣商務印書館，一九五七年。
《古紅梅閣筆記》，張一麐著，上海：上海書店出版社，一九九八年。
《心太平室集》，張一麐著，台北：文海出版社，一九六六年。
《汪穰卿先生傳記》，汪康年，汪詒年補撰，台北：廣文書局，一九七一年。
《石屋餘瀋》，馬敘倫著，太原：山西古籍出版社，一九九五年。
《袁世凱一生》，侯宜杰著，河南：河南人民出版社，一九八四年。
《趨庭隨筆》，江庸著，台北：文海出版社，一九六七年。
《張文襄公年譜》，許同莘編，台北：台灣商務印書館，一九六九年。
《杶廬所聞錄》，瞿宣穎（兌之）著，太原：山西古籍出版社，一九九五年。
《覺花寮雜記》，楊壽枏著，一九三〇年刊本。
《眉廬叢話》（全編本），況周頤著，台北：獨立作家（秀威資訊），二〇一六年。
《蒿叟隨筆》，馮煦著，台北：文海出版社，一九六七年。
《辛亥革命史料》，張國淦編，台北：文海出版社，一九七六年。
《袁世凱竊國記》（即《六君子傳》），陶菊隱著，台北：台灣中華書局，一九八二年。
《戊戌以後三十年中國政治史》，李劍農著，北京：中華書局，一九六五年。
《辛壬春秋》，尚秉和著，台北：文星書店，一九六二年。
《退醒廬筆記》，孫玉聲（海上漱石生）著，台北：文海出版社，一九七二年。

Do歷史69　PC0586

楊翠喜・聲色晚清

作　　者／蔡登山、柯基生
責任編輯／鄭伊庭
圖文排版／周政緯
封面繪圖／郭曉東
封面設計／蔡瑋筠

出版策劃／獨立作家
發 行 人／宋政坤
法律顧問／毛國樑　律師
製作發行／秀威資訊科技股份有限公司
地址：114 台北市內湖區瑞光路76巷65號1樓
電話：+886-2-2796-3638　傳真：+886-2-2796-1377
服務信箱：service@showwe.com.tw
展售門市／國家書店【松江門市】
地址：104 台北市中山區松江路209號1樓
電話：+886-2-2518-0207　傳真：+886-2-2518-0778
網路訂購／秀威網路書店：https://store.showwe.tw
國家網路書店：https://www.govbooks.com.tw

出版日期／2016年7月　BOD一版　**定價**／450元

|獨立|作家|
Independent Author

寫自己的故事，唱自己的歌

楊翠喜. 聲色晚清 / 蔡登山, 柯基生合著. -- 一版. -- 臺北市 : 獨立作家, 2016.07

面； 公分

BOD版

ISBN 978-986-93316-8-5 (平裝)

1. 晚清史 2. 通俗史話

627.6 105011472

國家圖書館出版品預行編目

讀者回函卡

感謝您購買本書，為提升服務品質，請填妥以下資料，將讀者回函卡直接寄回或傳真本公司，收到您的寶貴意見後，我們會收藏記錄及檢討，謝謝！

如您需要了解本公司最新出版書目、購書優惠或企劃活動，歡迎您上網查詢或下載相關資料：http:// www.showwe.com.tw

您購買的書名：______________________________

出生日期：________年________月________日

學歷：□高中（含）以下　□大專　□研究所（含）以上

職業：□製造業　□金融業　□資訊業　□軍警　□傳播業　□自由業

□服務業　□公務員　□教職　□學生　□家管　□其它_____

購書地點：□網路書店　□實體書店　□書展　□郵購　□贈閱　□其他

您從何得知本書的消息？

□網路書店　□實體書店　□網路搜尋　□電子報　□書訊　□雜誌

□傳播媒體　□親友推薦　□網站推薦　□部落格　□其他__________

您對本書的評價：（請填代號　1.非常滿意　2.滿意　3.尚可　4.再改進）

封面設計____　版面編排____　內容____　文／譯筆____　價格____

讀完書後您覺得：

□很有收穫　□有收穫　□收穫不多　□沒收穫

對我們的建議：______________________________

____

____

____

請貼
郵票

11466
台北市内湖區瑞光路 76 巷 65 號 1 樓
獨立作家讀者服務部 收

（請沿線對折寄回，謝謝！）

姓　　名：________　年齡：____　性別：□女　□男

郵遞區號：□□□□□

地　　址：________

聯絡電話：（日）________（夜）________

E-mail：________